lonely planet

U0958562

口袋指南

纽约

必游景点 · 本地体验 · 轻松出发

Pocket

本书作者
雷杰斯·圣·路易斯（Regis St Louis）
克里斯蒂安·博内托（Cristian Bonetto）

中国地图出版社

本书特色

轻松计划行程

全方位了解目的地，
助你规划精彩行程

行前参考
贴心提示让旅途更轻松

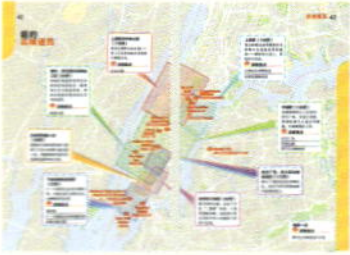

纽约最佳
多彩榜单助你快速了解目的地亮点

探索纽约

分区域介绍
最佳看点和活动

顶级景点
不可错过的精彩

当地生活
体验原汁原味的目的地

生存指南

实用建议
令你上路无忧

当地交通
像本地人一样四通八达

实用信息
包括住宿推荐在内的详尽贴士

特别呈现

作者的优选内容
让旅行体验更深入

最佳步行游览
双脚丈量纽约的经典线路

了解灰页
丰富生动的文化背景知识

通过下列符号帮助你找到该区域的最佳选择：

- 景点和活动
- 就餐
- 饮品
- 娱乐
- 购物

下列符号所代表的都是重要信息：

电话号码	适合家庭
营业时间	允许携带宠物
停车场	巴士
禁止吸烟	轮渡
上网	地铁
无线网络	地铁
素食菜品	有轨电车
英语菜单	火车

地图标识助你快速找到需要的信息：

Lonely Planet《纽约》

Lonely Planet口袋指南专为渴望轻松深入目的地的你而精心打造。在本书中，你会找到纽约所有的必游景点，我们的独家建议会让你的旅程更加难忘。书中将城市划分成几个合理的区域，通过地图清晰标示出所有地点。我们有资深作者的实地调研，他们会为你呈现徒步、美食、夜生活和购物等本地精华所在。若你还想探索更多，"当地生活"章节将为你推荐一些不为人知的精彩路线，深入体验原汁原味的目的地。此外，书中的实用信息将令你的旅程更加轻松顺利。有趣的短途游览路线、明晰的当地交通信息，甚至各地不同的小费标准，在这本小书中均有提及。

我们的承诺

我们的工作就是让你拥有完美旅程。在写作每一版指南之前，孤独星球的作者都会实地考察、亲身体验。请放心，我们一贯实事求是，从不接受他人馈赠而为之宣传。

轻松计划行程 7

探索纽约 45

生存指南 239

特别呈现

值得一游

最佳步行游览

了解纽约

轻松计划行程

欢迎来纽约

作为世界上最迷人的城市之一，纽约拥有堪称圣殿级的音乐厅、创意无限的餐饮，还有激情洋溢的夜生活，所有的一切都令人陶醉。不过，这些也仅仅为接下来我们介绍这座繁华都市开了个头而已——这里有各种可能，最尖端的潮流时尚、灯光绚丽的百老汇舞台、奏至深夜的爵士乐夜店等。在这座别称“大苹果”的都市里，只有你想不到，没有做不到。

高线公园（见112页）
CRISTINAMURACA/SHUTTERSTOCK ©

纽约
顶级景点

帝国大厦（见156页）

这座引人注目的装饰艺术风格的摩天大厦曾出现在数十部电影里，至今仍然向人们提供最佳的欣赏城市全景的视野。尤其是在夕阳西下、华灯初上之时。

中央公园（见206页）

作为世界上最知名的绿色空间之一，中央公园拥有843英亩（约3.41平方公里）起伏延绵的草地、铺满卵石的地面、榆树成行的人行道，还有多处湖泊和蓄水池。游览时最大的挑战是每一个地方你都想逛到。

PAWEL GAUL/GETTY IMAGES ©

JOSEPH MCNALLY/GETTY IMAGES ©

纽约港（见48页）

巍然屹立的自由女神像曾迎接着数以百万计对未来充满美好憧憬而乘船抵达的移民。附近的埃利斯岛纪念着他们无法磨灭的勇气。

时代广场

（见154页）

灯光闪烁、活力无限：这就是全世界对于美国的想象。时代广场华丽的广告牌不远处就是纽约的梦工厂、美国戏剧界的焦点——百老汇。

GRANT FAINT/GETTY IMAGES ©

9·11国家纪念碑和博物馆

（见50页）

一栋高耸入云的建筑，一座发人深省的博物馆。加上北美最大的人工瀑布，它们是希望和重生的象征，也是对恐怖袭击死难者的悼念。

GRANT FAINT/GETTY IMAGES ©

ERIKA CROSS/SHUTTERSTOCK ©

现代艺术博物馆（见158页）

现代艺术博物馆是文化的乐园，其馆藏现代杰作也许算得上是“全球之最”。凡·高、毕加索、沃霍尔等大师的作品也仅仅是你欣赏的开始。

MATT MUNRO/LONELY PLANET ©

高线公园（见112页）

一度有碍观瞻的铁路轨道已被改造为绿草如茵的高架步道。高线公园是城市改造的典范，也是纽约最受喜爱的公共空间之一。

大都会艺术博物馆

（见186页）

大都会艺术博物馆的藏品超过200万件，其种类之丰富令人眼花缭乱。展品主题包罗万象，从古希腊雕塑到几内亚部落雕刻应有尽有。

SYLVAIN SONNET/GETTY IMAGES ©

布鲁克林大桥（见52页）

这座哥特复兴式建筑竣工于1883年，曾激发无数诗人、音乐家和各类艺术家的创作灵感。在下曼哈顿城市轮廓的映衬下，这里的日出或日落魅力无穷。

ANDREW C MACE/GETTY IMAGES ©

RUDI VON BRIEL/GETTY IMAGES ©

古根海姆博物馆

（见190页）

由弗兰克·劳埃德·赖特设计的建筑本身就是伟大作品，与馆内大量20世纪艺术藏品相比毫不逊色。所罗门·R.古根海姆博物馆内部 ©SRGF,NY

GARY YIM/SHUTTERSTOCK ©

现代艺术博物馆PS1馆

（见230页）

跨过东河欣赏纽约最新奇的展览。现代艺术博物馆PS1馆建筑前身是一座校舍，如今则充满惊喜，还举办一系列颇负盛名的夏季艺术和音乐活动。

纽约最佳
博物馆

大都会艺术博物馆、现代艺术博物馆、古根海姆博物馆只是你参观历程的开始，纽约的艺术殿堂多到令人眼花缭乱，下东区有关注19世纪末的维也纳艺术品、移民生活等各种主题的展览场所，还有收藏日本雕塑、后现代风格的美国绘画作品、喜马拉雅地区纺织品，以及记载纽约城市逸闻的多家宏大画廊。

SIVAN ASKAYO/LONELY PLANET ©
修道院博物馆和花园（Cloisters Museum & Gardens）

参观计划

多数博物馆每周至少闭馆一天，通常是在周一（古根海姆在周四闭馆）；另外每周至少有一天开放至深夜。通过网络提前购票可以免去在高人气博物馆排队等待的麻烦。

画廊

切尔西的画廊密度在全城居首，而且新的展览场所仍在不断开放。多数画廊分布在Tenth Ave和Eleventh Ave之间的街区，以20开头的街道两旁。可以在多数画廊获取免费的艺讯《画廊指南》（*Gallery Guide*），或者登录chelseagallerymap.com网站查询详细指南和地图。周四晚上常有新展览开幕的酒会，周日和周一多数画廊闭馆。

免费

许多博物馆每周都有免费或门票打折的时段，可以登录博物馆网站查询具体信息。纽约的画廊多数在周四举办新展览，每周也会有免费开放的活动。

最佳艺术博物馆

现代艺术博物馆 精心设计的华丽美术馆，收藏着许多现代风格艺术杰作。（见158页）

大都会艺术博物馆 美洲大陆上极具影响力的博物馆，甚至有自己的埃及神庙。（见186页）

惠特尼美国艺术博物馆 在伦佐·皮亚诺设计的雄伟新馆中展出世界级的当代艺术作品。（见118页）

古根海姆博物馆 由弗兰克·劳埃德·赖特（Frank Lloyd Wright）设计的建筑本身就是一位真正的明星。（见190页）

下东区廉租公寓博物馆（Lower East Side Tenement Museum）

新当代艺术博物馆 展览各种当代作品的前沿艺术殿堂。（见92页）

最佳纽约主题博物馆

下东区廉租公寓博物馆 对19世纪和20世纪初移民生活的奇妙洞察。（见92页）

商人之家博物馆 在这处一百多年前修建，如今保存完好的联邦时期住宅中缅怀历史。（见76页）

纽约市立博物馆 乔治王时期的豪宅已经过重修装饰，详细记录着城市的过往。（见195页）

纽约市消防博物馆 坐落在一栋旧消防站里，纪念纽约消防员以及在“9·11事件”中捐躯的英雄，令人难以忘怀。（见78页）

最佳小众博物馆

弗里克私人博物馆 镀金时代的豪宅，收藏有弗美尔、埃尔·格列柯和戈雅的作品，庭院里还有一座喷泉。（见193页）

摩根图书馆与博物馆 钢铁业大亨的豪华宅邸，收藏着珍稀的手稿、图书、绘画和油画作品。（见164页）

新美术馆 前洛克菲勒家族豪宅中的美妙收藏。（见194页）

值得一游

俯瞰哈德逊河的**修道院博物馆和花园**（Cloisters Museum & Gardens; www.metmuseum.org/cloisters; Fort Tryon Park; 建议捐赠 成人/儿童 $25/免费; ⏲10:00~17:00; S A至190th St）就像一个由欧式修道院组成的古怪拼图。博物馆建于20世纪30年代，其目的是储藏大都会博物馆的中世纪珍品，其中包括一幅迷人的16世纪挂毯《狩猎独角兽》（*The Hunt of the Unicorn*）。

纽约最佳
高档餐厅

纽约的饮食潮流变化无常，不过有一点是永恒不变的，那就是对于高档餐厅的热衷。当然，高档餐厅的定义也许与从前不同，但当地人和到访者们对于衣冠楚楚地享用精致美食这件事儿，从来就乐此不疲。如今风头正劲的是“新派美国菜”，不相上下的还有“墨西哥遇上韩国”“以色列遇上苏格兰”等各种创意十足的菜肴。

预订

受欢迎的餐厅遵循以下两项规则中的一项：他们或者接受预订，因此你需要提前（好的餐厅要提前数周甚至数月）计划；要么是“先到先得”。如果是后者，你要一开门就去；不然的话，可能就要等上2小时了。最后一刻有人取消预订的情况也会发生，所以不妨在16:00前后致电高人气餐厅碰碰运气。

名厨

在纽约，餐馆业主往往与餐馆本身一样出名。这倒也不是什么谣传，这些味觉大师确有真材实料。大牌厨师不计其数：马利欧·巴塔利（Mario Batali）的意面酱料火爆全城，而丹尼·迈耶（Danny Meyer）领衔的饮食帝国（不收小费）则持续扩张，不断推陈出新。

新派美国菜

“新派美国菜”融经典菜式和从市场采购的新鲜农产品、应季食材等于一体，使传统的爽心美食更加美味。归功于“高谭市”（蝙蝠侠所在的都市，纽约的昵称之一）的移民们所带来的多元文化，许多备受赞誉的餐馆供应在家庭菜谱的基础上加以改良的菜肴。

WALTER BIBIKOW/GETTY IMAGES ©

☑ 独家贴士

▸既然纽约人出了名地喜欢对事物评头论足，那就利用他们的美食体验来帮助自己选择就餐场所好了。为挑剔的食客提供此类信息的网站有数十家，我们最喜欢的是Eater（www.ny.eater.com）、New York Magazine（www.nymag.com）和Serious Eats（www.newyork.seriouseats.com）等博客网站。

最佳高档餐厅

Le Bernardin 米其林三星级餐馆，纽约高档饮食界的翘楚，由法国大师埃里克·里佩尔(Éric Ripert)掌厨。(见168页)

Bâtard 屡获殊荣的主厨马库斯·格洛克(Markus Glocker)的出品总是令人赞不绝口。(见64页)

Maialino 位于联合广场对面，丹尼·迈耶领衔的意大利餐馆，极受欢迎。(见146页)

最佳美食广场

Eataly 华丽的美食大厅，洋溢着热闹的意大利美食市场的美妙气氛。(见144页)

Le District, Brookfield Place 位于哈德逊河畔，占地面积巨大的美食广场，供应法式经典菜肴。(见62页)

Dean & DeLuca 豪华的苏豪区美食店，供应可口烘焙食品，顾客络绎不绝。(见73页)

最佳人气小吃

Blue Hill 位于西村的精致餐馆，采用北部农场出产的食材。(见124页)

PETER PTSCHELINZEW/GETTY IMAGES ©

Eataly的新鲜农产品

Degustation 一家东村小馆，你可以看到厨师们展示精湛的技艺。(见98页)

Danji 一位青年才俊精心制作的创意十足的“韩国小吃”。(见168页)

值得一游

布鲁克林的数十家餐厅都在等待着你的探索。不妨去**Pok Pok**(www.pokpokpdx.com; 117 Columbia St, Kane St路口; 拼盘$12~20; 周一至周五 17:30~22:00, 周六和周日 10:00开始营业; S F至Bergen St)尝尝创意泰国菜，或者去**River Café**(www.rivercafe.com; 1 Water St, Brooklyn Heights; 晚餐3/6道菜 $120/150, 早午餐 $55; 每天 17:30~23:30, 周六和周日 11:30~14:30; ; S A/C至High St)一边享用高档菜肴，一边欣赏下曼哈顿的美妙景色。

纽约最佳 当地美食

从层出不穷的优质世界美食到经典的地方小吃，纽约的就餐体验可谓包罗万象、令人着迷，这是纽约色彩斑斓的多元文化的真实写照。尝尝纽约的美食，我们保证你绝不会后悔。

去市场，去市场

不要被混凝土的街道和建筑唬住，纽约的农贸市场可是一派欣欣向荣的景象。位居榜首的应该是切尔西市场（见118页），那里的商店（可以购买野餐食物）和小吃摊（可以就在摊边吃起来）都陈列着各种美食。附近还有Gansevoort Market（见121页），里面的诱人美食不计其数。想买野餐食物的话，还可以去每周营业四天的联合广场农贸市场（见144页）。登录Grow NYC（www.grownyc.org/greenmarket）可获取市内另外50余家市场的名单。

美食车和手推车

别光想着面包圈和热狗小贩，近年来城内出现了不少流动美食车，他们提供高端的服务和独特的创意菜肴。美食车有很多路线，在市内指定的位置停车——联合广场周边、中城区和金融区，因此如果你要找某一特定的美食车，最好是在推特上关注他们的行踪。**Red Hook Lobster Pound**（www.twitter.com/lobstertruckny）、**Kimchi Taco**（www.twitter.com/kimchitruck）、**Calexico Cart**（www.twitter.com/calexiconyc）、**Souvlaki GR**（www.souvlakigr.com/location/food-truck）和**Van Leeuwen Ice Cream**（www.twitter.com/VLAIC）等是我们的最爱。

SIVAN ASKAYO/LONELY PLANET ©

☑ 独家贴士

▶借助**Open Table**（www.opentable.com）可以预订全城很多餐馆的座位。

最佳纽约老式餐馆

Katz's Delicatessen 位于下东区的纽约经典餐馆，游客云集之地，可以来尝尝经典的黑面包配熏牛肉。（www.katzsdelicatessen.com; 205 E Houston St, Ludlow St路口）

Barney Greengrass 上西区的百年老店，熏鲑鱼和熏鲟鱼堪称完美。（见216页）

El Margon 中城区的复古经典餐馆，供应的古巴三明治极其多汁可口，形形色色的食客络绎不绝。（见167页）

MIRIAM LUCIA/500PX ©

Gansevoort Market

最佳素食

Hangawi 坐落在中城区林立高楼中的禅意绿洲，就餐环境宁静，供应韩国风味的精致菜肴。（见168页）

Candle Cafe 上东区的人气餐馆，富有的严格素食者们就餐谈天的场所。（见197页）

Peacefood Cafe 供应纯素食的绿洲，位于上西区，以炸面筋三明治闻名。（见215页）

最佳小吃

切尔西市场 从墨西哥塔可饼、点心，到美味冰激凌，曼哈顿的这个最佳美食市场是饕客最爱。（见118页）

Taïm 西村的出色中东三明治。（见121页）

Spaghetti Incident 美味意面，上菜迅速，价格亲民。（见95页）

西安名吃 绝对是全城最佳中餐外卖。（见79页）

Tacombi Café El Presidente 墨西哥街边美食，餐馆位于麦迪逊广场公园附近，装饰很喜庆。（见142页）

Shake Shack 丹尼·迈耶遍布全城的汉堡帝国，供应高品质农产品制作的美国经典美食。（见143页）

Gansevoort Market 一大批摊贩供应令人食指大动的可口食物。（见121页）

值得一游

皇后区文化多元，这里的餐馆口味也涵盖了世界各国，有法拉盛（Flushing）的中国面馆——可以去**故湘味**（Hunan Kitchen of Grand Sichuan; 42-47 Main St, Flushing; 主菜 $10~24; ⏲11:00至次日0:30; Ⓢ7至Flushing-Main St），还有阿斯托利亚（Astoria）的希腊餐厅——可以去**Bahari**（☎718-204-8968; 31-14 Broadway, Astoria; 烤盘菜肴 $9~15, 烤肉 $12~29; ⏲正午至午夜; 🥕 👪; Ⓢ N/Q至Broadway）。

纽约最佳
饮品

考虑到"曼哈顿(Manhattan)"是从芒西族印第安人(Munsee)语言中"manahactanienk(酒鬼之地)"一词衍生出来的,纽约"不夜城"这个昵称也就不足为奇了。事实上,在这座城市建立20余年后,新阿姆斯特丹(纽约的旧称)四分之一的建筑物都是酒馆。即使现在,你也会感慨世界的变化并不大。

禁酒风潮

鸡尾酒这一术语就是在纽约诞生,这些调制酒品仍然具有无上尊荣。酒杯之内常有故事:纽约对重新发掘出来的配方和禁酒时期的风格痴迷不减。

精酿啤酒

纽约啤酒酿造文化的活力与日俱增,不断发展的自酿酒馆、酒吧和商店展示着本地的酿造工艺。布鲁克林酿酒厂、Sixpoint、SingleCut Beersmiths等都是本地顶级的啤酒酿造商。

咖啡文化

专业咖啡烘焙的繁荣改变着纽约以往沉闷的咖啡文化。更多本地人关注单一的咖啡豆原料和不同的制作工艺,许多烘焙师提供咖啡调制课程以满足顾客的好奇。很多咖啡馆都来自顶级咖啡城市,其中就有波特兰的斯坦普顿(Stumptown)、湾区的蓝瓶咖啡(Blue Bottle)、悉尼的托比庄园(Toby's Estate)等。澳大利亚的影响力尤为显著,越来越多的一流咖啡馆和烘焙师宣称自己供应的是地道的澳大利亚咖啡。

SIVAN ASKAYO/LONELY PLANET ©

最佳鸡尾酒

Death + Co 东村的传奇鸡尾酒吧,供应的鸡尾酒创意极佳。(见102页)

Weather Up 位于特里贝克,精心调制的鸡尾酒令多家酒吧老板为之倾倒。(见66页)

Employees Only 位于魅力永恒的西村,调酒师屡获殊荣,鸡尾酒极为诱人。(见125页)

Maison Premiere 化学实验室一般的酒吧,满是糖浆和香料气味,还有服饰复古的调酒师。(见229页)

Lantern's Keep 位于中城区的一家历史酒店中,供应美妙、雅致的鸡尾酒。(见172页)

LONELY PLANET/GETTY IMAGES ©

布鲁克林当地的酒吧

最佳葡萄酒

La Compagnie des Vins Surnaturels 写给法国佳酿的一封情书，酒吧距小意大利几步之遥。（见83页）

Buvette 隐藏在西村的葡萄酒吧，魅力无穷。（见126页）

Immigrant 店面局促，装饰朴实，优质的服务与出色的葡萄酒。（见101页）

最佳啤酒

Keg No 229 名副其实的美国啤酒精品。（见66页）

布鲁克林酿酒厂 到布鲁克林最有名的精酿啤酒厂参加团队游，再品品啤酒。（见229页）

West End Hall 位于上西区，精酿啤酒拥趸们的新宠。（见218页）

最佳烈酒

Bar Goto 具有日本血统（用出色的清酒调制）的精致鸡尾酒。（见99页）

Rum House 位于中城区，提供独一无二的美味朗姆酒，还有钢琴伴奏。（见172页）

Mayahuel 东村的精致酒吧，品尝梅斯卡尔和龙舌兰的好地方。（见102页）

Dead Rabbit 位于金融区，供应各种非凡的爱尔兰威士忌，这一点在纽约无出其右。（见64页）

最佳平价酒吧

Spring Lounge 酒鬼、白领、年轻潮人汇聚在这家诺莉塔的老牌酒吧。（见83页）

Jimmy's Corner 老牌拳击酒吧，有个美妙的摇滚乐点唱机。（见173页）

Rudy's Bar & Grill 便宜的大杯啤酒伴着摇滚背景音乐，总是令人开心。（见174页）

Frying Pan 摇摇晃晃的滨水码头露天酒吧，非常适合边喝酒边欣赏日落景色。（见126页）

纽约最佳
娱乐

谈到电影，好莱坞也许最有发言权，然而在其他表演艺术领域，纽约拥有至高无上的地位。演员、音乐家、舞蹈家和艺术家云集。有句老话说得好：如果你能在这里成功，那么在任何地方也都会功成名就。

喜剧

在纽约想要乐一乐很简单，因为这里的喜剧演员们为了得到制作人和星探的青睐，都热切地期盼一切能够打磨滑稽独角戏表演技巧的机会。开怀一笑的最佳地点是市中心，尤其是在切尔西和格林尼治村周边。

舞蹈

舞蹈爱好者可以一饱眼福了，这里是纽约市芭蕾舞团（见219页）和**美国芭蕾舞剧院**（American Ballet Theatre；☎212-477-3030；www.abt.org；David Koch Theater, Lincoln Center, 64th St, Columbus Ave路口；S 1至66th St-Lincoln Center）的所在地，现代舞演出场所乔伊斯剧院（见134页）也在这里。

现场音乐

纽约是现场音乐之都，不论何种音乐喜好都能得到满足。了解最新演出信息可以查阅**《纽约杂志》**（www.nymag.com）和**《乡村之声》**（www.villagevoice.com）。

戏剧

从百老汇传奇性的大牌团体到散布在下城各街区的破旧实验性剧场，纽约提供的剧场体验应有尽有。“非百老汇（Off Broadway）”指的是规模较小的剧院，在戏剧制作的预算方面没那么充裕。

MATT MUNRO/LONELY PLANET ©

☑ 独家贴士

▶想听性价比高的音乐会，可以考虑去许多教堂（音响效果特别棒）和小型的演奏厅。

最佳百老汇演出

《摩门经》这部喧闹的百老汇音乐剧足够风趣、魅力十足且表演音准完美，全城皆知。（见176页）

《长靴妖姬》变装皇后拯救老旧英国鞋厂的故事，有趣、甜蜜且暖心。（见175页）

《美国人在巴黎》由充满活力的格什温（Gershwin）编舞，满满的浪漫巴黎风情。（见177页）

最佳非百老汇戏剧

剧作家视野剧院 上演可能成为纽约大热门的戏剧。（见178页）

MBBIRDY/GETTY IMAGES ©

夜幕下的剧院区（Theater District）

签名剧院 专注于驻场剧作家创作的演出中心。（见177页）

跳蚤剧院 纽约顶尖的非百老汇戏剧公司之一，有轮演剧目。（见68页）

林肯中心 上西区的表演艺术中心。（见212页）

纽约戏剧工坊 演出先锋作品，是下城区的艺术场地标杆。（见104页）

最佳喜剧

Upright Citizens Brigade Theatre 最出色的即兴演出，许多演员都在《周六夜现场》中表演过。（见132页）

Comedy Cellar 地下室喜剧俱乐部，常有著名喜剧演员献艺。（见134页）

最佳电影院

Angelika Film Center 放映许多外国和独立影片，有种不同寻常的魅力。（见134页）

林肯中心电影协会 纽约电影界的珍宝之一，电影业的无价之宝。（见220页）

现代艺术博物馆 中城区的现代艺术博物馆放映从好莱坞经典到实验电影的各种影片。（见158页）

Film Forum 下城区的一家非营利性影院，创意十足，放映出色的独立电影。（见84页）

最佳爵士乐

Village Vanguard 50多年以来，一直是爵士乐的主要演出场所。（见131页）

林肯中心爵士乐厅 顶级乐手的演奏，有三个先进的演出场地，包括可以观景的Dizzy's Club Coca-Cola。（见176页）

Blue Note 蜚声全球，常有客座音乐家演出。（见132页）

Smalls 砖衬地下室爵士乐俱乐部，有美妙的即兴演奏环节。（见130页）

Birdland 时尚的中城区演出场所，有大牌乐队、非洲-古巴爵士乐等。（见178页）

纽约最佳
夜生活

不起眼的中餐馆背后有时尚夜店彻夜狂欢，体育馆般庞大的迪斯科舞厅随着DJ的节拍律动不已，屋顶的余兴派对持续到天亮。日常生活的间歇中隐藏着一个别样的世界，精于此道的旅行者与消息灵通的当地人都能乐在其中。

逛夜店入门

纽约人总是在寻找未来的流行大事，因此纽约夜店也日新月异。爱玩的家伙们被广告吸引，在纽约城所有好地方乱窜，参与每周的重大活动。每当城里的演出活动结束，那就是去舞池里出风头的好时候了。就夜店而言，提早计划绝无害处。让你的名字出现在宾客名单上能够减少不必要的沮丧和失望。如果你在参加聚会方面缺乏经验，一定不要露馅。如果被挤到“私人派对（private party）”队列中，试着唬唬人，没准能混进去。同时不要忘了准备一沓现金，许多夜场（甚至是最时髦的）通常不接受信用卡，店内的自动柜员机手续费很高。

最佳夜店

Cielo 肉类加工区的夜店象征，有来自欧洲的出色DJ和友好的跳舞迷。（见130页）

Le Bain 位于Standard Hotel顶层，有衣着华丽的派对爱好者，带泳池的舞台，还可以在这里欣赏城市轮廓。（见129页）

Berlin 东村的地下室夜店，往昔热情奔放的舞动在这里得以重现。（见100页）

DIVERSE IMAGES/GETTY IMAGES ©

☑ 独家贴士

- 纽约的夜店水平参差不齐，好在可以通过许多网站了解哪些火爆，哪些无聊。
- **New York Magazine**（www.nymag.com/nightlife）由最权威人士精心策划的夜生活选项。
- **Urbandaddy**（www.urbandaddy.com）提供最新消息和便捷的“时下热门（hot right now）”清单。
- **Time Out**（www.timeout.com/newyork/clubs-nightlife）有关跳舞场所的文章、评论和最佳列表。

纽约最佳 节日

纽约的庆祝活动好像从来不会停止。法定假日、宗教仪式、艺术节自不用说，即便普普通通的周末都会有五花八门的游行、派对和街头集市。

春节（www.explorechinatown.com）烟火表演和舞龙将大量寻求刺激的人吸引到了唐人街。

圣帕特里克节游行（St Patrick's Day Parade; ☎718-793-1600; www.nycstpatricksparade.org; 🕒3月17日）第五大道两旁人头攒动，他们为的就是观看风笛手、闪亮的花车和盛大游行。

特里贝克电影节（Tribeca Film Festival; ☎212-941-2400; www.tribecafilm.com; 🕒4月）由罗伯特·德尼罗创立的这一下城区电影节无疑是独立电影界的璀璨明星。

樱花节（Cherry Blossom Festival; ☎718-623-7200; www.bbg.org; 🕒4月下旬）布鲁克林植物园里樱花盛开，此外还有太鼓表演、工艺品和美食。

纽约同性恋骄傲大游行（NYC Pride; www.nycpride.org; 🕒6月）第五大道的盛大同性恋游行活动。

HBO布莱恩特公园夏季电影节（HBO Bryant Park Summer Film Festival; www.bryantpark.org; 🕒6月中旬至8月）布莱恩特公园每周都有经典的户外电影放映。

独立日（Independence Day; www.macys.com; 🕒7月4日）美国国庆节，有焰火表演和庆祝活动。

中央公园莎士比亚戏剧节（Shakespeare in the Park; www.publictheater.org）中央公园里有免费观看的戏剧表演。

万圣节游行（Village Halloween Parade; www.halloween-nyc.com; Sixth Ave, 从Spring St至16th St; 🕒10月31日 19:00~23:00）穿戴好光怪陆离的服饰，加入游行队伍里吧。

JOE DRIVAS/GETTY IMAGES ©

感恩节游行（www.macys.com; 🕒11月的第四个周四）巨大的氦气气球升至高空，高中军乐队在途中吹吹打打。

纽约市马拉松（www.nycmarathon.org）在11月的第一周举行，这全程26英里（42.195公里）的长跑吸引数千名运动员参赛。

洛克菲勒中心圣诞树亮灯仪式（www.rockefellercenter.com; 🕒12月）巨大的圣诞树美不胜收，由超过25,000盏彩灯装饰。

新年前夜（www.timessquarenyc.org/nye）时代广场是听新年钟声的最佳地点。

纽约最佳
儿童旅行体验

纽约为小家伙们准备了许多活动，包括极具想象力的游乐场和绿树成荫的公园，可供孩子们自由玩耍、奔跑。此外，还有许多适合儿童的景点。中央公园动物园、美国自然历史博物馆和纽约市消防博物馆都是不错的儿童景点，旋转木马、木偶戏、市场里吃点心，还有乘电车跨越东河等也是妙趣横生。

SIVAN ASKAYO/LONELY PLANET ©

带孩子就餐

城里游客聚集区的餐馆都可以迅速地提供儿童座椅和儿童菜式。不过就餐场所通常都很小，未经预约就带着孩子们去人气餐厅可能非常麻烦。多数当地人在19:30至21:30吃晚餐，所以早些去可以减轻排队或嘈杂等方面的压力。如果天气晴好，我们建议你带上一张毯子，到城里出色的食品店里买些食物，再到中央公园或其他绿地享受野餐的乐趣。

家长须知

如果你是带着孩子到“大苹果”来，可以通过**Time Out New York Kids**（www.timeoutnewyorkkids.com）和**Mommy Poppins**（www.mommypoppins.com）了解即将举办的活动。想要详细了解纽约直接与儿童有关的方面，不妨看看Lonely Planet出版的*Not for Parents: New York*。该指南为孩子们提供关于纽约人、景点、历史和文化等许多引人入胜的故事以及令人着迷的趣闻，特别适合8岁以上的儿童。

最佳博物馆

美国自然历史博物馆 恐龙、蝴蝶、天文馆，还有IMAX电影，保证让孩子们惊喜连连。（见212页）

大都会艺术博物馆 带小家伙们穿梭时空，进行有趣的历史之旅，别忘了去看看美妙无比的埃及展厅。（见186页）

纽约市消防博物馆 老式的消防马车、奇怪的老式制服，还有和蔼可亲的工作人员，令这里成为满足孩子们好奇心的胜地。（见78页）

最佳购物

West Side Kids 乐趣无穷，有许多可供实际操作的玩具，适合所有年龄段。（见223页）

MAREMAGNUM/GETTY IMAGES ©

布鲁克林大桥公园（Brooklyn Bridge Park）

Dinosaur Hill 小巧的老式玩具店，有许多异想天开的礼物，皮影戏偶、习字套装、天然纤维的婴儿服装等不一而足。（见108页）

Books of Wonder 故事书、少年小说、纽约主题的礼物和店里的读书会非常适合雨天时带孩子们来。（见151页）

最佳公园和游乐场

中央公园 划船、逛动物园、欣赏巨大的《爱丽丝梦游仙境》主题雕像，再去中央公园21座游乐场中最大也最有趣的Heckscher玩耍。（见206页）

高线公园 纽约有名的高架绿地，有食品摊贩、人工水景（孩子们可以玩水）和美妙的视野，天气暖和的时候还有读书会和科学、手工艺项目等适合家庭的活动。（见112页）

哈德逊河公园 Moore St（特里贝克）附近的迷你高尔夫、West St（西村）附近的有趣游乐场、W 23rd和11th Ave交叉路口的喷泉、W 44th St附近的科学主题游戏空间……究竟哪个更好玩，还真是有点难以判断。（见118页）

展望公园 位于布鲁克林、占地面积585英亩（约237万平方米）的展望公园有许多适宜孩子的娱乐项目，包括一座动物园、莱弗茨历史屋（Lefferts Historic House）的互动展览。此外还有一个新建的滑冰场，在夏季时则是水上乐园。（见227页）

布鲁克林大桥公园 在夏季前往，去6号码头令人兴奋的水上乐园（记得带上泳衣，全身都会弄湿的）。玩过水之后，再向北到1号码头绿草如茵的山丘和“简的旋转木马”。（见34页）

最佳野餐

Seaport Smorgasburg 特别适合家庭游览，可以买些小吃去水边。（见62页）

切尔西市场 无尽的美食诱惑，买些野餐食物，到附近的哈德逊河公园或高线公园享用。（见118页）

纽约最佳
购物

你可能会抱怨，电影《蒂凡尼的早餐》中的霍莉·戈莱特丽（Holly Golightly）和《欲望都市》中的凯莉·布拉德肖（Carrie Bradshaw）让你以为纽约的钻石和高端品牌都是白菜价，当地人也肯定乐于你这么想。纽约并非世界时装或技术之都，但有钱才是硬道理，再没有比这里更适合血拼的了。

样品特卖

全年都有服装打折，通常是在换季或商家清理库存时。样品特卖非常频繁，多数是在苏豪区或中城区里时装区的巨大库房举行。从前的样品特卖不过是设计师们清理独一无二的服装原型，多数样品都有瑕疵，而如今的多数样品特卖则是高端品牌以令人心动的优惠价格解决过量库存。

跳蚤市场和二手货探索

纽约人喜欢崭新的、闪闪发亮的东西，同样也喜欢搜罗别人不要的小物件，这给他们带来无穷的乐趣。最受欢迎的跳蚤市场是布鲁克林跳蚤市场（见227页），一年四季都会在各种场所里进行。东村实际上是纽约二手商店的聚集区——时髦人士的不二选择。

最佳百货店

Barneys 精选时装品牌，纽约的资深潮人都为之倾倒。（见180页）

Bergdorf Goodman 高端品牌、吃午餐的女士们，还有华丽的圣诞节橱窗装饰。（见180页）

Bloomingdale's 堪称购物界的博物馆。（见180页）

Century 21 淘折扣时装、鞋类与其他商品的巨大乐园。（见67页）

梅西百货 位于34th St的传奇百货商店，店面长达一个街区。（见182页）

INGOLF POMPE/GETTY IMAGES ©

Madison Ave的Barneys

最佳时尚精品店

Opening Ceremony 主营回头颇率高的前卫服装，引领苏豪区的时装潮流。（见84页）

Rag & Bone 纽约当地品牌的人气男女服装，裁剪精良，设计复古。（见85页）

Marc by Marc Jacobs 在下城和上城都深受喜爱，西村的几家分店尤其如此。（见136页）

By Robert James 出自当地著名新锐设计师手笔的粗犷男装。（见106页）

最佳独特纪念品和礼物

MoMA Design & Book Store 现代艺术博物馆的商店非常有名，店里的布置与博物馆一样美好，在这里买件纪念品吧。（见180页）

Philip Williams Posters 大大小小的原创海报超过50万张，怎能空手而归呢？（见68页）

Obscura Antiques 一座令人好奇的商店，出售古董毒药瓶到动物标本等或古色古香或令人毛骨悚然的玩意儿。（见107页）

MiN New York 难得一见的香水和护理用品，尽在这家好似药房的店面。（见73页）

Shinola 超酷的精品店，销售美国本土生产、构思巧妙的物品，定制提包、手表等不一而足。（见68页）

Verameat 精致的首饰，既有美感又显奇趣。（见107页）

最佳书店

McNally Jackson 所有人都喜爱的独立书店，有许多大部头的图书，经常举办读书会。（见73页）

Strand Book Store 纽约最受喜爱的书店，如果把店里的书都摆在一起的话，长度可达18英里（约29公里）以上。（见134页）

Idlewild Books 图书（小说和非小说类文学作品）主题涵盖全球，为旅行者和梦想家提供灵感。（见151页）

纽约最佳
免费体验

SIEGFRIED LAYDA/GETTY IMAGES ©

免费的音乐会、戏剧、电影放映，加上著名博物馆“捐赠入内”的夜晚，一分不花就能体验纽约宝藏的方法不胜枚举。生活中最美好的事物有时真的是免费的！

史丹顿岛渡轮 跳上免费的渡轮前往史丹顿岛，欣赏曼哈顿南端的美妙景色。（见244页）

切尔西的画廊 曼哈顿West 20th St至West 29th St的街边分布着300多家画廊，全部对公众开放。（见114页）

新当代艺术博物馆 优美的白色箱式结构建筑中收藏着数量惊人的当代艺术品，每周四19:00后几乎都可以免费参观；建议捐赠至少$2。（见92页）

中央公园 纽约的巨大后花园里绿树成荫，任你畅游。可以慢跑、在草地上放松，也可以用面包屑喂水池中的鸭子。（见206页）

高线公园 过去十年中纽约最引以为傲的城市改造项目，这个狭长的公共空间适宜漫步，也适宜端详城市轮廓。（见112页）

纽约公共图书馆 宏伟的美术学院派建筑瑰宝[又称史蒂芬·A.施瓦茨曼大楼（Stephen A Schwarzman Building）]，建筑华丽、展览免费，值得一看。（见164页）

现代艺术博物馆 壮丽的现代艺术博物馆在周五16:00~20:00免费参观，做好和数量巨大的人群一起排长队的心理准备。（见158页）

9·11国家纪念碑 北美最大的人造瀑布蔚为壮观，它是对恐怖袭击死难者的纪念。（见50页）

夏日舞台 夏季时，中央公园有免费音乐会和舞蹈表演。（见209页）

新美术馆 壮丽的新美术馆每月第一个周五18:00~20:00免费。博物馆位于上东区，趁着人们还没有充分关注到它的美时赶快去。（见194页）

哈莱姆画室博物馆 在纽约非裔美国人区的核心位置，周日可以免费参观。（见225页）

美国国立印第安人博物馆 漂亮的纺织品、文物和艺术品是这座瑰宝中美洲原住民灿烂文化的明证。（见56页）

美国民间艺术博物馆 展览规模不大，但通常都有令人着迷的民间艺术家作品。（见212页）

弗里克私人博物馆 周日11:00~13:00捐赠入内，可以好好瞻仰一番欧洲大师们的杰作。（见193页）

纽约最佳 LGBT场所

纽约的同性恋群体拥有高水平的可支配收入，从时装展台到音乐巨制，再到市中心的华尔街，各个领域似乎都成了他们的天下。如今，同性恋也可以步入婚姻殿堂，出柜从未像今天这般时尚。

工作日就是新的周末

在纽约，任何一个夜晚都是流光溢彩的，尤其是对同性恋群体而言，周三和周四的派对源源不断，当地人喜欢在周日（特别是夏天）疯狂一下。

紧跟潮流

无数网站提供纽约同性恋、双性恋、跨性别群体的信息。登录**Next Magazine**(www.nextmagazine.com)或**Get Out!**(getoutmag.com)可以查询全城的相关活动。加入热门派对的最佳方式之一，就是关注你喜欢的活动组织者。

最佳活动组织者

BoiParty（www.boiparty.com）每年、每月、每周都有令人印象深刻的舞会。

The Saint at Large（www.saintatlarge.com）每年3月举办一年一度的大规模巡回活动Black Party。

Daniel Nardicio（www.danielnardicio.com）知名的派对组织者，以享乐主义的活动闻名。

Josh Wood（www.joshwoodproductions.com）久负盛名的组织者，名气因庆典活动、名流客人和慈善事业越来越大。

Spank（www.spankartmag.com）艺术主题的派对，结合市中心的表演场地和强劲的音乐节奏。

MICHAEL MARQUAND/GETTY IMAGES ©

最佳经典同性恋场所

Marie's Crisis 位于西村，前身是妓院，如今是有钢琴演奏的酒吧。（见130页）

Duplex 下流的俏皮话、柔美的歌声、喧闹有趣的钢琴酒吧，这些都是这家西村老牌同性恋场所的特征。（见131页）

舞会皇后最佳场所

Eagle NYC 两层楼的夜店，有屋顶露台，你会看到跳舞和痛饮的场面，还有好多身穿皮衣皮裤的人士。（见130页）

Industry 位于地狱厨房，是热闹的休闲酒吧，夜深时摇身一变成了音乐节奏强劲的夜店。（见174页）

纽约最佳 建筑

纽约的建筑史就是不同观念与风格融会贯通之后所制作的“千层糕”，简朴的殖民时期农舍，优雅的联邦风格建筑和20世纪早期华美的美术学院派艺术宫殿一同坐落于纽约街头。这里既有重获新生的希腊风格、哥特风格、罗马艺术风格及文艺复兴风格的建筑，也有不加粉饰的国际风格作品。对于建筑爱好者来说，此处就是建筑艺术丰饶的宝地。

MITCHELL FUNK/GETTY IMAGES ©

摩天大厦之城

毫不夸张地说，进入20世纪以后，电梯和钢架工程使纽约得以发展。这一时期出现了摩天大厦的建设热潮。第一栋摩天大楼就是卡斯·吉尔伯特（Cass Gilbert）设计的57层新哥特式建筑：伍尔沃斯大楼（Woolworth Building，1913年）。直至今日，这座大楼仍是美国最高的50座建筑之一。

之后，更多的摩天大厦拔地而起。1930年，克莱斯勒大厦成为全球最高的建筑。这座由威廉·凡·阿伦（William Van Alen）设计的77层建筑是艺术装饰风格的杰作。翌年，帝国大厦打破了这一纪录。这座线条鲜明的艺术装饰风格的大厦选用了大量印第安纳石灰岩。为了达到更好的宣传效果，设计者本打算将大厦尖顶用作飞艇的泊塔，不过事实证明这一想法不切实际，难以实施。

明星建筑师的创作乐园

纽约的地形多样，有助于来自全球的建筑界重要人士或者干脆说明星建筑师大展所长。在高耸的玻璃大厦和低矮的敦实砖房之间，你会看到弗兰克·O.盖里的波纹建筑、建筑师事务所SANAA的白色箱型结构，以及伦佐·皮亚诺的标志性建筑外观。

最佳摩天大厦

帝国大厦 就像马提尼酒、上好的牛排和爵士乐，这座大萧条时期修建的摩天大厦永不会过时。（见156页）

克莱斯勒大厦 曼哈顿最高雅的摩天大厦，钢铁装饰的灵感来自汽车工业，包括形状与引擎盖装饰相似的滴水兽。（见163页）

熨斗大厦 原汁原味的纽约摩天大厦，由砖装饰的三角形建筑，高20层。（见142页）

新世贸大厦 这座蓝色的高耸塔楼如今是美国乃至整个西半球最高的建筑物。（见51页）

伍尔沃斯大楼 体现新哥特式美学特征，历史超过百年。（见56页）

圣帕特里克大教堂（St Patrick's Cathedral）

最佳教堂

圣帕特里克大教堂 新哥特式建筑奇观，美国最大的天主教教堂。（见165页）

恩典教堂 已从破败中重建，是纽约最神圣的建筑之一，有尖塔与华丽的雕刻装饰。（见119页）

圣三一教堂 曾是纽约最高的建筑，令人惊叹的彩绘玻璃是这里的一大特色。教堂墓地也不容错过。（见58页）

以马内利会堂 位于上东区的壮观罗马式会堂，天花板有金色手绘。（见195页）

最佳美术学院派建筑

中央火车站 建筑顶部有美国最伟大的纪念性雕塑《商业的荣光》（*The Glory of Commerce*），这座车站是铁路行业的浪漫颂歌，描绘星空的拱顶装饰着堪比舞厅的中央大厅。（见163页）

纽约公共图书馆 由佛蒙特大理石构筑的中城区奇观，城市功能建筑原来也可以如此优雅。（见164页）

最佳其他建筑

惠特尼美国艺术博物馆 伦佐·皮亚诺的新杰作，在高线公园和哈德逊河之间熠熠生辉。（见118页）

新当代艺术博物馆 SANAA设计的立方体叠放结构，半透明的铝质外观更显迷人。（见92页）

古根海姆博物馆 弗兰克·劳埃德·赖特设计的倒锥结构，与自由女神像、黄色出租车、华丽的克莱斯勒大厦一样，是纽约的标志。（见190页）

布鲁克林大桥 出现在无数电影、电视和音乐影片中，这座新哥特式的美妙建筑是世界上最漂亮的桥梁之一。（见52页）

纽约最佳
运动和活动

在纽约打个车都会让人感觉像是进行了一场激烈运动，而大夏天等地铁则比蒸桑拿还要热。即便如此，纽约人仍然喜欢在业余时间参加活动或者锻炼身体。考虑到纽约的绿色空间十分有限，当地人对运动的热爱程度会令许多外来者感到惊讶。

ALESSANDRO RIZZI/GETTY IMAGES ©

☑ 独家贴士

▶多数球队的比赛门票可以通过**票务大师**（Ticketmaster；www.ticketmaster.com）购买。**StubHub**（www.stubhub.com）是另外一家主要的票务机构。

跑步与骑行

杰奎琳·肯尼迪·奥纳西斯水库周围有长1.6英里的道路，专供跑步者和健步者使用。也可以去下曼哈顿的哈德逊河公园中的沿河路径，或者去上东区沿FDR Dr和东河跑步。纽约在过去10年间增建了超过250英里的自行车道，不过新手最好还是去公园里、河岸边人不多的小路上骑行。

室内运动和活动

瑜伽和普拉提工作室遍布全城。想要去健身房的话，可以去连锁健身房碰碰运气，看能否获取一张免费入场券。

最佳比赛

纽约洋基队（New York Yankees；☎718-293-4300，团队游 646-977-8687；www.yankees.com；E 161st St，River Ave路口；团队游 $20；Ⓢ B/D，4至161st St-Yankee Stadium）即便你不迷棒球，去皇后区感受一下球迷的狂热，也会让你不虚此行。

纽约大都会队（New York Mets；☎718-507-8499；www.mets.com；123-01 Roosevelt Ave，Flushing；门票 $19～130；Ⓢ 7至Mets-Willets Pt）纽约另一支广受喜爱的棒球队。

纽约尼克斯队（New York Knicks；www.nyknicks.com；Madison Sq Garden，Seventh Ave 31st St和33rd St之间，Midtown West；门

票 $75.50起；S A/C/E，1/2/3至34th St-Penn Station）以麦迪逊广场花园（Madison Square Garden）为主场的篮球队。

布鲁克林篮网队（Brooklyn Nets；www.nba.com/nets；门票 $15起；🚌在Port Authority乘坐351）布鲁克林的新职业篮球队，主场在高科技的巴克莱中心（Barclays Center）。

纽约巨人队（New York Giants；☎201-935-8222；www.giants.com；Meadowlands Stadium，East Rutherford，NJ；🚌在Port Authority乘坐351；🚆NJ Transit 从Penn-Station至Meadowlands）美国国家橄榄球联盟的老牌球队，主场如今在新泽西。

视觉中国 提供

中央公园里的跑步者

纽约最佳
公园

纽约的公园、花园和广场都是城市的后花园。大些的公园非常适合漫步或享受阳光，有许多座位和供人们休息的亭子，附近还有很多咖啡馆。小些的广场则为你提供偶然发现新鲜事儿的机会，满足你的好奇心。

户外活动

纽约人将公共绿地转化成娱乐与邂逅之所的本事炉火纯青。在夏季的几个月，中央公园有户外电影放映和莎翁戏剧演出，而炮台公园（Battery Park）的哈德逊河公园则有音乐演奏，林肯中心的舞蹈之夜就更不用说了。

曼哈顿之外

如果你在寻找中央公园以外的大片绿地，最好是去布鲁克林。占地面积85英亩的**布鲁克林大桥公园**（Brooklyn Bridge Park；☎718-802-0603；www.brooklynbridgepark.org；East River Waterfront，Atlantic Ave和Adams St；门票免费；⏰6:00至次日1:00；🚻；Ⓢ A/C至High St；2/3至Clark St；F至York St）是这个区域的最新公园，一度荒芜的河岸地区因此获得新生，若干废弃的码头也变成公共休闲场所。该公园现已接近完工，最终会超越由卡尔弗特·沃克斯与弗雷德里克·奥姆斯特德设计、占地585英亩（约237万平方米）的展望公园（Prospect Park），成为布鲁克林最大的公园。

最佳公园

中央公园 纽约的著名公园，占地面积超过800英亩（约324万平方米），有连绵的草地和巨石散落的小山。（见206页）

MATT MUNRO/LONELY PLANET ©

高线公园 一条狭长的绿地，沿市中心的西端延伸。（见112页）

格莱梅西公园 最具纽约特色的公园：有熟铁藩篱将公众隔绝在外，但只要往里面看看，就会感受到它的美妙绝伦。（见142页）

麦迪逊广场公园 一片经过重新装饰的绿洲，展示着大型雕塑，公园内的Shake Shack是高人气的汉堡餐馆。另有公厕可以解决大众的内急问题。（见142页）

河边公园 位于曼哈顿西端，沿哈德逊河延伸100个街区，是骑自行车的理想场所。（见213页）

布莱恩特公园 逃离中城区的喧嚣的怡人之地，夏季放映电影，冬季可以滑冰。（见172页）

纽约最佳
团队游

纽约的街道的确很适合独自探索，但参加团队游也很值得，可以更好地了解这座城市的精彩历史和鲜为人知的逸事。

Big Apple Greeter Program（☎212-669-8159；www.bigapplegreeter.org；免费）组织你选定街区的深度步行游览，领队是一名非常热情的志愿者，迫不及待地想要向你展示自己所在城市。

Big Onion Walking Tours（☎888-606-9255；www.bigonion.com；团队游 $20）有近30种团队游可供选择，涵盖纽约各街区的历史、文化、街区故事等方面。

Bike the Big Apple（☎877-865-0078；www.bikethebigapple.com；团队游 含自行车和头盔 约$95）提供种类丰富的团队游，其中包括6个小时的Ethnic Apple Tour，带你了解皇后区的一小部分、布鲁克林北区和曼哈顿的下东区。

Foods of New York（☎212-913-9964；www.foodsofny.com；团队游 $52起）纽约旅游局官方组织的美食之旅，时长3小时，行程多样，帮助你了解全城美食。准备好大吃一顿意面、寿司、各国奶酪和地道的纽约比萨吧。

On Location Tours（☎212-683-2027；www.onlocationtours.com；团队游 $25~49）提供各种团队游，主题包括电视节目、大大小小的电影电视拍摄场地等，让你满足自己关于进军娱乐业的梦想。

Wildman Steve Brill（☎914-835-2153；www.wildmanstevebrill.com；团队游 最高$20）纽约最知名的自然主义者，30年来一直带领游客们在城市的公园中大玩野外求生。

SIVAN ASKAYO/LONELY PLANET ©

Strayboots（☎877-787-2929；www.strayboots.com；团队游 $12起）自助性质，融合有趣的城市信息和寻宝游戏元素，帮助初来乍到者了解他们所处的街区。用手机键入答案向中央控制台汇报答案，再根据收到的线索继续寻找，可以按照自己的节奏慢慢来。

Municipal Art Society（☎212-935-3960；www.mas.org；团队游 成人/儿童 $20/15；Ⓢ F至57th St）各种预定行程的团队游，关注历史和建筑，如很受欢迎的中央火车站步行游览。

纽约
当地生活

带你体验原汁原味的城市

纽约的“珍宝”并不仅限于标志性景点，也在种类丰富且振奋人心的艺术画廊、烛光摇曳的地下酒吧、怀旧复古的市场、个性独特的精品店等方面得以体现。对于想要深入探索的人们而言，还有许多东西值得细细体会。

在苏豪区购物
（见72页）

- 原创精品店
- 美味小吃

融入诺莉塔区(Nolita)和苏豪区的时尚人群之中，在这两个街区你会发现引人注目的商店、咖啡馆和餐馆等瑰宝。到后街的小巷里寻找文学气息浓厚的书店、奇怪的古玩店、味道独特的香水、精心煮制的浓缩咖啡，还有不易发现的街头艺术。

切尔西的画廊
（见114页）

- 当今的艺术界明星
- 西班牙小吃

切尔西的西区曾是曼哈顿被人遗忘的角落。如今变成纽约艺术界的焦点所在，这里的街上分布着200多家画廊。你可以花上一天探索其中的佼佼者，沿途品尝西班牙小吃和里奥哈酒（rioja）。

哈莱姆（见224页）

- 非裔美国人的历史
- 引人深思的建筑

曼哈顿北区有一座高耸（但未完成）的大教堂、一个非洲风情的市场、充满新意的非洲传统食物、一座极其有趣的音乐厅，还有许多见证了哈莱姆文艺复兴历史的漂亮街道。

布鲁克林南区
（见226页）

- 迷人的公园
- 复古物件

有些布鲁克林人几乎不去曼哈顿，在漫步穿越这个街区之后你就能明白为什么。树木葱郁的公园、人声鼎沸的咖啡馆、新奇独特的商店、阳光明媚的后院酒吧，就算加上规模巨大的跳蚤市场，仍不能尽数布鲁克林的繁荣。

威廉斯堡（见228页）

- 鸡尾酒吧
- 布鲁克林的工艺品

从下东区出发过桥即可抵达，威廉斯堡是布鲁克林创造力的源泉。这条步行游览路线会带你参观布鲁克林第一家啤酒厂、一座秘密艺术图书馆、一间高人气的二手商店。这里还有许多酒吧，其中包括一家专营当地酿制烈酒的尝酒室。

复古鸡尾酒

阿波罗剧院（Apollo Theater；见225页）

你还可以在这些地方体验到当地生活：

跳蚤剧院（见68页）

Film Forum（见84页）

埃塞克斯街市场（见98页）

俄罗斯和土耳其浴室（见102页）

切尔西市场（见118页）

Marie's Crisis（见130页）

联合广场农贸市场（见144页）

布莱恩特公园（见172页）

韩国城（见170页）

92nd Street Y（见200页）

纽约
每日行程

第一天

早上游览美妙的**中央公园**（见206页）。从公园的东南角出发，先到**中央公园动物园**（见207页）瞧瞧，再沿着漂亮的林荫道漫步，到**洛埃博船屋**（Loeb Boathouse；见214页）租船游湖，在保护水域可以看到船只模型，之后在**草莓园**（见207页）缅怀约翰·列侬。从公园出来后去**美国自然历史博物馆**（见212页）了解地球和宇宙的奥秘。

是时候探索纽约的建筑奇观了：**中央火车站**（163页）、**克莱斯勒大厦**（见163页）、**纽约公共图书馆**（见164页）和**洛克菲勒中心**（见162页）等。下午再去中城区最出色的艺术宝藏**现代艺术博物馆**（见158页）参观。

晚上去星光熠熠的百老汇，在**剧作家视野剧院**（Playwrights Horizons；见178页）观赏卖座或前卫的演出。从**时代广场**（见154页）的TKTS售票亭平台感受堪比拉斯维加斯的氛围，去**Rum House**（见172页）痛饮鸡尾酒；再到**帝国大厦**（见156页）楼顶向纽约说晚安。

第二天

先去令人惊叹的**大都会艺术博物馆**（见186页）。在埃及和罗马主题的展品中徜徉，或去欣赏欧洲大师的杰作；再去屋顶（夏季时）俯瞰中央公园。之后参观附近的**新美术馆**（Neue Galerie；见194页），在建于1914年的豪宅中享受德国和奥地利的艺术盛宴。

直奔苏豪区，下午就沿着Prince Street和Spring Street与寻觅全球时尚大牌的人群一起血拼。一路逛至唐人街的Mulberry Street，这里虽然与苏豪区只隔几个街区，却与那里的消费主义截然不同。顺道参观这个街区的几座佛寺，偶尔停下来吃个蛋挞和榴莲冰激凌。

如果你已经购买了音乐会的票，那就别在市中心吃午餐，去位置优越的美食餐馆**The Smith**（见216页）喝一杯。再去街对面的**林肯中心**（见212页）逛逛，到大都会歌剧院听歌剧，或在Avery Fisher Hall欣赏交响乐。之后在高端的**Dovetail**（见216页）享用新派美国菜，去高雅的**Manhattan Cricket Club**（见217页）找点喝的。

没时间？

我们将纽约的所有必游看点融入以下按天规划的行程之中，确保你能在有限的时间内看到这座城市最美的一面。

第三天

如同那些派对动物在彻夜狂欢后拖着脚步回到狭小的公寓一样，你也可以出发去**下东区廉租公寓博物馆**（Lower East Side Tenement Museum；见92页），了解这个地区住宅改善前的样子。然后，到前卫的**新当代艺术博物馆**（New Museum of Contemporary Art；见92页）感受未来。

在以创意饮食闻名的下东区吃午饭，**Dimes**（见97页）或**El Rey**（见94页）都是不错的选择。之后直奔城市公园，以此为起点，走上**布鲁克林大桥**（见52页）观赏日落。从桥上下来后到丹波区，从布鲁克林的水滨欣赏更漂亮的景色。

晚上，前往东村，沿着粗犷的**圣马可坊街**（St Marks Place；见94页）漫步，在**MUD**（见95页）等热闹的咖啡馆喝些提神饮料；再到市中心艺术界的标志**La MaMa ETC**（见105页）看演出。之后去**Babu Ji**（见96页）享用美味的印度街头食物，睡前去**Rue B**（见99页）和**Pouring Ribbons**（见101页）等几家鸡尾酒吧逛逛。

第四天

一早搭乘史丹顿岛渡轮，观赏朝阳下的下曼哈顿。再到**新世贸大厦观景台**（One World Ob-servatory；见56页）居高临下俯瞰城市。之后瞻仰令人内心触动的**9·11国家纪念碑和博物馆**（见50页）。

前往肉类加工区，参观华丽的**惠特尼美国艺术博物馆**（见118页）新馆。然后沿着附近的台阶上到**高线公园**（见112页），沿着原是废弃铁路的路线随意走走。沿途喝些咖啡、吃些小吃，再领略动人的街景。到了West 20~29街，下到切尔西逛画廊，再到**切尔西市场**（Chelsea Market；见118页）品尝美食并补充体力。

沿格林尼治村曲折的可爱街道漫步，随便为在迷人的**Minetta Tavern**（见125页）享受晚餐做好准备。之后在**Mezzrow**（见132页）、**Smalls**（见130页）或**Village Vanguard**（见131页）聆听现场爵士乐。到时尚的**Employees Only**（见125页）品尝精心调制的鸡尾酒，再去城里最好的小巧夜店**Cielo**（见130页）跳个舞。

行前参考

更多信息
见239页生存指南

货币
美元（US$）
¥1≈$0.14

语言
英语

签证
持中国大陆护照的旅行者需办理旅游签证（见244页）。

现金
自动柜员机分布广泛，很多都支持银联卡取现；多数酒店、商店和餐馆接受信用卡。农贸市场和有些餐饮场所只收现金。

手机
大多数智能手机均可在美国使用，开通了国际漫游后，中国三大移动运营商均支持在美国漫游通话。记得与你的手机服务提供商确认兼容性和资费问题。

时间
东部标准时间（格林尼治标准时间/协调世界时-5小时），比北京时间晚13小时（夏令时晚12小时）。

插头和适配器
美国使用110~115伏、60赫兹的交流电。插座一般使用两相扁孔（常有第三个插孔接地线），多数情况下不需要携带转换插头。

小费
餐厅服务员15%~20%，酒吧招待每杯啤酒$1或每杯特色鸡尾酒$2，出租车司机10%~15%，酒店房间清洁工每天$3~5。

① 出发前

每日预算

经济：低于$100
- 青旅床位：$40~70
- 路边餐车的玉米卷：$3起
- 公共汽车或地铁：$2.75

中档：$100~300
- 中档酒店的双人间：$200起
- 中档餐厅的双人晚餐：$130
- 休闲酒吧的特调鸡尾酒：$14~18
- TKTS购买打折百老汇戏票：$80

高档：高于$300
- 高端酒店豪华住宿：$325~850
- 高端餐厅品尝套餐：$85~325
- 大都会歌剧院交响音乐会：$100~390

网络资源

Lonely Planet（www.lonelyplanet.com/usa/new-york-city）目的地信息、酒店预订、旅行者论坛及其他。

NYC：The Official Guide（www.nycgo.com）纽约旅行官方门户网站。

New York Magazine（www.nymag.com）酒吧、餐馆、娱乐和购物的详细列表。

提前计划

两个月以前 预订住宿，抢购百老汇戏票。

三周以前 预订首选高端餐馆的位置。

一周以前 浏览网络和推特，留意最新的活动。

2 抵达纽约

三座机场、两座主要火车站、一座庞大的公共汽车总站，每年接待的游人数以百万计。

肯尼迪国际机场（JFK）

目的地	最佳交通方式
布鲁克林	地铁LIRR线至Atlantic Terminal
下东区	地铁J/Z线
下曼哈顿	地铁A线
中城区	地铁LIRR线至Penn Station
格林尼治村	Village地铁A线
上西区	地铁A线
上东区	地铁E线，换乘4/5/6线
哈莱姆	地铁E线，换乘B或C线

拉瓜迪亚机场（LGA）

目的地	最佳交通方式
哈莱姆	公共汽车M60
上东区	公共汽车M60和地铁4/5/6线
中城区	公共汽车Q70和地铁F、7或E线
联合广场	公共汽车Q70换乘地铁R线
格林尼治村	公共汽车Q70换乘地铁F线
布鲁克林	出租车

纽瓦克国际机场（EWR）

搭乘机场快轨至纽瓦克机场（Newark Airport）火车站，然后乘坐任意一辆前往纽约宾夕法尼亚火车站（NYC's Penn Station）的列车。另有合乘班车和巴士。从中城区出发乘地铁前往你的目的地。

3 当地交通

抵达纽约之后，当地交通非常便捷。覆盖广泛的地铁系统票价便宜，而且（通常）高效，你还可以利用自行车、渡轮、公共汽车等交通工具，步行也很方便。

地铁

地铁系统是纽约的标志，票价不贵，全天运营。登录www.mta.info网站可查询公共交通信息，或下载用处很大的NextStop应用，后者带地图，到站倒计时以及服务提醒。

公共汽车

如果打算沿东西向的道路横贯城市或沿First Ave和Tenth Ave出行，公共汽车是个好选择。

出租车

在非高峰期，乘出租车出行是最快捷的交通方式，对于想一直待在地面的人也是个不错的选择。但天气恶劣时很难打到出租车。

自行车

纽约出色的自行车共享网络Citi Bike（www.citibikenyc.com; 24小时/7天 $11/27）在曼哈顿和布鲁克林部分区域分布着数百个租借亭。选好通票类型（24小时或7天），刷信用卡，就可以使用自行车。用Citi Bike手机应用可以找到附近的自行车。

渡轮

有免费的史丹顿岛渡轮，还有提供优质服务的**东河渡轮**（East River Ferry; www.eastriverferry.com; 单程 $4~6），在下曼哈顿、E 34th St、皇后区和布鲁克林的水滨都有码头。此外**纽约水上的士**（New York Water Taxi; ☎212-742-1969; www.nywatertaxi.com; 任意码头上下船的一日通票 $31）收费更高，提供随乘随下的运载服务。

纽约
区域速览

上西区和中央公园（204页）

林肯公园和中央公园——将人们从无尽的水泥森林中解放出来。

顶级景点

中央公园

西村、切尔西和肉类加工区（110页）

别致的街道和保存完好的砖结构房屋会一路将你引至当地咖啡馆，同时还有很多潮流夜生活可供选择。

顶级景点

高线公园

苏豪区和唐人街（70页）

隐藏的寺庙和提供热气腾腾中式点心的餐厅遍布唐人街。隔壁便是苏豪区的高新街道和时尚大牌。

下曼哈顿和金融区（46页）

9·11国家纪念碑和博物馆、布鲁克林大桥和自由女神像都在这里。

顶级景点

纽约港

9·11国家纪念碑和博物馆

布鲁克林大桥

上东区（184页）
顶尖的精品店和精致的宅邸集中在建筑美学的盛宴——博物馆大道上，景致无与伦比。

顶级景点

- 大都会艺术博物馆
- 古根海姆博物馆

中城区（152页）
这就是明信片上的纽约：时代广场、百老汇剧院、两侧的摩天大楼如同峭壁，还有蜂拥的人群。

顶级景点

- 时代广场
- 帝国大厦
- 现代艺术博物馆

联合广场、熨斗区和格莱梅西（138页）
糅合了周边街区的各种特色，景点不多却是老饕们最爱的地方。

东村和下东区（88页）
新与旧的主题，在这个市区“二重唱”的每一个角落里融合着，这是城中夜生活和平价小吃最热门的两个区域。

值得一游

顶级景点

- 现代艺术博物馆PS1馆

探索 纽约

从洛克菲勒中心顶层观景台（见162页）俯瞰中央公园

ONIONASTUDIO/GETTY IMAGES©

探 索

下曼哈顿和金融区

前卫、崭新的地标建筑熠熠生辉，曼哈顿南端又恢复了活力。9·11国家纪念碑和博物馆、新世贸大厦观景台、华尔街都位于金融区，对岸则有艾利斯岛和自由女神像。在这一区域以北，特里贝克（Tribeca）的仓库区经过改建，如今遍地都是热闹的餐馆、灯光昏暗的酒吧以及许多小店和画廊。

一日游行程

早点动身，日出时沿着雄伟的**布鲁克林大桥**（见52页）漫步跨过东河。之后去**Le District**（见62页）吃法国点心、品尝精心煮制的浓缩咖啡和其他美食。买些小吃带着以备不时之需。在乘坐渡轮，参观自由女神像（见48页）后，去艾利斯岛走走，感受一下那里的历史。

回到曼哈顿，一路逛到**Fraunces Tavern**（见63页），在这家有18世纪装饰的历史酒馆享用一流的餐食。午饭后沿着华尔街闲逛，顺道欣赏**圣三一教堂**（Trinity Church；见58页）的挺拔钟楼，之后到触动心灵的**9·11国家纪念碑**（见50页）。再到毗邻的博物馆中了解此地发生的悲伤往事。登上**新世贸大厦观景台**（见56页），将纽约日新月异的城市天际线尽收眼底。

到了晚上，在特里贝克吃晚餐，看演出。提前出发，去体验米其林星级餐厅**Bâtard**（见64页），之后前往备受推崇的非百老汇剧院**Soho Rep**（见67页）欣赏极具创意的戏剧。在**Weather Up**（见66页）啜饮特调鸡尾酒，结束一天的行程。

顶级景点

纽约港（New York Harbor；见48页）

9·11国家纪念碑和博物馆（National September 11 Memorial & Museum；见50页）

布鲁克林大桥（Brooklyn Bridge；见52页）

纽约最佳

就餐

Locanda Verde（见63页）

Bâtard（见64页）

Brookfield Place（见62页）

饮品

Dead Rabbit（见64页）

Ward III（见64页）

Smith & Mills（见64页）

购物

Century 21（见67页）

Shinola（见68页）

到达和离开

S 地铁 Fulton St是主要的换乘站，连接着A/C、J/Z、2/3和4/5号地铁线。地铁1号线的终点站是South Ferry，也是史丹顿岛渡轮的始发站。

渡轮 史丹顿岛渡轮乘船点位于Whitehall St南端。开往自由女神像和艾利斯岛的渡轮从炮台公园（Battery Park）附近始发。

顶级景点

纽约港

自1886年落成以来，自由女神像(Statue of Liberty)迎接了数以百万计、怀着对美好生活的憧憬、乘船来到纽约港的移民。如今，她也同样迎接着数以百万计的游客，其中许多人会登上女神的王冠，从最佳的角度欣赏城市与港口的全景。不远处的艾利斯岛是当年入境处所在地，1892年至1954年，由此地进入美国的移民超过1200万。如今，这里坐落着纽约最令人感慨的博物馆，以纪念那些移民以及他们无法磨灭的勇气。

见54页地图，B8

212-363-3200，渡轮票务 877-523-9849

www.nps.gov/stli

渡轮 成人/儿童 含自由女神像和艾利斯岛 $18/9，含自由女神王冠票 $21/12

8:30~17:30

S 1至South Ferry；4/5至Bowling Green

自由女神像

不要错过

自由女神像

提前订票可以攀登354级阶梯，一直爬到女神像的王冠上，从那里可以看到摄人心魄的纽约城和纽约港景色。不过这样的机会极其有限，唯一的方式就是提前预约。越早越好，最早提前6个月就可以预订。每人最多只能预订4张参观王冠的票，身高1.2米（约4英尺）以上的儿童才允许攀登到王冠处。如果没买到参观王冠的票，那就试试买基座的参观票，那里的景色也蔚为壮观。

艾利斯岛移民博物馆

这座三层高的移民博物馆（Ellis Island's Immigration Museum）位于艾利斯岛，是向那段辛酸移民史的致敬。据估计，当今40%的美国人至少有一位祖先曾在艾利斯岛过检，这座小小的港口岛在塑造今日美国方面的重要性由此可见一斑。自助导览的语音来自很多身份各异的讲解员，包括历史学家、建筑师和曾经的移民，通过个人物品、官方文件、照片以及电影片段等各种藏品，他们栩栩如生地诉说会带你游历那段历史。在这些有故事的大厅和走廊里，你可以追忆那些或好或坏的往昔。如果你的参观时间不多，可以重点关注位于二楼的“穿过美国国门（Through America's Gate）”和“移民高峰年（Peak Immigration Years）”展览。

独家贴士

- 从下曼哈顿炮台公园（Battery Park）发船的渡轮行程只有15分钟，但是游览自由女神像和艾利斯岛两个地方可能需要一整天的时间，要想一次游览这两个地方最迟要搭乘13:00前出发的渡轮。
- 我们强烈建议你提前预订自由女神像的门票，这样可以保证你能在指定的时间进行参观。
- 如果你既没有王冠门票也没有基座门票，别烦躁，持开往自由女神岛（Liberty Island）的渡轮票即可上岛游览，还可以使用自助语音导览器（甚至有面向儿童的语音导览），详细了解自由女神像的历史。

吃喝落脚点

不用去自由女神像的餐厅，午饭可以用野餐的形式解决。也可以提早参观再赶回下曼哈顿，去Seaport Smorgasburg（见62页）或Brookfield Place（见62页）等美食市场吃午饭。

顶级景点

9·11国家纪念碑和博物馆

庄严的9·11国家纪念碑和博物馆（National September 11 Memorial & Museum）纪念着美国本土最恶劣的恐怖袭击中的受害者。纪念馆名为Reflecting Absence（反省缺失）的两座倒影池象征着希望与重生，同时也悼念着数以千计的死难者。肃穆又显眼的纪念博物馆屹立在倒影池旁，记录着2001年那可怕的一天。

见54页地图，B5

www.911memorial.org

180 Greenwich St

纪念馆 免费，博物馆 成人/儿童 $24/15

周日至周四 9:00~20:00，周五和周六 至21:00

S E至World Trade Center；R至Cortlandt St；2/3至Park Pl

9·11国家纪念碑和博物馆，由建筑师迈克尔·阿拉德（Michael Arad）和景观设计师彼得·沃克（Peter Walker）设计

不要错过

倒影池

倒影池（Reflecting Pools）位于一片种着400棵沼泽白橡树的广场上，两座水池所在地正是当年被摧毁的双子塔原址。水池边缘的小瀑布将源源不断的水流缓缓地从30英尺（约9米）高处注入池中心的深井。水流充满象征意味，从刚开始几百股的细小水流，汇集形成巨大的水柱，最后缓缓流入深渊中。水池四周镶嵌着青铜板，镌刻着在2001年9·11恐怖袭击事件以及1993年2月26日世贸中心汽车爆炸案中罹难者的姓名。

纪念博物馆

9·11国家纪念碑和博物馆的入口位于两个倒影池之间，馆内的地下多媒体画廊记录着那次恐怖袭击事件。在众多遗迹中有一段"幸存者楼梯"，当年数百名员工曾借此逃离世贸中心。在楼梯的底部是追思馆（In Memoriam），这里有互动展品介绍遇难者的生平。你还会看到从现场最后拆除的钢柱，上面装饰着发掘人员、救援人员和遇难者亲友的留言和纪念物。

新世贸大厦

在世贸中心原址的西北角矗立着由建筑师大卫·M.蔡尔兹（David M Childs）设计的新世贸大厦（One World Trade Center, 1 WTC）。这座锥形的庞然大物高达1776英尺（约541米），不但是美国最高的建筑，也是目前西半球的第一高楼，算上尖顶的高度为世界第四。距地面100多层楼的新世贸大厦观景台视野无与伦比。

☑ 独家贴士

- 在博物馆时，可以留意一根扭曲的大梁上有一处看起来像女性悲伤的面部轮廓，这张怪异的面孔被称为"9·11天使（Angel of 9/11）"，据信是由于美国航空公司第11号航班撞击双子塔北楼所产生的。
- 不妨花些时间欣赏博物馆旁新建的世贸中心交通枢纽（WTC Transportation Hub）。该建筑由西班牙建筑大师圣地亚哥·卡拉特拉瓦（Santiago Calatrava）设计，他的灵感来自于一名放飞白鸽的孩子。
- 闭馆前两小时停止入馆。
- 周二17:00至20:00入馆免费。

吃喝落脚点

避开服务华尔街午餐时段的众多餐馆，前往特里贝克（Tribeca），那里有Locanda Verde（见63页）等多家人气餐饮场所。

顶级景点
布鲁克林大桥

纽约的标志布鲁克林大桥（Brooklyn Bridge）是世界上第一座钢悬索桥。1883年大桥开放时，它的两个支撑塔之间1596英尺（约486米）的跨度打破了当时的历史纪录。虽然建筑过程中充满了灾难，但这座壮观的大桥最终还是成为城市设计的卓越典范，给诗人、作家和画家们提供着创作灵感。如今，布鲁克林大桥仍然令人赞叹不已，许多人认为它是世界上最美的桥梁。

见54页地图，E4

S 4/5/6至Brooklyn Bridge-City Hall；J/Z至Chambers St；R至City Hall

不要错过

穿过布鲁克林大桥

对于许多来到纽约的人来说，穿过布鲁克林大桥不啻一场隆重的仪式。主持这座新哥特风格建筑奇观设计的，是出生于普鲁士的工程师约翰·罗布林（John Roebling）。不过，在大桥动工前夕，他就因破伤风去世。他的儿子华盛顿·罗布林（Washington Roebling）监督着大桥的施工，历时14年。其间，他想方设法克服了预算超支和20名工人死亡等问题。华盛顿自己也在为大桥的西塔挖掘河床时患上了严重的潜水病，在大桥建设的大部分时间里他都只能卧床休息。遗憾的是，当1883年6月大桥正式开放时，人群中爆发出一声大喊："大桥要塌了！"引发了骚乱，导致12人被踩踏致死。

布鲁克林大桥公园

占地面积85英亩的布鲁克林公园（Brooklyn Bridge Park；www.brooklynbridgepark.org）位于河对岸的布鲁克林，是该街区最为人津津乐道的新景点之一。公园从丹波区（Dumbo）的Jay St至科布尔山（Cobble Hill）Atlantic Ave的西端，绵延1.3英里。这里的亮点包括帝国富尔顿渡轮码头公园（Empire Fulton Ferry），该公园绿草如茵，可以在此欣赏城市风景。另有1922年修建的珍妮旋转木马（Jane's Carousel），位于普利兹克奖获得者、建筑师让·努维尔（Jean Nouvel）设计的玻璃亭中。木马现已经过修复，非常漂亮。渡轮码头公园南部是占地9英亩的1号码头（Pier 1），这里有游乐场和林景步道，从山坡处俯瞰下曼哈顿，景色令人难忘。7、8月间，1号码头有免费户外电影放映，银幕后的壮丽背景就是曼哈顿。夏季时还有其他免费露天活动。

☑ 独家贴士

- 步行穿过大桥时，要走有人行道标记的一侧。步行道的另一半是自行车道，供骑自行车的通勤者与旅行者使用。
- 想要避开人群就一大早去，你可以独享这片美丽的风景。

✕ 吃喝落脚点

5月至10月，有些餐饮场所会在布鲁克林大桥公园内获得季节性特许经营权，如提供木火烤比萨、啤酒和意大利菜肴的**Fornino**（☎718-422-1107；www.fornino.com；Pier 6, Brooklyn Bridge Park；比萨 $12~25；⏲4月至10月 10:00~22:00；🚌B45至Brooklyn Bridge Park/Pier 6，Ⓢ2/3，4/5至Borough Hall）。在园内，全年你都可以在1号码头附近品尝到**Juliana's**（☎718-596-6700；www.julianaspizza.com；19 Old Fulton St，Water St和Front St之间，Dumbo；比萨 $17~32；⏲11:30~23:00；ⓈA/C至High St）的美味创意比萨。

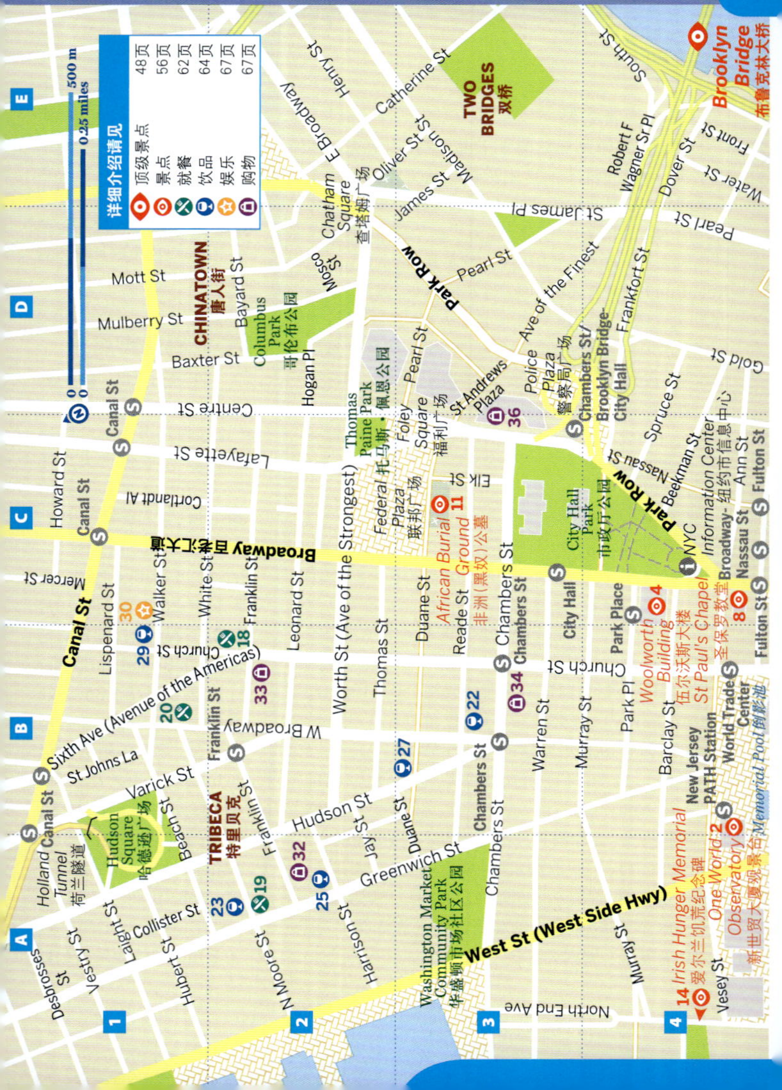
详细介绍请见
顶级景点 48页
景点 56页
就餐 62页
饮品 64页
娱乐 67页
购物 67页
500 m
0.25 miles
A
B
C
D
E
1
2
3
4
CHINATOWN
唐人街
TRIBECA
特里贝克
TWO BRIDGES
双桥
Brooklyn Bridge
布鲁克林大桥
Columbus Park
哥伦布公园
Chatham Square
查塔姆广场
Thomas Paine Park
托马斯·佩恩公园
Foley Square
福利广场
Federal Plaza
联邦广场
African Burial Ground
非洲（黑奴）公墓
City Hall Park
市政厅公园
Police Plaza
警察局广场
St Andrews Plaza
Woolworth Building
伍尔沃斯大楼
St Paul's Chapel
圣保罗教堂
Irish Hunger Memorial
爱尔兰饥荒纪念碑
One World Observatory
新世贸大厦观景台
Memorial Pool
倒影池
Hudson Square
哈德逊广场
Holland Tunnel
荷兰隧道
Washington Market Community Park
华盛顿市场社区公园
NYC Information Center
纽约市信息中心
Broadway 百老汇大道
Canal St
Park Row
West St (West Side Hwy)
Sixth Ave (Avenue of the Americas)
Worth St (Ave of the Strongest)
Ave of the Finest
Chambers St/Brooklyn Bridge-City Hall
New Jersey PATH Station
World Trade Center
Broadway-Nassau St
Fulton St
Park Place
City Hall
Chambers St
Franklin St
Mott St
Mulberry St
Baxter St
Centre St
Lafayette St
Howard St
Mercer St
Lispenard St
Walker St
White St
Church St
Leonard St
Thomas St
Duane St
Reade St
Warren St
Murray St
Park Pl
Barclay St
Vesey St
North End Ave
Hudson St
Greenwich St
Varick St
St Johns La
W Broadway
Beach St
Collister St
Hubert St
Laight St
Vestry St
Desbrosses St
N Moore St
Harrison St
Jay St
Cortlandt Al
Hogan Pl
Bayard St
Mosco St
Pearl St
St James Pl
James St
Oliver St
Madison St
Catherine St
Henry St
E Broadway
South St
Front St
Water St
Dover St
Robert F Wagner Sr Pl
Frankfort St
Spruce St
Gold St
Beekman St
Nassau St
Ann St
14
2
4
8
11
18
19
20
22
23
25
27
29
30
32
33
34
36

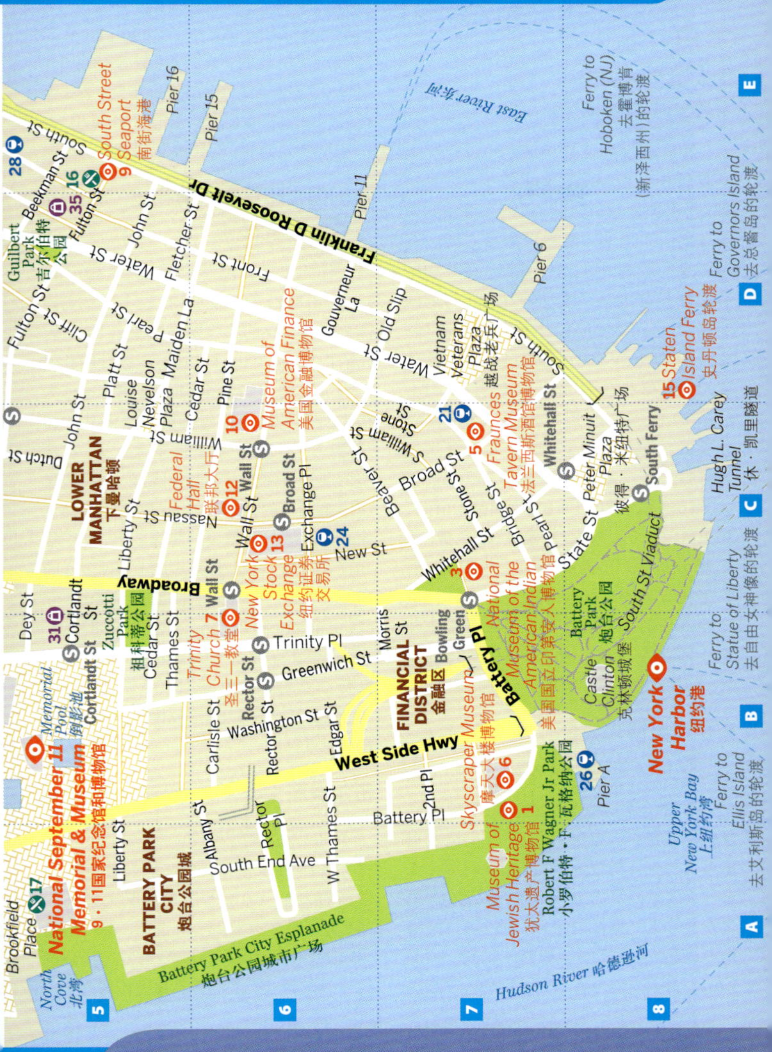

LOWER MANHATTAN
下曼哈顿
FINANCIAL DISTRICT
金融区
BATTERY PARK CITY
炮台公园城
National September 11 Memorial & Museum
9·11国家纪念馆和博物馆
Memorial Pool
倒影池
South Street Seaport
南街海港
Museum of American Finance
美国金融博物馆
Federal Hall
联邦大厅
New York Stock Exchange
纽约证券交易所
Trinity Church
圣三一教堂
National Museum of the American Indian
美国国立印第安人博物馆
Fraunces Tavern Museum
法兰西斯酒馆博物馆
Skyscraper Museum
摩天大楼博物馆
Museum of Jewish Heritage
犹太遗产博物馆
Staten Island Ferry
史丹顿岛轮渡
New York Harbor
纽约港
Battery Park
炮台公园
Castle Clinton
克林顿城堡
Robert F Wagner Jr Park
小罗伯特·F·瓦格纳公园
Battery Park City Esplanade
炮台公园城市广场
Vietnam Veterans Plaza
越战老兵广场
Peter Minuit Plaza
彼得·米纽特广场
Zuccotti Park
祖科蒂公园
Guilbert Park
吉尔伯特公园
Brookfield Place
North Cove
北湾
Upper New York Bay
上纽约湾
Hudson River 哈德逊河
East River 东河
Ferry to Hoboken (NJ)
去霍博肯（新泽西州）的轮渡
Ferry to Governors Island
去总督岛的轮渡
Ferry to Statue of Liberty
去自由女神像的轮渡
Ferry to Ellis Island
去艾利斯岛的轮渡
Hugh L. Carey Tunnel
休·凯里隧道
Franklin D Roosevelt Dr
West Side Hwy
Broadway
Battery Pl
South St Viaduct
South St
Beekman St
Fulton St
John St
Water St
Fletcher St
Front St
Gouverneur La
Old Slip
Cliff St
Pearl St
Platt St
Maiden La
Cedar St
Pine St
William St
Dutch St
Louise Nevelson Plaza
Nassau St
Liberty St
Wall St
Broad St
Exchange Pl
New St
Beaver St
S William St
Stone St
Whitehall St
Bridge St
State St
Dey St
Cortlandt St
Thames St
Carlisle St
Rector St
Trinity Pl
Greenwich St
Morris St
Washington St
Edgar St
Albany St
Rector Pl
W Thames St
South End Ave
2nd Pl
Battery Pl
Pier 16
Pier 15
Pier 11
Pier 6
Pier A
South Ferry
Bowling Green
A
B
C
D
E
5
6
7
8

景点

犹太遗产博物馆

博物馆

1 见54页地图，B7

这座滨水的博物馆展示了近代犹太民族的在身份认同、文化传统、宗教信仰、艺术等领域的成就，可谓面面俱到，展品也引人遐思。博物馆的核心展区有详细的大屠杀展览，个人物品、照片和纪录片等各类展品令人动容。室外的墓园（Garden of Stones）由艺术家安迪·高兹沃斯（Andy Goldsworthy）设计建造，献给那些在犹太人大屠杀（Holocaust）中痛失所爱的人们。18块巨石形成了一条幽深的小径，让人感慨生命的脆弱。（Museum of Jewish Heritage；☎646-437-4202；www.mjhnyc.org；36 Battery Pl；成人/儿童 $12/免费，周三 16:00~20:00免费；⏰3月中旬至11月中旬 周日至周二和周四 10:00~17:45，周三 至20:00，4月至9月 周五 至17:00，其他月份 周五 至15:00；👪；Ⓢ4/5至Bowling Green；R至Whitehall St）

新世贸大厦观景台

观景台

2 见54页地图，B4

新世贸大厦观景台占据西半球最高建筑的第100~102层，居高临下的位置提供着无与伦比的视野。天气晴好时可将全市五个区域以及周边各州尽收眼底。这里无疑是个人气爆棚的景点。可以通过网络购票，选择参观的日期和具体时间。（One World Observatory；☎844-696-1776；www.oneworldobservatory.com；West St和Vesey St之间；成人/儿童 $32/26；⏰9:00~20:00，19:15停止售票；ⓈE至World Trade Center；2/3至Park Pl；A/C，J/Z，4/5至Fulton St；R至Cortlandt St）

美国国立印第安人博物馆

博物馆

3 见54页地图，C7

作为史密森尼学会（Smithsonian Institution）的下设机构，这个展示美国印第安人文化的典雅博物馆位于卡斯·吉尔伯特（Cass Gilbert）1907年设计的壮丽的海关大楼（Custom House）中，这栋大楼本身就是纽约最好的美术学派艺术建筑之一。穿过宽广的椭圆形大厅后，在精美的展馆里你会看到各种临展，展品记录着印第安人的艺术、文化、生活和信仰。永久性藏品包括精美的装饰艺术、纺织物和仪式用品，将整个美洲大陆多种多样的印第安文化一一呈现。（National Museum of the American Indian；☎212-514-3700；www.nmai.si.edu；1 Bowling Green；门票免费；⏰周五至周三 10:00~17:00，周四 至20:00；Ⓢ4/5至Bowling Green；R至Whitehall St）

伍尔沃斯大楼

历史建筑

4 见54页地图，C4

在1913年竣工时，它是当时世界上最高的大楼。60层的伍尔沃斯大楼高达792英尺（约241米），由卡斯·吉尔伯特（Cass Gilbert）设计建造，是一座新哥特式建筑的奇迹，外表覆盖着陶瓦和石刻，

BARRY WINIKER/GETTY IMAGES ©

犹太遗产博物馆

十分优雅。虽然1930年其“世界第一高”称号让位给了克莱斯勒大厦(Chrysler Building),但它标志性的大厅里那幅拜占庭式的镶嵌画仍然令人目眩神迷,叹为观止。只有提前预约导览游才能进入大厅并细致地欣赏这个建筑更多奇特的地方,比如一个专用的地铁入口和一个隐秘的游泳池。(Woolworth Building; ☎203-966-9663; woolworthtours.com; 233 Broadway, 靠近Park Pl; 30/60/90分钟的团队游$15/30/45; Ⓢ R至City Hall; 2/3至Park Pl; 4/5/6至Brooklyn Bridge-City Hall)

法兰西斯酒馆博物馆 博物馆

5 见54页地图, C7

这个独特的博物馆、餐厅和酒吧的结合体,由5个18世纪早期的建筑组成,以纪念1783年一个决定美国国家命运的历史事件。在独立战争接近尾声时,英国人交出了对纽约的控制权。那年的12月4日,美军总司令乔治·华盛顿(George Washington)在二楼的餐厅向大陆军的军官们发表了告别演说。(Fraunces Tavern Museum; ☎212-425-1778; www.fraunces tavernmuseum.org; 54 Pearl St, Broad St和Coenties Slip之间; 成人/6岁以下儿童/6~18岁 $7/免费/4; ⏲周一至周五 正午至17:00, 周六和周日 11:30~17:00; Ⓢ J/Z至Broad St; 4/5至Bowling Green; R至Whitehall St-South Ferry; 1至South Ferry)

了解当地

建造自由女神像

作为最能象征美国身份认同与自由的标志之一，自由女神像（也称自由照耀世界，*Liberty Enlightening the World*）是美国和法国为纪念《独立宣言》颁布一百周年而合作打造的，设计者是雕刻家弗雷德里克·奥古斯特·巴特勒迪（Frédéric Auguste Bartholdi）。巴特勒迪花了20年时间将梦想变成了现实，他打造了一座中空的雕塑，并让其矗立在纽约港。他的工作曾因建筑结构的挑战而耽搁，后来问题由金属结构专家、铁路工程师古斯塔夫·埃菲尔（Gustave Eiffel，没错，就是那座著名铁塔的设计师）解决了。最终，自由女神像于1884年在法国完成。雕像被分成350块，装在214个箱子里运往纽约。经过4个月的组装后，她被安置在美国制造的花岗岩基座上。1886年10月自由女神像举行了十分隆重的揭幕仪式，纽约举行了第一次彩带游行，还有由近300艘船只组成的船队护航。1984年，自由女神像被列入联合国《世界遗产名录》。

摩天大楼博物馆 博物馆

6 见54页地图，B7

热衷于高耸建筑的人肯定会喜欢这个紧凑的、亮闪闪的博物馆，他们可以从设计、工程、城市改造方面细细品味这些高楼大厦。这里以临展为主，过去曾展览过纽约新一代超薄的住宅楼和世界范围的新建超高层建筑等。永久展区的展品包括帝国大厦和世贸中心的设计及建筑方面的资料。（Skyscraper Museum；☎212-968-1961；www.skyscraper.org；39 Battery Pl；门票 $5；⏰周三至周日 正午至18:00；Ⓢ4/5至Bowling Green；R至Whitehall St）

圣三一教堂 教堂

7 见54页地图，B6

圣三一教堂于1846年竣工，在当时是纽约最高的建筑。教堂内有一个高280英尺（约85米）的钟楼，圣坛上方有精美的彩色玻璃窗，长眠在此的名人包括开国元勋亚历山大·汉密尔顿（Alexander Hamilton）。在这里还能看到像Concerts at One（周四13:00）这样的顶尖音乐演出，也可以欣赏到宏大的唱诗班演唱会，他们每年12月都会表演韩德尔（Handel）的《弥赛亚》（*Messiah*）。（Trinity Church；www.trinitywallstreet.org；Broadway，靠近Wall St；⏰教堂 周一至周五 7:00~18:00，周六 8:00~16:00，周日 7:00~16:00，教堂墓地 周一至周五 7:00~16:00，周六 8:00~15:00，周日 7:00~15:00；ⓈR至Rector St；2/3，4/5至Wall St）

圣保罗教堂 教堂

8 见54页地图，C4

1789年，乔治·华盛顿的就职典礼

在此举行，这里也成了他的礼拜地点，这座赤褐色的典雅教堂再次赢得世人关注则是源于“9·11”事件的余波。由于与遭受重创的世贸中心只一街之隔，这里成了当时人们寻求精神寄托的场所和志愿者中心，这一点被生动地记录在其“百折不挠：世贸大厦遗址满怀信心，正在痊愈”的展览中。(St Paul's Chapel; ☎212-602-0800; Broadway, 靠近Fulton St; ⏲周一至周六 10:00~18:00, 周日 7:00~18:00; Ⓢ A/C, J/Z, 2/3, 4/5至Fulton St; R至Cortlandt St; E至World Trade Center)

南街海港

街区

9 见54页地图，E5

这个由鹅卵石街道、海港仓库和店铺组成的街区有许多历史建筑，有些保存完好，有些失于维护。多数纽约人对这里不感兴趣，不过惬意的海风、常见的街头艺人和大量餐厅对旅行者还是很有吸引力的。(South Street Seaport; www.southstreetseaport.com; Ⓢ A/C, J/Z, 2/3, 4/5至Fulton St)

美国金融博物馆

博物馆

10 见54页地图，C6

金钱是这座互动博物馆的主旋律。美国金融史上的历史性时刻在这里被一一展示，这里的永久收藏品中有很多具有历史意义的珍稀货币(包括南北战争时期美国南方各州使用的邦联货币)，还有镀金时代(Gilded Age)的股票、债券，以及华尔街最古老的照片和一架1875年前后制造的证券报价机。(Museum of American Finance; ☎212-908-4110; www.moaf.org; 48 Wall St, Pearl St和William St之间；成人/儿童 $8/免费；⏲周二至周六 10:00~16:00; Ⓢ 2/3, 4/5至Wall St)

非洲(黑奴)公墓

纪念碑

11 见54页地图，C3

1991年，建筑工人在这里发掘出400多口堆叠的棺木，就在路面以下16~28英尺(4.9~8.5米)处。棺材里面是非洲

当地生活

总督岛

总督岛(Governors Island; 54页地图箭头所示；☎212-825-3045; govisland.com; 门票免费；⏲周一至周五 10:00~18:00, 周六和周日 10:00~19:00; Ⓢ 4, 5至Bowling Green; 1至South Ferry)从前是军事基地，如今成了纽约最受欢迎的季节性游乐场之一。夏季，每天都有免费渡轮将人们从下曼哈顿带到这个172英亩(约1044亩)的乐园，行程只需7分钟。这里有草坪、滨水小径、一座历史要塞和一片可以吊床的林地。整个夏季，岛上会举办各种音乐会、室外艺术展览和其他活动(另有美食车)。此外，岛上还出租自行车。渡轮发船地点在10 South St, 史丹顿岛渡轮码头隔壁的建筑。

奴隶的尸骨（当时附近的圣三一教堂墓园禁止埋葬非洲黑人）。如今，这里的纪念碑和游客中心纪念着大约15,000名在17~18世纪安葬在这里的非洲奴隶。（African Burial Ground；☎212-637-2019；www.nps.gov/afbg；290 Broadway，Duane St和Elk St之间；门票免费；⏰纪念碑 周一至周六 9:00~17:00，游客中心 周二至周六 10:00~16:00；Ⓢ1/2/3，A/C，J/Z至Chambers St；R至City Hall；4/5/6至Brooklyn Bridge-City Hall）

联邦大厅 博物馆

12 见54页地图，C6

希腊复兴式杰作，建筑内有专门纪念后殖民地时期纽约情况的博物馆。主题包括乔治·华盛顿的就职典礼、亚历山大·汉密尔顿与纽约的渊源、约翰·彼得·曾格（John Peter Zenger）的抗争——他因在报纸中报道政府腐败而被控毁谤罪，在庭审中通过辩护被无罪释放。这里还设有游客信息大厅，提供城市地图和宣传册。（Federal Hall；www.nps.gov/feha；26 Wall St，入口在Pine St；⏰周一至周五 9:00~17:00；📶；ⓈJ/Z至Broad St；2/3，4/5至Wall St）

纽约证券交易所 历史建筑

13 见54页地图，C6

华尔街是美国资本主义的象征，世界上最著名的证券交易所——纽约证券交易所（NYSE）就在此地。在这幢奇特的罗马风格建筑里，每天进行着约10亿次股票交易。出于安全考虑，这里不再对外开放，公众恐怕无缘看到这一幕。这里被路障围护起来，旁边还有目光敏锐的纽约市警察局（New York Police Department，NYPD）护驾，你只能随便看看外观了。（New York Stock Exchange；www.nyse.com；11 Wall Street；⏰不对公众开放；ⓈJ/Z至Broad St；2/3，4/5至Wall St）

爱尔兰饥荒纪念碑 纪念碑

14 见54页地图，A4

艺术家布雷恩·托尔（Brain Tolle）用缀以片片青草的低矮石灰岩墙筑起迷宫，来纪念爱尔兰大饥荒和大迁徙（1845~1852年）——那时，成千上万的移民离开爱尔兰，来到新世界，只为寻求更好的机会。这座建筑使用的石块来自爱尔兰32个郡，代表着废弃的村舍、石墙和土豆田。（Irish Hunger Memorial；290 Vesey St，靠近North End Ave；门票免费；Ⓢ2/3至Park Pl；E至World Trade Center；A/C至Chambers St）

史丹顿岛渡轮 渡轮

15 见54页地图，D8

对于史丹顿岛的居民来说，这些庞大笨重、脏兮兮的橘黄色轮渡只是通勤工具，但曼哈顿人则将其想象成春日里逃离大都市的隐秘而浪漫的梦幻之舟。许多旅行者则认为史丹顿岛轮渡的最大魅力就是这段从下曼哈顿到史丹顿岛的圣乔治街区的5.2英里（约8.4公里）的航程，并把它看作纽约最棒的免费探险旅程之一。（Staten

了解当地

历史的线索

曼哈顿的金融区并非只有光鲜的大厦、股票市场和对金钱的渴望，这里也是纽约的摇篮，许多重要的历史事件都发生在此地。华尔街曾是新阿姆斯特丹荷兰定居点的北部边界，而联邦大厅则是乔治·华盛顿宣誓就任美国首任总统的地点。不过，在这些尽人皆知的历史背后，还是有一些不那么出名的逸事的。

名字的来历

除华尔街外，曼哈顿还有许多其他包含历史线索的街道。Pearl St最初叫作Mother-of-Pearl St，这一名字来自于附近发现的大量色彩斑斓的贝壳。此外，这条弯曲的街道原是依山而建。小山之所以消失，是因为到了18世纪，曼哈顿人口增长，对于土地的需求也随之增加，夷平山地丘陵便成了普遍做法。夷平山丘产生的大量土石被填到东河，在填河产生的土地上修建的道路便命名为Water St。到了18世纪末，填河工程将河岸边的土地继续扩大，进而产生了一条名为Front St的街道。纽约证券交易所所在的Broad St曾是一条运河流经之地，而与之垂直的街道原是桥梁的位置，当然就被叫作Bridge St。

来自过去的冲击

建筑也会讲故事。以位于华尔街和Broad St交叉路口东南角的摩根大通银行（JP Morgan Bank）前总部为例，在建筑位于华尔街这面的石灰岩外墙上，你可以看到不少坑坑洼洼，即摩根银行爆炸遗留下来的痕迹，那次爆炸是美国在1995年俄克拉荷马城爆炸案之前死亡人数最多的恐怖袭击。爆炸案发生在1920年9月16日中午12:01，一辆装有500磅铅锤和100磅炸药的马车发生爆炸。爆炸造成38人遇难，大约400人受伤。约翰·菲茨杰拉德·肯尼迪（John F Kennedy）的父亲约瑟夫·帕特里克·肯尼迪（Joseph P Kennedy）也受了伤。爆炸发生在美国最有影响力的金融机构外面，当时引发了许多人对反资本主义组织，包括意大利无政府主义者以及顽固的布尔什维克的谴责。翌日重新开放摩根大通银行和纽约证券交易所的决定使爆炸残骸和重要的线索很快被抹除，而该爆炸案的策划者则成了未解之谜。

Island Ferry; www.siferry.com; Whitehall Terminal, 4 South St, 靠近Whitehall; 免费; ⌚24小时; S 1至South Ferry)

就餐

Seaport Smorgasburg

市场 $

16 见54页地图, E5

布鲁克林的时尚食品市场跨过东河，为游人云集的南街海港注入些许地道的当地餐饮气氛。从5月至9月下旬，这里会掀起一阵美食风暴，供应龙虾卷、日式拉面、比萨、得克萨斯慢烤牛腩肉三明治等种类丰富的菜肴。加上就餐时欣赏到的历史建筑，在这里你可以拥有市中心最美妙的低价就餐体验。(www.smorgasburg.com; Fulton St, Front St和South St之间; 菜肴 $6~19; ⌚5月至9月 11:00~20:00; S A/C, J/Z, 2/3, 4/5至Fulton St)

Brookfield Place

快餐、市场 $$

17 见54页地图, A5

世界金融中心(World Financial Center)如今成了优雅的高档办公和零售业结合体Brookfield Place，拥有两处绝妙的美食广场。喜欢法式菜肴的话，可以去**Le District**(☎212-981-8588; ledistrict.com; Brookfield Place, 200 Vesey St; 三明治 $6~15, 市场主菜 $16~24, Beauborg 晚餐主菜 $18~45; ⌚周一至周五 6:30~23:00, 周六 8:30~23:00, 周日 8:30~22:00; 📶; S E至World Trade Center; 2/3至Park Pl; R至Cortlandt St; A/C, 4/5, J/Z至Fulton St)。这是一个占地面积巨大的美食乐园，供应高档点心、气味熏人的奶酪、卖相漂亮的法式三明治和丰盛的牛排薯条。再上一层楼是**Hudson Eats**(☎212-417-2445; brookfieldplaceny.

了解当地

尚未得名“纽约”的很久以前

远在欧洲人的统治之前，后来成为纽约市的这块土地属于当时的原住民德拉瓦族(也称莱纳佩族, Lenape)，他们季节性地在此扎营居住。这些营地或在东部沿海地带，或沿着崎岖的海岸线分布迁徙，或位于经冰河时代留下的冰川雕刻形成的丘陵和山谷中。冰河时代留给纽约的冰碛物现在叫汉密尔顿高地(Hamilton Heights)和湾脊(Bay Ridge)。冰川冲刷掉软岩，留下曼哈顿鲜明的片麻岩和片岩的岩石根基。

在第一批欧洲人穿过海峡到来之前约11,000年，德拉瓦族在此区域觅食、打猎和捕鱼，矛尖、箭头、骨堆和贝冢证明了他们的存在。他们走过的一些小径仍然存在于百老汇大街等一些街道下方。在德拉瓦族的蒙西语(Munsee)中，曼哈顿可能被译为了“多山的岛屿”，而另一种关于译法的解释则显得更为浪漫——“令人陶醉的地方”。

com/directory/food；菜肴 $7起；⏲周一至周六 10:00~21:00，周日 正午至19:00；📶；Ⓢ E至World Trade Center；2/3至Park Pl；R至Cortlandt St；A/C，4/5，J/Z至Fulton St），这里是一处供应寿司、玉米卷、沙拉、汉堡包的高品质快餐的时尚餐饮区。（☎212-417-7000；brookfieldplaceny.com；200 Vesey St；📶；Ⓢ E至World Trade Center；2/3至Park Pl；R至Cortlandt St；A/C，4/5，J/Z至Fulton St）

Fraunces Tavern 美国菜 $$

1762年，乔治·华盛顿（有历史记载的）曾在这里吃过（见5 54页地图，C7）晚餐。你应该不会坐失良机，错过这家餐馆。这里供应分量巨大的酒馆炖菜、蛤蜊杂烩、慢烤鸡肉馅饼，甜点则有让人"罪恶感"十足的双人份经典圣代（布朗尼蛋糕屑、花生、香蕉、樱桃、热巧克力）。吧台坐满友好的当地人，是小酌一杯、吃点小吃的好地方。（☎212-968-1776；www.fraunces tavern.com；54 Pearl St，Broad St路口；主菜午餐 $14~38，晚餐 $20~38；⏲11:00~22:00；Ⓢ R至Whitehall St）

Da Mikele 比萨 $$

18 见54页地图，B2

Da Mikele是Italo地区与特里贝克（Tribeca）地区的风格结合体，由压制锡版和再利用的木料装饰，店里还有一辆复古的Vespa摩托车。这里洋溢着电影*dolce vita*（意大利语：甜蜜生活）的气氛，供应工作日餐前酒（17:00~19:00），佐以一系列备受好评的美味酒吧小吃。不过，人们来这里的主要原因还是为了吃火候适当、色泽迷人、口感既酥脆又劲道的比萨，它们足以让那不勒斯人感动到流下思乡泪。（☎212-925-8800；luzzosgroup.com；275 Church St，White St和Franklin St之间；比萨 $17~21；⏲周日至周三 中午至22:30，周四至周六 至23:30；📶；b1至Franklin St；A/C/E，N/Q/R，J/Z，6至Canal St）

SIVAN ASKAYO/LONELY PLANET ©

Fraunces Tavern的精致餐食

Locanda Verde 意大利菜 $$$

19 见54页地图，A2

穿过天鹅绒门帘，你会看到在长长的吧台后坐满了敞着怀穿美式衬衫或身着黑色裙装的男男女女。在他们中间，有灵巧

的酒保提供服务。这家有名的小馆供应新派意大利菜肴，如家常宽意面配羊肉酱、薄荷配羊乳清奶酪、西西里式比目鱼配南瓜杏仁等。周末的早午餐同样创意十足：不妨尝尝炸大虾和燕麦粥，或者柠檬奶酪煎饼配蓝莓。（☎212-925-3797；www.locandaverdenyc.com；377 Greenwich St靠近Moore St；主菜 午餐 $19~29，晚餐 $29~36；⏰周一至周四 7:00~23:00，周五 至23:30，周六 8:00~23:30，周日 8:00~23:00；Ⓢ A/C/E至Canal St；1至Franklin St）

Bâtard 新派美国菜 **$$$**

20 见54页地图，B1

来自奥地利的主厨马库斯·格洛克（Markus Glocker）经营着这家温馨的米其林星级人气餐馆。内部装饰简洁，有助于食客们把注意力集中在食物上。这里获得的关注是当之无愧的。格洛克烹饪的菜肴，无论是甘甜的缅因州龙虾配蒜叶婆罗门参和干炸薯片，还是瑞士甜菜卷嫩鹿肉和金黄酥皮点心，都堪称用料均衡、口感美妙。（☎212-219-2777；www.batardtribeca.com；239 W Broadway，Walker St和White St之间；2-/3-/4-道菜 $55/69/79；⏰周一至周六 17:30~22:30；Ⓢ 1至Franklin St；A/C/E至Canal St）

饮品

Dead Rabbit 鸡尾酒吧

21 见54页地图，C7

这家酒吧的名字是向一个令人生畏的爱尔兰裔美国人帮派致敬，这家人气极高的酒吧常被评选为全球最佳酒吧。白天，你可以在这家散落着木屑的酒吧品尝特色啤酒、传统潘趣酒和汽水酒（加了点不同口味的艾尔啤酒花）。如果是晚上，就直奔楼上舒服的客厅（Parlor），品尝72种精心调制的鸡尾酒。建议17:30以前抵达，不然就要等好久才能进入客厅。（☎646-422-7906；www.deadrabbitnyc.com；30 Water St；⏰酒吧 11:00至次日4:00，客厅 周一至周三 17:00至次日2:00，周四至周六 至次日3:00；Ⓢ R至Whitehall St；1至South Ferry）

Ward III 鸡尾酒吧

22 见54页地图，B3

灯光暗淡却热闹非凡，人们在复古的情调（吧台后有老式的缝纫桌）中啜饮精致的酒水，还有一些颇具绅士风度的规则（第2条："不许撒酒疯"），感觉回到了欢乐的旧时光。点一杯摩洛哥马提尼追忆往昔，或者试试令人垂涎的威士忌。想要佐酒的话，这里有一流的酒吧美食，供应至打烊。（☎212-240-9194；www.ward3tribeca.com；111 Reade St，Church St和W Broadway之间；⏰周一至周五 16:00至次日4:00，周六 17:00至次日4:00，周日 至次日2:00；Ⓢ A/C，1/2/3至Chambers St）

Smith & Mills 鸡尾酒吧

23 见54页地图，A2

小小的Smith & Mills十分炫酷：外面找不到任何标记，店里面是古怪的工厂范儿，还有大师级的手调精制鸡尾酒。空间

新世贸大厦观景台（见56页）

狭小、位置有限。想舒舒服服地喝酒，那就早点来。这里的菜单随季节变化，提供轻食，也有特别出名的焦洋葱汉堡。（☎212-226-2515; www.smithandmills.com; 71 N Moore St, Hudson St和Greenwich St之间; ⏰周日至周三 11:00至次日2:00，周四至周六 至次日3:00; Ⓢ1至Franklin St）

Bluestone Lane 咖啡馆

24 见54页地图，C6

附近的NYSE（纽约证券交易所）里股票业务忙个没完，这家小小的澳洲咖啡馆则凭借着美妙的咖啡生意兴隆。该店位于一处艺术装饰风格办公街区的角落，有点局促，店里遍布复古的墨尔本收藏品，总是有衣冠楚楚的客人和想念家乡美妙丝滑咖啡的澳洲人士光顾。（☎646-684-3771; bluestonelaneny.com; 30 Broad St, 入口在New St; ⏰周一至周五 7:00~17:00，周六和周日 9:00~15:00; ⓈJ/Z至Broad St; 2/3, 4/5至Wall St）

Terroir Tribeca 葡萄酒吧

25 见54页地图，A2

屡获殊荣的Terroir以精选高档葡萄酒而深受品酒行家青睐。这里的佳酿产地囊括"新世界"和"旧世界"，其中既有自然发酵的美酒，也有小酒庄的出品。最重要的是，这里的葡萄酒按杯出售，使你轻易就能品遍全球美酒。（☎212-625-9463; www.wineisterroir.com; 24 Harrison St, Greenwich St路口; ⏰周一至周六 16:00至次

日1:00, 周日 至23:00; S 1至Franklin St)

Pier A Harbor House

酒吧

26 见54页地图, B8

这家气氛悠闲的餐饮场所就位于纽约港, 在经过整修之后显得非常时髦, 而且空间无比宽敞。如果天气适宜, 可以在水边的露台找个座位。野餐长凳、遮阳伞、可以看到纽约城市轮廓的良好视野, 使这里成为享用精酿啤酒或调制鸡尾酒的绝佳地点。(☎212-785-0153; www.piera.com; 22 Battery Pl; ⏲11:00至次日4:00; 📶; S 4/5至Bowling Green; R至Whitehall St; 1至South Ferry)

Weather Up

鸡尾酒吧

27 见54页地图, B3

明亮温润的横条瓷砖、亲切的酒保和诱人的鸡尾酒, 这种"三位一体"的风格赋予了此处一种独有的魔力。跟调酒师说点好听的, 让他给你调一杯高烈性的高速炮弹鸡尾酒(Whizz Bang, 苏格兰威士忌、干苦艾酒、自制红石榴糖浆、橙味比特酒和苦艾酒)。不过, 遭到拒绝也没关系, 你还可以尝尝美味的小吃。(☎212-766-3202; www.weatherupnyc.com; 159 Duane St, Hudson St和W Broadway之间; ⏲周一至周六17:00至深夜; S 1/2/3至Chambers St)

> **独家贴士**
>
> **市中心的百老汇售票厅**
>
> (TKTS)
>
> 想买低价票去百老汇看演出吗?别去时代广场的TKTS, 而是要去位于南街海港的那家。那里的购票队伍移动得稍快, 还可以买到第二天下午场的票(在时代广场那里你可买不到这种票)。TKTS手机应用提供实时票务信息。

Keg No 229

啤酒馆

28 见54页地图, E5

如果你知道Flying Dog Raging Bitch是一种精酿啤酒而不是为前任取的绰号, 那这个有创意的啤酒吧就是你的菜了。无论是Elysian Space Dust还是Abita Purple Haze, 这里大量的桶装、瓶装、罐装啤酒都是美国啤酒佳酿中的翘楚。在马路对面是其兄弟酒吧Bin No 220, 专卖葡萄酒。(☎212-566-2337; www.kegno229.com; 229 Front St, Beekman St和Peck Slip之间; ⏲周日至周三 11:30至午夜, 周四至周六 至次日2:00; S A/C, J/Z, 1/2, 4/5至Fulton St; R至Cortlandt St)

Macao

鸡尾酒吧

29 见54页地图, B1

虽然我们喜欢这里20世纪40年代"赌博室"风格的酒吧式餐馆, 但真正让我们心潮澎湃的还是楼下的"鸦片馆"(周四至周六营业)。这里的美酒佳肴是中葡融合式, 无论在楼上或是楼下你都可以吃吃喝喝直到深夜, 舒服的角落加上够味儿的酒令人乐而忘返。(☎212-431-

KAMIRA/SHUTTERSTOCK ©

南街海港（见59页）

8642; www.macaonyc.com; 311 Church St, Lispenard St和Walker St之间; ⌚酒吧 周日至周三 17:00至次日2:00, 周四至周六 至次日4:00; Ⓢ A/C/E至Canal St）

娱乐

Soho Rep 剧院

30 ☆ 见54页地图, C1

Soho Rep是纽约最佳非百老汇剧院之一，凭借每年上演的三部前卫、创新的剧作而广受戏剧爱好者与评论家的好评。凯文·斯派西（Kevin Spacey）、艾德·奥尼尔（Ed O' Neill）、凯瑟琳·特纳（Kathleen Turner）等明星的职业生涯首演都是在此地进行的，该剧院的创作屡获奥比奖（Obie Awards; 即非百老汇剧作奖）。（Soho Repertory Theatre; ☎ 212-941-8632; sohorep.org; 46 Walker St, Church St和Broadway之间; Ⓢ A/C/E, N/Q/R, 6, J/Z至Canal St）

购物

Century 21 时装

31 🛍 见54页地图, B5

对于节俭的时髦人士而言，这家出售折扣商品的巨大百货公司具有超强的吸引力。你可以在那里扫到优惠至三五折的品牌货。这里还有饰品、鞋子、化妆品、家居用品和玩具。（☎ 212-227-9092; www.c21stores.com; 22 Cortlandt St, Church St和

Broadway之间；⏲周一至周三 7:45~21:00，周四和周五 至21:30，周六 10:00~21:00，周日 11:00~20:00；S A/C, J/Z, 2/3, 4/5至Fulton St; R至Cortlandt St）

Shinola 饰品

32 🔒 见54页地图，A2

这里是位于底特律的Shinola的分店，以诱人的腕表知名，里面有很多超级炫酷的美国制造的生活用品。无论是iPad皮套、日志封皮、化妆包还是限量版自行车，所有商品都用专门定制的袋子包装。另提供皮具和文具的刻字服务。一间咖啡吧**Smile**（☎917-728-3023; www.thesmilenyc.com; 177 Franklin St, Greenwich St和Hudson St之间；⏲周一至周五 7:00~19:00，周六 8:00~19:00，周日 8:00~18:00；S 1至Franklin St）也在这里经营。（☎917-728-3000; www.shinola.com; 177 Franklin St, Greenwich St和Hudson St之间；⏲周一至周六 11:00~19:00，周日 正午至18:00；S 1至Franklin St）

Steven Alan 时装、饰品

33 🔒 见54页地图，B2

纽约设计师史蒂文·爱伦（Steven Alan）设计的男女时装既时尚又不乏传统元素。另有法国的Arpenteur、北欧的Acne、Norse Projects等独立时尚品牌的漂亮服饰。配饰包括Common Projects和Isabel Marant Étoile等许多专业品牌的香水、箱包、首饰以及鞋子。（☎212-343-0692; www.stevenalan.com; 103 Franklin St, Church St和W Broadway之间；⏲周一至周三，周五和周六 11:30~19:00，周四 11:30~20:00，周日 正午至18:00；S A/C/E至Canal St; 1至Franklin St）

Philip Williams Posters 二手店

34 🔒 见54页地图，B3

在这个巨大的宝库中，你可以看到超过50万张海报，包括香水和白兰地的法国巨幅广告画、苏联时期的电影海报以及环球航空公司（TWA）的复古广告。从15美元一张的小型复制品到几千美元一张的珍稀原版海报应有尽有。在52 Warren St还有一个入口。（☎212-513-0313; www.postermuseum.com; 122 Chambers

当地生活

跳蚤剧院

跳蚤剧院（Flea Theater; 见54页地图，C1; ☎票务 212-352-3101; www.theflea.org; 41 White St, Church St和Broadway之间；S 1至Franklin St; A/C/E, N/Q/R, J/Z, 6至Canal St）是纽约最顶尖的非百老汇公司之一，因为两个场地里有创意又紧跟时代的表演而为人熟知。亮点是西格妮·韦弗（Sigourney Weaver）和约翰·利特高（John Lithgow）曾来这里演出，常年演出的节目还包括音乐和舞蹈。

PISAPHOTOGRAPHY/SHUTTERSTOCK ©

从总督岛（见59页）遥望曼哈顿

St, Church St和W Broadway之间；⏲周一至周六 11:00~19:00；Ⓢ A/C, 1/2/3至Chambers St）

Bowne Stationers & Co 礼品

35 见54页地图，D5

这家18世纪就开始营业的老店位于鹅卵石地面的南街海港，位置便利。出售纽约复古海报的复制品、城市主题的笔记本、铅笔盒、扑克牌、邮票和其他商品。你甚至还可以用纽约主题的彩纸将所购的礼品进行包装。隔壁是打印店，供你订制名片，或者参加多种每月一次的工坊项目磨炼自己的印刷技能。（☎646-315-4478；211 Water St, Beekman St和Fulton St之间；⏲11:00~19:00；Ⓢ 2/3, 4/5, A/C, J/Z至Fulton St）

CityStore 纪念品

36 见54页地图，C3

囊括了纽约各种纪念品，包括真正的出租车牌、窨井盖、地铁主题的短袜、纽约警察局棒球帽以及曼哈顿和布鲁克林主题的手提袋。（☎212-386-0007；a856-citystore.nyc.gov; Municipal Bldg, North Plaza, 1 Centre St；⏲周一至周五 10:00~17:00；Ⓢ J/Z至Chambers St, 4/5/6至Brooklyn Bridge-City Hall）

探索

苏豪区和唐人街

环绕苏豪区（SoHo，Houston以南）的街区就像是随意缝在一起的百衲被，彼此相邻又各具特色。在繁华的诺莉塔（Nolita，小意大利北部）有很多有品位的时尚精品店，美籍意大利人将那不勒斯风格体现在日益萎缩的小意大利中。而在异常热闹的唐人街里，一大家子华裔会边吃小笼包边说着家长里短。

一日游行程

早晨沿着华人的热闹街道走走，到**大乘寺**（见78页）瞻仰巨大的金佛，再去**Xi'an Famous Foods**（见79页）买点肉夹馍之类的带去哥伦布公园，看会儿街头音乐家的表演和麻将高手间的切磋。之后到**美国华人博物馆**（见77页）了解历史。

午餐前到小意大利的Mulberry St逛逛，看看**老圣帕特里克大教堂**（见78页）的内部。在诺莉塔的迷人咖啡馆**Ruby's**（见79页）吃午饭，然后沿Mott St和Mulberry St继续逛精品店。可以再去苏豪区好好欣赏大牌橱窗。不妨跳过百老汇上的主流商店，在街边的美妙商店**3x1**（见73页）和**Rag & Bone**（见85页）多盘桓一阵。

傍晚的时候，在**商人之家博物馆**（见76页）做一次奇妙的时间旅行，这里也是整个纽约保存最完好的联邦时期风格的建筑。之后在**Estela**（见82页）享用美食和葡萄酒。再晚些时候，到**Joe's Pub**（见84页）观赏演出，也可以去**Film Forum**（见84页）看场独立电影，后者在选片视角方面堪称全市最佳。

想体验苏豪区当地人的日常活动，见72页。

当地生活

像当地人一样在苏豪区购物（见72页）

纽约最佳

博物馆

国际摄影中心（International Center of Photography；见76页）

商人之家博物馆（Merchant's House Museum；见76页）

莱斯利洛曼男女同性恋博物馆（Leslie-Lohman Museum of Gay & Lesbian Art；见76页）

就餐

Estela（见82页）

Butcher's Daughter（见79页）

Balthazar（见82页）

Uncle Boons（见81页）

饮品

Apothéke（见83页）

Mulberry Project（见83页）

到达和离开

S 地铁 去唐人街的话，多条地铁线都在Canal St有站（J/Z，N/Q/R和6）。最方便的苏豪区站点是Prince St（N/R）、Spring St（C/E）、Broadway-Lafayette（B/D/F/M）。

出租车 唐人街交通拥堵，最好不要乘坐出租车。

当地生活
像当地人一样在苏豪区购物

全世界的购物狂们都会向往苏豪区，这里有潮流尖端、引领时尚风潮的旗舰店，炙手可热的品牌，还有趾高气扬的时尚达人。不过，在全球云集的大牌之外，你还是可以发现与众不同的购物场所，技艺娴熟的工匠和仅此一家的独立品牌，用无穷的创造力体现着本地的鲜明特色。欢迎来感受原汁原味的苏豪区。

❶ 单品咖啡店

从**Café Integral**（☎646-801-5747; www.cafeintegral.com; 135 Grand St, Crosby St和Lafayette St之间; ⏲周一至周五 8:30~18:00, 周六 11:00~17:00; Ⓢ N/Q/R, J/Z, 6至Canal St）买一杯单品咖啡（single origin coffee），为自己充充电。小巧的意式浓缩咖啡店位于兼营商店和画廊的American Two Shot里。你可能还会看到店主César Martin

Vega，一个痴迷于尼加拉瓜咖啡豆的小伙子，20多岁的他通常都在操作咖啡机。

❷ 完美的牛仔裤

在**3x1**（☎212-391-6969；www.3x1.us；15 Mercer St，Howard St和Grand St之间；⌚周一至周六 11:00~19:00，周日 正午至18:00；Ⓢ N/Q/R，J/Z，6至Canal St），你可以为成品牛仔裤挑选扣子和饰边，也可以选择自己喜欢的面料和装饰按照店内已有的款式做一条，或者干脆创造一条独一无二的。

❸ 稀奇古怪的玩意儿

Evolution（☎212-343-1114；www.theevolutionstore.com；120 Spring St，Mercer St和Greene St之间；⌚11:00~20:00；Ⓢ N/R至Prince St；6至Spring St）有一些古怪的自然历史类藏品，通常在博物馆的展柜里才能看到。在这里你可以购买或只是细细观看甲壳虫和蝴蝶标本、封着虫子的琥珀、鹦鹉标本、斑马皮、鲨鱼牙以及奇特的石头，例如陨石、来自火星的碎石以及1亿年前的化石。

❹ 街头文化

位于Prince St和Broadway交叉路口西北角人行道上的雕刻，是出生于日本的雕刻家平冢健一（Ken Hiratsuka）的作品。自从1982年移居到纽约之后，他在近40条人行道上留下了雕刻。雕刻过程一般需要5小时左右，但实际上平冢花了两年（1983~1984年），因为他在夜间的雕刻不合法，经常被警察驱赶。

❺ 美味小吃

纽约喜欢奢华的食品店，**Dean & DeLuca**（☎212-226-6800；www.deananddeluca.com；560 Broadway，Prince St路口；点心 $2.75起，三明治 $11；⌚周一至周五 7:00~20:00，周六和周日 8:00~20:00；Ⓢ N/R至Prince St；6至Spring St）是其中最知名的一家。如果你有点饿，这些都是立等可取的美食，比如刚出炉的烤干酪条、美味的墨西哥干酪玉米饼，还有裹着糖霜的杏仁牛角面包。

❻ 芳香之旅

在像图书馆一样的香水店**MiN New York**（☎212-206-6366；www.minnewyork.com；117 Crosby St，Jersey St和Prince St之间；⌚周一至周六 11:00~19:00，周日 正午至18:00；Ⓢ B/D/F/M至Broadway-Lafayette St；N/R至Prince St）体验一次免费的"芳香之旅"。留意一下店内自营的品牌，如Strangelove NYC和The Vagabond Prince等。

❼ 看书谈天

到**McNally Jackson**（☎212-274-1160；www.mcnallyjackson.com；52 Prince St，Lafayette St和Mulberry St之间；⌚周一至周六 10:00~22:00，周日 至21:00；Ⓢ N/R至Prince St；6至Spring St）的货架上找本关于香水的书好好研读一番吧。作为全城最受人喜爱的独立书店之一，这里有很多很棒的杂志和图书，位于店里的咖啡吧是个休息、聊天的好场所。

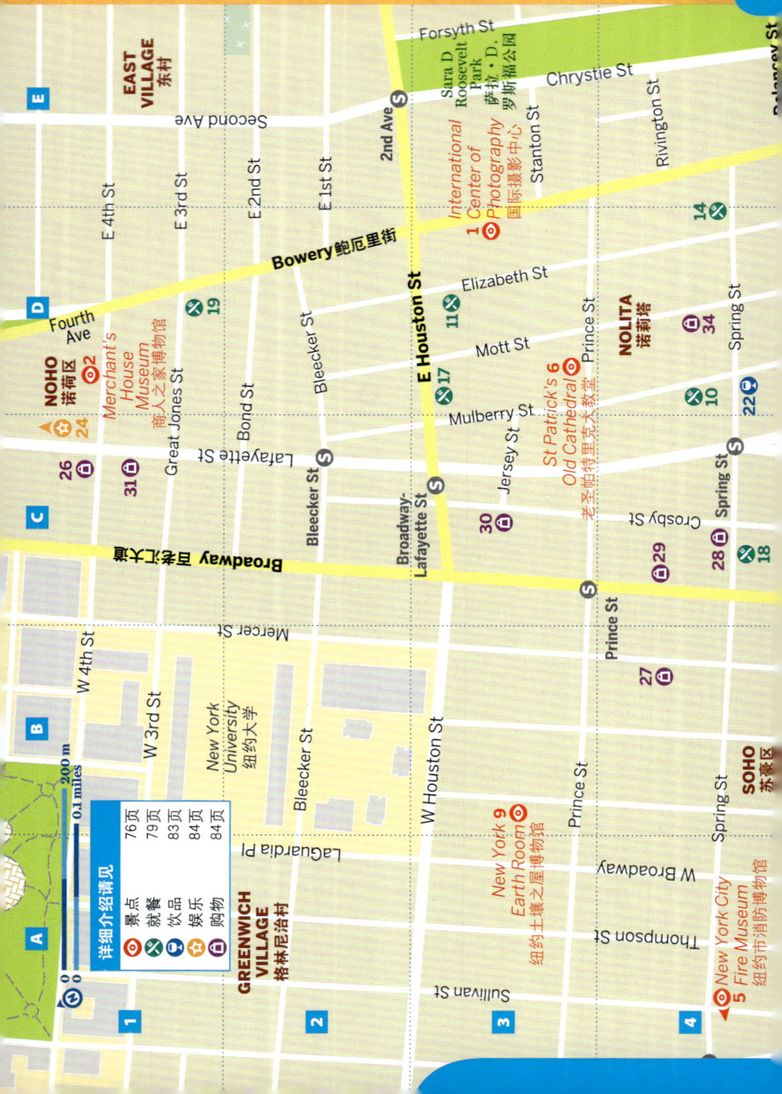

详细介绍请见
景点 76页
就餐 79页
饮品 83页
娱乐 84页
购物 84页
200 m
0.1 miles
EAST VILLAGE 东村
NOHO 诺荷区
NOLITA 诺莉塔
SOHO 苏豪区
GREENWICH VILLAGE 格林尼治村
Forsyth St
Chrystie St
Sara D Roosevelt Park 萨拉·D. 罗斯福公园
Second Ave
2nd Ave
Stanton St
Rivington St
Delancey St
E 4th St
E 3rd St
E 2nd St
E 1st St
Bowery 鲍厄里街
Fourth Ave
Elizabeth St
Mott St
Mulberry St
Bleecker St
Bond St
Great Jones St
Lafayette St
E Houston St
Jersey St
Prince St
Spring St
Crosby St
Broadway-Lafayette St
Broadway 百老汇大道
Mercer St
W 4th St
W 3rd St
New York University 纽约大学
W Houston St
LaGuardia Pl
W Broadway
Thompson St
Sullivan St
1 International Center of Photography 国际摄影中心
2 Merchant's House Museum 商人之家博物馆
5 New York City Fire Museum 纽约市消防博物馆
6 St Patrick's Old Cathedral 老圣帕特里克大教堂
9 New York Earth Room 纽约土壤之屋博物馆

Bowery
Grand St
Elizabeth St
Mahayana 8 Temple
大乘寺
Manhattan Bridge Entrance
曼哈顿大桥入口
Confucius Plaza
孔子广场
Division St
Chatham Square
查塔姆广场
LITTLE ITALY
小意大利
Hester St
Canal St
Mott St
Kenmare St
Broome St
16
21
Mulberry St
35
CHINATOWN
唐人街
Bayard St
Pell St
Doyers St
12
15
20
Mosco St
Columbus Park
哥伦布公园
7
Center Market Pl
32
Baxter St
Cleveland Pl
23
Old Police Headquarters
旧警察总部
Centre St
Museum of Chinese in America 4
美国华人博物馆
Hogan Pl
Lafayette St
33
Howard St
25
Cortlandt Al
Broadway
Mercer St
Greene St
Wooster St
Leslie-Lohman Museum of Gay & Lesbian Art 3
莱斯利洛曼男女同性恋博物馆
Lispenard St
Walker St
White St
Franklin St
Leonard St
Church St
Sixth Ave (Ave of the Americas)
Watts St
St Johns La
Hudson Square
哈德逊广场
Beach St
Varick St
W Broadway
TRIBECA
翠贝卡
A
B
C
D
E
5
6
7
8

景点

国际摄影中心 画廊

1 见74页地图，D3

纽约首屈一指的摄影平台，特别着重于新闻摄影，同时还有大量主题丰富、经常轮换的展览，曾经展出过赛巴斯蒂昂·萨尔加多（Sebastião Salgado）、亨利·卡蒂埃-布列松（Henri Cartier-Bresson）、曼瑞（Man Ray）和罗伯特·卡帕（Robert Capa）的作品。鲍厄里街（Bowery）11,000平方英尺的新展区开放，使这个摄影中心更接近市中心的艺术界。（International Center of Photography，简称ICP；www.icp.org；250 Bowery，Houston St和Prince St之间；成人/儿童 $14/免费，周五17:00~20:00捐赠入内；周二至周四、周六和周日 10:00~18:00，周五 至20:00；S F至2nd Ave；J/Z至Bowery）

当地生活

商人之家的鬼魂

与商人之家博物馆中的古董一样出名的，也许要数这里的鬼魂和猎奇者。许多人认为过去在此居住的鬼魂常在这个老房子里游荡，有时候深夜现身，有时候在公共活动期间出没。几年前的情人节演唱会上，许多观众目睹了一个女人的影子坐在会客椅上。据说这是格特鲁德·崔德威尔（Gertrude Tredwell）的鬼魂，她是居住在这里的最后一个人。每年10月下旬的两三周，博物馆在入夜后会提供"鬼魂之旅"团队游。

商人之家博物馆 博物馆

2 见74页地图，D1

建于1832年，三年后被商人西伯里·崔德威尔（Seabury Tredwell）买下，这座红砖宅邸现在仍是城里最具联邦时期特征的住宅。19世纪高档的国产家具反映了纽约过去的重商主义。屋子里的一切都证实了金钱的力量，无论是青铜煤气吊灯，还是大理石壁炉架、优雅的会客椅都出自知名家具设计师邓肯·法夫（Duncan Phyfe）之手。复杂的呼叫铃系统专门为召唤仆人而设计，如今仍可使用。（Merchant's House Museum；212-777-1089；www.merchantshouse.org；29 E 4th St，Lafayette St和Bowery之间；成人/儿童 $10/免费；周五至周一 正午至17:00，周四 至20:00，导览游 周四至周一 14:00，周日 18:30；S 6至Bleecker St；B/D/F/M至Broadway-Lafayette St）

莱斯利洛曼男女同性恋博物馆 博物馆

3 见74页地图，B6

世上首间LGBT（女同性恋者、男同性恋者、双性恋者、跨性别者）主题的博物馆，2016年它的展区面积增加了一倍，这里每年举办6~8场本土和国际性的艺术展。迄今为止，在这个纽约的河滨地区

大乘寺（见78页）

曾举办过独立艺术家的作品回顾展，以及探索LGBT的艺术和性的主题展。多数展品来自馆内超过24,000件的收藏。这里还举办有关同性恋方面的讲座、阅读、电影放映以及演出。更多信息可留意查看网站更新。（Leslie-Lohman Museum of Gay & Lesbian Art; ☎212-431-2609; www.leslielohman.org; 26 Wooster St, Grand St和Canal St之间; ⏰周二、周三和周五至周日 正午至18:00, 周四 至20:00; Ⓢ A/C/E, N/Q/R, 1至Canal St）

美国华人博物馆

博物馆

4 👁 见74页地图，C6

这座博物馆由建筑师林璎（Maya Lin）设计（她还设计了首都华盛顿特区著名的越战纪念碑），展品主题多样，永久展区和临时展区关注历史与现代的华裔生活。可以通过交互式多媒体浏览各种展览、地图、大事记、照片、信件、电影和文物等。常展"千里之行：构成美国的故事"（With a Single Step: Stories in the Making of America）可以提供给你更个人化、更有参与性的视角，去了解这里的移民、文化认同和种族偏见等问题。（Museum of Chinese in America; ☎212-619-4785; www.mocanyc.org; 215 Centre St, Grand St和Howard St之间; 成人/儿童 $10/免费，每月第一个周四免费; ⏰周二、周三和周五至周日 11:00~18:00, 周四 至21:00; Ⓢ N/Q/R, J/Z, 6至Canal St）

纽约市消防博物馆

博物馆

5 见74页地图，A4

这是个向消防员致敬的古老消防站始建于1904年，收集了很多难得一见的消防工具和文物，包括消防马车以及烟囱状的消防帽等早期的消防装备，以及一条来自布鲁克林的英雄消防犬Chief。展览追溯了纽约消防系统的发展历程，而博物馆友好的员工们和大型设备使这里成为一个带孩子参观的好地方。（New York City Fire Museum；212-219-1222；www.nycfiremuseum.org；278 Spring St, Varick St和Hudson St之间；成人/儿童 $8/5；10:00~17:00；；S C/E至Spring St）

老圣帕特里克大教堂

教堂

6 见74页地图，D3

为人熟知的圣帕特里克大教堂现在位于中城区的第五大道，其实最早的教堂集会是在这座新近修缮的哥特复兴式建筑里进行。这座教堂由约瑟夫-弗朗西斯·曼金（Joseph-François Mangin）设计，建于1809~1815年，曾是天主教纽约总教区的主教座堂，也是新移民（爱尔兰裔为主）重要的集会中心。（St Patrick's Old Cathedral；212-226-8075；www.oldsaintpatricks.com；263 Mulberry St, 入口在Mott St；6:00~21:00；S N/R至Prince St；B/D/F/M至Broadway-Lafayette St；6至Bleecker St）

哥伦布公园

公园

7 见74页地图，D8

麻将高手、动作舒缓的太极拳练习者，再加上聚在一起聊着自己家包的饺子的老阿姨们……这些可能会让你觉得来到了上海。实际上，这个枝繁叶茂的绿洲可是纽约历史的精华。19世纪时，这里有一部分属于臭名昭著的五角区，也是纽约第一个贫民窟，它给了马丁·斯科塞斯（Martin Scorsese）拍摄《纽约黑帮》（*Gangs of New York*）的灵感。（Columbus Park；Mulberry St和Bayard St之间；S J/Z, N/Q/R, 6至Canal St）

大乘寺

寺庙

8 见74页地图，E7

大乘寺是唐人街最大的佛寺，有一尊端坐在莲花宝座上，高16英尺（约4.9米）的壮观佛像，周围摆满供奉的新鲜橙子、苹果和鲜花，据说这尊佛像为纽约最大。寺庙正对车水马龙的曼哈顿大桥入口，庙门处有两座寓意着平安的巨大的金色狮子雕像。（Mahayana Temple；212-925-8787；en.mahayana.us；133 Canal St, Manhattan Bridge Plaza路口；8:30~18:00；S B/D至Grand St；J/Z, 6至Canal St）

纽约土壤之屋博物馆

画廊

9 见74页地图，B3

土壤之屋由艺术家瓦尔特·德·玛利亚（Walter De Maria）设计，自1980年竣工以来，就一直吸引着好奇的人们。这里使用了一种在纽约不太容易找到的材料，那就是：土[250立方码（约191立方米），更准确地说是280,000磅（约127吨）]。

光是步入这里就让人兴奋，那味道会使你感到走进了潮湿的森林，在疯狂的城市中竟然还能看到这么一方美丽的净土，惊喜之余还会有感动。(New York Earth Room; ☎212-989-5566; www.earthroom.org; 141 Wooster St, Prince St和W Houston St之间; 门票免费; ⏲周三至周日 正午至15:00和15:30~18:00, 6月中旬至9月中旬闭馆; Ⓢ N/R至Prince St)

就餐

Ruby's
咖啡馆 $

10 见74页地图，D4

这是个人满为患、只收现金的袖珍咖啡馆。但麻雀虽小，五脏俱全，供应的菜式应有尽有，包括适合早餐吃的avo toast（8种谷物的烤面包上铺着牛油果酱和新鲜西红柿）、乳酪薄饼、精美的意大利面和沙拉,还有（招牌菜）以澳大利亚冲浪海滩命名的大汉堡。“馥芮白”（flat white）和澳大利亚啤酒会给你更加充实的澳大利亚就餐体验。(☎212-925-5755; www.rubyscafe.com; 219 Mulberry St, Spring St和Prince St之间; 主菜 $10~15; ⏲9:30~23:00; Ⓢ 6至Spring St; N/R至Prince St)

Tacombi
墨西哥菜 $

11 见74页地图，D3

节日彩灯、折叠椅，还有在老式大众面包车（VW Kombie）忙着制作玉米卷的墨西哥人：如果去不了尤卡坦半岛的海边，那就来这里吧。休闲欢乐且永远受欢迎的Tacombi供应美味、新鲜的墨西哥卷饼，馅料包括barbacoa（烤安格斯牛肉）等。就着一大罐西班牙水果酒（sangria），把这些好吃的咽下肚，没准去南部边境度个假的想法就上了心头。(☎917-727-0179; www.tacombi.com; 267 Elizabeth St, E Houston St和Prince St之间; 玉米卷 $4~6; ⏲周一至周三 11:00至午夜，周四和周五 11:00至次日1:00，周六 10:00至次日1:00，周日 10:00至午夜; Ⓢ F至2nd Ave; 6至Bleecker St)

Xi'an Famous Foods
中国菜 $

12 见74页地图，E8

只要想到这家位于唐人街的低调小餐馆，美食博客的作者们就会赞不绝口。招牌菜是麻辣孜然羊肉夹馍，细嫩的羊肉，佐以孜然粉、烤辣椒籽、尖椒、红洋葱和香葱，一并塞在外壳酥脆的面饼里。手工拉面的拥趸也大有人在。(西安名吃; xianfoods.com; 67 Bayard St, Mott St和Elizabeth St之间; 菜肴 $2.75~10.25; ⏲周日至周四 11:30~21:00，周五和周六至21:30; Ⓢ J/Z, N/Q, 6至Canal St)

Butcher's Daughter
素食 $$

13 见74页地图，D5

这家墙壁雪白的咖啡馆里全无肉味，专门供应新鲜素食。菜品健康又有趣：有机牛奶麦片（muesli），加了杏仁帕尔玛奶酪的辣羽衣甘蓝恺撒沙拉（kale Caesar salad with almond Parmesan），晚餐时

了解当地

双街区记

纽约各街区的重新开发也许是房地产中介和开发商之间的热门话题，但在一些角落，你却可以发掘出这个城市精神的根源。唐人街和小意大利就是这样的两个街区，关于它们的故事不胜枚举，而且已经成为纽约历史中不可磨灭的部分。

五角区（Five Points）

唐人街的哥伦布公园里绿树成荫，迷人的外表背后却有着黑暗、肮脏的往昔。19世纪时，这里是美国最潦倒的贫民区——五角区的一部分。该地区疾病肆虐、监管缺失，遍布屠宰场、皮革厂、酒馆和妓院，如此的恶名长年吸引着纽约富裕阶层进行“贫民窟观光”来一窥究竟。在外国探访者行列中，便有英国作家查尔斯·狄更斯，他后来描写道：“堕落使这里未老先衰。”

从破败到繁荣

纽约中国移民的历史波澜壮阔。第一批抵达美国的中国移民是修筑中央太平洋铁路的劳工，而后来的移民则在西海岸淘金。当寻找黄金的愿景破灭后，他们当中的许多人迁至纽约，成为工厂流水线或洗衣店里的工人。不断加剧的种族歧视产生了《排华法案》（*Chinese Exclusion Act*；1882~1943年），使来到美国谋生的华裔难以融入当地，他们获得工作的机会也微乎其微。在1965年更为公正的《移民和国籍法》（*Immigration and Nationality Act*）出台之后，中国移民的数量开始激增，如今在Mott St周边的公寓式住宅中，生活着15万名以上的华裔。

歌手与黑帮

小意大利与毗邻的唐人街不同，在过去50年间，这里居民的数量一直在下降。尽管如此，这个区域的历史气息却在不断增强：Mulberry St的176½号的Mulberry Street Bar是已故的弗兰克·辛纳屈（Frank Sinatra）生前最喜欢光顾的地方。禁酒令时期，在Mulberry St和Kenmare St的街角上曾公然卖酒，所以这里又被称为“场外交易所”（Curb Exchange）。247 Mulberry St曾是臭名昭著的黑帮大佬查理·卢西安诺（Lucky Luciano）和约翰·高蒂（John Gotti）打发时光的场所。

行人穿过苏豪区的繁华街道

提供的屠夫汉堡(荞麦蘑菇加腰果切达干酪作馅)等，一切都好吃得过分。(☎212-219-3434; www.thebutchersdaughter.com; 19 Kenmare St, 靠近Elizabeth St; 餐 $9~16; ⏰周一 8:00~15:45, 周二至周六 至深夜; 📶 🥕; Ⓢ J至Bowery; 6至Spring St)

Uncle Boons 泰国菜 $$

14 见74页地图，D4

纽约餐饮的新宠，供应米其林星级的泰国美食，店面的装饰采用复古木板、泰国电影海报、家庭老照片，显得有趣又随意。融传统和创新于一体的菜肴香气扑鼻，包括美妙、酥脆的mieng kum(槟榔叶裹姜、柠檬、烤椰子、干虾、花生和辣椒)、kao pat puu(螃蟹炒饭)和香蕉花沙拉等。(☎646-370-6650; www.uncleboons.com; 7 Spring St, Elizabeth St和Bowery之间; 小盘菜肴 $12~16, 大盘菜肴 $21~28; ⏰周一至周四 17:30~23:00, 周五和周六 至午夜, 周日 至22:00; 📶; Ⓢ J/Z至Bowery; 6至Spring St)

Nom Wah Tea Parlor 中国菜 $$

15 见74页地图，E8

位于一条狭窄小巷之中，不怎么显眼，看起来像是老式的美国小馆。不过，这家餐馆可是城里最古老的中式点心铺。(南华茶室; ☎212-962-6047; nomwah.com; 13 Doyers St; 点心 $3.50起; ⏰周日至周四 10:30~21:00, 周五和周六 至22:00; Ⓢ J/Z至Chambers St; 4/5/6至

Brooklyn Bridge-City Hall)

Nyonya

马来西亚菜 $$

16 见74页地图，D6

热闹的娘惹餐馆会用甜酸辣结合的口味，把你的味蕾带到潮湿的马六甲。推荐刺激的炖亚参鱼头、油腻的椰浆牛肉咖喱（rendang）和清爽的马来辣沙拉（rojak，美味的水果沙拉，配有辛辣的罗望子调料）。素食主义者请绕道。只收现金。（☎212-334-3669；www.ilovenyonya.com；199 Grand St，Mott St和Mulberry St之间；主菜 $7~24；⌚周一至周四和周日 11:00至23:30，周五和周六 至午夜；Ⓢ N/Q/R，J/Z，6至Canal Street；B/D至Grand St）

Estela

新派美国菜 $$$

17 见74页地图，D3

Estela可能不适合玩美食探索的游戏（需要爬几段难以形容的楼梯到楼上，很难吸引讲究的美食家），但是这个热闹、狭小的葡萄酒吧供应的食物和葡萄酒的确是美味，有迎合食客的一系列共享大盘菜肴、口味极佳的鞑靼牛肉（beef tartare，配有牛心以增加口感层次）、吃了还想再吃的吐司配油炸贻贝、美妙程度令人难以置信的莴苣核桃凤尾鱼沙拉等。（☎212-219-7693；www.estelanyc.com；47 E Houston St，Mulberry St和Mott St之间；菜肴 $15~37；⌚周日至周四 17:30~23:00，周五和周六 至23:30；Ⓢ B/D/F/M至Broadway-Lafayette St；6至Bleecker St）

> **独家贴士**
>
> **家常便饭**
>
> 唐人街有城里最便宜的美味佳肴，当地人喜欢到市中心吃小馆美食解馋。与三两好友一起去唐人街人头攒动的饭馆，点些"家常菜"（可以多点几道菜，每道菜都尝一点）。结账时，你会以为服务员在账单后面少写了一个零。

Balthazar

法国菜 $$$

18 见74页地图，C4

不管周围如何变化，这里仍然是法式小馆之王——热闹的Balthazar从来不缺大批食客的光顾。这儿的取胜之道是：位于苏豪区购物天堂的中心；巴黎遇到纽约的氛围；当然还有适合各种口味的菜肴。招牌菜包括出众的生鲜吧、牛排配薯条、尼斯沙拉（Niçoise salad）、烤甜菜沙拉等。（☎212-965-1414；www.balthazarny.com；80 Spring St，Broadway St和Crosby St之间；主菜 $19~45；⌚周日至周四 7:30至午夜，周五 7:30至次日1:00，周六 8:00至次日1:00；Ⓢ 6至Spring St；N/R至Prince St）

Il Buco Alimentari & Vineria

意大利菜 $$$

19 见74页地图，D1

无论是在吧台随便喝杯浓缩咖啡，在熟食店买个外带帕尼诺三明治，还是在下沉式就餐区域慵懒地享用漫长的意大利式盛宴，这里的时髦菜品总是不负众望。砖墙、粗麻布和巨大的工业照明灯打造出一种又前卫又质朴的调调，正好与这里大胆又怀旧的菜肴相呼应。（☎212-837-2622；www.ilbucovineria.com；53 Great Jones St，Bowery St和Lafayette St之间；三明治 $12~16，晚餐主菜 $19~42；⏰咖啡厅 周一至周五 7:00至深夜，周六和周日 9:00至深夜，餐厅 周一至周五 正午至15:00和17:30至深夜，周六和周日 11:00~15:00和17:30至深夜；📶；Ⓢ6至Bleecker St；B/D/F/M至Broadway-Lafayette St）

饮品

Apothéke 鸡尾酒吧

20 见74页地图，E8

想找到这个位于Doyers St、由鸦片馆改造成的酒吧不容易。技艺娴熟的调酒师就像细心的化学家，用来自农贸市场的当地应季原料调配出浓烈、美味的鸡尾酒。喝杯MVO Negative[小种红茶（Lapsang tea）金酒、Antica Formula、Campari、Peychaud's Bitters混合而成，有股烟熏味道]，祝自己身体健康吧。（☎212-406-0400；www.apothekenyc.com；9 Doyers St；⏰周一至周六 18:30至次日2:00，周日 20:00至次日2:00；ⓈJ/Z至Chambers St；4/5/6至Brooklyn Bridge-City Hall）

Mulberry Project 鸡尾酒吧

21 见74页地图，D6

这间私密的鸡尾酒吧位于一扇没有任何标识的门内。内部空间宽敞，后院节日似的"花园聚会"（garden-party）最能让人兴奋。特色是现点现调的鸡尾酒。别管你自己喜欢什么，先让调酒师尽情发挥吧，那会是个不错的体验方式。如果饿了，这里有佩科里诺（pecorino）奶酪桃子沙拉等很多不错的小吃可供选择。（☎646-448-4536；www.mulberryproject.com；149 Mulberry St，Hester St和Grand St之间；⏰周日至周四 17:00至次日2:00，周五和周六 至次日4:00；ⓈN/Q/R，J/Z，6至Canal St）

Spring Lounge 酒吧

22 见74页地图，D4

这家红色霓虹闪烁的酒吧风格独特，别辜负了好时光。即使在禁酒时期，这里也成桶成桶地销售大量啤酒。20世纪60年代时，其地下室还曾经是个赌场。如今，这里最负盛名的就是怪异的大鲨鱼标本，早来的熟客和偶然发现这里的新客会在此狂欢到深夜。（☎212-965-1774；www.thespringlounge.com；48 Spring St，Mulberry St路口；⏰周一至周六 8:00至次日4:00，周日 正午开始营业；Ⓢ6至Spring St；N/R至Prince St）

La Compagnie des Vins Surnaturels 葡萄酒吧

23 见74页地图，D5

这家酒吧是巴黎同名酒吧的分店。法国主题的壁纸、线条优美的扶手椅、摇曳的茶灯蜡烛，一切都让人感到温馨。侍酒师Caleb Ganzer提供的酒水令人印象深刻，酒单主打法国品牌，供应约

600种葡萄酒，以及许多按杯出售的烈酒。菜肴不多但都很精致，包括自制熟食（charcuterie），够幸运的话，还能吃到布法罗鸡肉猪肉酱（buffalo chicken rillette）。（☎212-343-3660；www.compagnienyc.com；249 Centre St，Broome St和Grand St之间；⏲周一至周三 17:00至次日1:00，周四至周六 至次日2:00；Ⓢ6至Spring St；N/R至Prince St）

娱乐

Joe's Pub 现场音乐

24 ☆ 见74页地图，C1

酒吧与现场表演的结合体，私密的Joe既有顶级演出也不乏新奇元素。演出者们包括讽刺喜剧演员桑德拉·伯恩哈德（Sandra Bernhard）和英国女歌手阿黛尔（Adele）等。事实上，这里正是阿黛尔2008年的美国首演场地。（☎212-539-8500，票务 212-967-7555；www.joespub.com；Public Theater，425 Lafayette St，Astor Pl和4th St之间；Ⓢ6至Astor Pl；R/W至8th St-NYU）

> **当地生活**
>
> **Film Forum**
>
> 如果苏豪区的消费主义令你疲倦，可以去**Film Forum**（☎212-727-8110；www.filmorum.com；209 W Houston St，Varick St和Sixth Ave之间；Ⓢ1至Houston St）充实自己的头脑。这家小影院有三个影厅，放映令人惊叹的独立电影，也有经典影片重映和西德尼·吕美特（Sidney Lumet）等大师的职业生涯回顾。电影放映之后，通常会有对话导演或其他以电影为主题的讨论活动。

购物

Opening Ceremony 时装、鞋

25 见74页地图，C6

男女皆宜的Opening Ceremony因其永不沉闷的、一流的独立品牌闻名。店里不断有来自世界各地或驰名或新兴的品牌进驻，当然也有Opening Ceremony本身的前卫设计。货架上有很多街头范儿的、大胆又前卫的时装，如果你穿着这里买的衣物，朋友们肯定会忍不住问一句："哪儿买的？"（☎212-219-2688；www.openingceremony.us；35 Howard St，Broadway和Lafayette St之间；⏲周一至周六 11:00~20:00，周日 正午至19:00；ⓈN/Q/R，J/Z，6至Canal St）

Other Music 音乐

26 见74页地图，C1

这家独立唱片店为了招待忠实的粉丝精挑细选了多种类型的音乐：另类的沙发音乐、迷幻摇滚、电子音乐、独立摇滚等，有新的CD也有二手的。友善的员工热爱他们的工作，没准儿可以帮你将内心对音乐的狂热和梦想变成一张真正的唱片。这里的黑胶唱片数量不多但品质一流，新旧

WAYNE FOGDEN/GETTY IMAGES ©

在苏豪区人行道上工作的男子

皆有。(☎212-477-8150; www.othermusic.com; 15 E 4th St, Lafayette St和Broadway之间; ⏲周一至周三 11:00~20:00, 周四和周五 11:00~21:00, 周六 正午至20:00, 周日 正午至19:00; Ⓢ6至Bleecker St; B/D/F/M至Broadway-Lafayette St)

Rag & Bone
时装

27 见74页地图, B4

下城区的名牌Rag & Bone深受纽约最酷、最时尚的广大男女潮人喜爱。精益求精的服饰包括简单剪裁的素面衬衫和休闲西服、印花T恤、单色毛衣、如羽毛般轻盈的吊带裙、高档皮衣, 以及Rag & Bone广受赞誉的牛仔裤。服饰剪裁完美无瑕, 另有鞋类、帽子、提包和钱包等配饰。(☎212-219-2204; www.rag-bone.com; 119 Mercer St, Prince St和Spring St之间; ⏲周一至周六 11:00~20:00, 周日 正午至19:00; ⓈN/R至Prince St)

MoMA Design Store
礼品

28 见74页地图, C4

现代艺术博物馆在下城区的零售店售卖了大量时髦、可爱、精美的物品, 可以装点你的家、办公室或衣柜。你会看到现代主义的闹钟、造型别致的花瓶和首饰、梦幻的台灯、精巧的餐具, 还有益智玩具、玩具木偶、漂亮的围巾、咖啡桌画册和很多体现奇思妙想的礼品。(☎646-613-1367; www.momastore.org; 81 Spring St, Crosby St路口; ⏲周一至周六 10:00~

20:00，周日 11:00~19:00；S N/R至Prince St；6至Spring St）

Uniqlo

时装

29 见74页地图，C4

纽约的优衣库占地巨大，足有三层，因美观、质优、价格折扣而备受欢迎。你会找到日本的牛仔裤、蒙古的羊绒衫、带图案的T恤、漂亮的短裙、高科技的保暖内衣，还有不计其数、五颜六色的成衣，且大部分商品都在$100以下。（877-486-4756；www.uniqlo.com；546 Broadway，Prince St和Spring St之间；周一至周六 10:00~21:00，周日 11:00~20:00；S N/R至Prince St；6至Spring St）

Housing Works Book Store

书籍

30 见74页地图，C3

气氛轻松，装饰简洁，有许多精选的二手书、唱片、CD和DVD，你在这里消费的同时也在做慈善（店里的收益会帮助纽约无家可归的艾滋病人或HIV病毒携带者）。这家陈旧又隐蔽的书店常有当地人来光顾，他们往往会静静地待上一个下午。（212-334-3324；www.housingworks.org/usedbookcafe；126 Crosby St，E Houston St和Prince St之间；周一至周五 9:00~21:00，周六和周日 10:00~17:00；S B/D/F/M至Broadway-Lafayette St；N/R至Prince St）

Screaming Mimi's

二手店

31 见74页地图，C1

如果你热爱古着，到这里来绝对会尖叫的。这家有趣又梦幻的店铺里有很多超棒的古着服饰，按照年代整齐有序地归类，从20世纪50年代到90年代都有（你可以请求看一下店里珍藏的一小部分20、30、40年代的衣服）。（212-677-6464；www.screamingmimis.com；382 Lafayette St，E 4thSt和Great Jones St之间；周一至周六 正午至20:00，周日 13:00~19:00；S 6至Bleecker St；B/D/F/M至Broadway-Lafayette St）

Fillmore & 5th

二手店

32 见74页地图，D5

时尚永远是多变的，这家来自加州的寄售店的货架也是如此。店里每天以实惠的价格出售几近全新的大牌服装，其中包括售价$90的Maison Kitsuné的男士上装、$150一件的Burberry休闲西装，还有

> **独家贴士**
>
> ### 时尚达人
>
> 正经八百的购物狂人们在前往苏豪区及周边血拼前，都会看看时尚博主的文章，以此了解长盛不衰的“样品特卖”或其他促销活动，当然还有新开张的精品店和崭露头角的设计师等内容。登录Racked（www.ny.racked.com）和Glamourai（www.theglamourai.com）两个网站可以获得详细信息。

$200的Manolo Blahnik高跟鞋。别忘了看看专门摆放折扣商品的货架，往往能淘到好货。（☎646-791-5458; fillmore5th.com; 398 Broome St, Centre St路口; ⏲周一至周六 11:00~19:00，周日 正午至18:00; Ⓢ6至Spring St; N/R至Prince St）

Saturdays 时装、饰品

33 见74页地图，C5

位于苏豪区的冲浪风格商店，有冲浪板和防滑蜡、大牌护理用品、版画和有关冲浪的大部头书籍，还有店里自营的高品质男士时装品牌。打扮起来吧，然后从室内咖啡吧买一杯浓咖啡，在后花园闲逛，打听一些疯狂的、惊险的冲浪传说。第二家**分店**（☎347-246-5830; 17 Perry St; ⏲10:00~19:00; Ⓢ1/2/3至14th St）在西村（West Village）。（www.saturdaysnyc.com; 31 Crosby St, Broome St和Grand St之间; ⏲商店 10:00~19:00，咖啡吧 8:00~19:00，周六和周日 10:00~19:00; 📶; ⓈN/Q/R, J/Z, 6至Canal St）

Resurrection 二手店

34 见74页地图，D4

红色闺房似的Resurrection为这些几十年前的前卫设计注入了新的生命力。看上去时髦、崭新的衣服，却有上几个时代的摩登派、华丽摇滚或新浪潮的设计，Marc Jacobs等时装大师也曾到这里找寻灵感。（☎212-625-1374; www.resurrectionvintage.com; 217 Mott St, Prince St和Spring St之间; ⏲周一至周五 11:00~19:00; Ⓢ6至Spring St; N/R至Prince St）

在苏豪区逛橱窗

LORRAINE BOOGICH/GETTY IMAGES ©

New Kam Man 家居用品

35 见74页地图，D7

低头躲过悬挂的烤鸭，进入位于Canal St美妙的食品店的地下室，逛逛便宜的中式和日式茶具，再看看筷子、碗碟、炒锅和电饭锅等厨房用品。（☎212-571-0330; www.newkamman.com; 200 Canal St, Mulberry St和Motts St之间; ⏲9:00~20:30; ⓈN/Q/R, J/Z, 6至Canal St）

探索

东村和下东区

如果你一直认为纽约最具代表性的是红色砖墙上的涂鸦、直入云霄的摩天大楼、文身的街头艺人和老奶奶并肩而行，还有把摇摇晃晃的桌子摆到人行道上的迷人咖啡馆，那么东村和下东区一定是你的最爱。

一日游行程

在**Russ & Daughters Cafe**（见96页）吃面包圈熏鲑鱼早餐，感受这里的犹太传统，之后前往令人着迷的**下东区廉租公寓博物馆**（见92页）对纽约的移民历史做更深入探究。再到想象力天马行空的**新当代艺术博物馆**（见92页）欣赏当代艺术界的前卫作品，将自己迅速置身于未来。

在**Dimes**（见97页）或**El Rey**（见94页）吃顿健康又美味的午餐，去**圣马可坊街**（见94页）闲逛，看看东村从前的反传统文化中心。再去风格独特的精品时装店、珠宝店和唱片店（从10th St和9th St开始是个不错的主意）逛逛。在**MUD**（见95页）喝点提神的饮料，之后去**汤普金斯广场公园**（见93页）领略纽约众生相。

探索东村令人惊叹的美食，到**Upstate**（见96页）尝生蚝和欢乐时光的酒水、去**Babu Ji**（见96页）吃街边美食，还可以在尚未被游客发现的**Degustation**（见98页）享用多道菜大餐（需要预订）。晚些时候在**Wayland**（见99页）喝美酒、听班卓琴演奏，在**Bar Goto**（见99页）品日式鸡尾酒，或在**Rue B**（见99页）欣赏现场爵士乐。

纽约最佳

博物馆

下东区廉租公寓博物馆（Lower East Side Tenement Museum；见92页）

就餐

Degustation（见98页）

Fung Tu（见99页）

Momofuku Noodle Bar（见95页）

Upstate（见96页）

饮品

Bar Goto（见99页）

Rue B（见99页）

Wayland（见99页）

Ten Bells（见100页）

购物

Still House（见106页）

By Robert James（见106页）

到达和离开

S 地铁 东村大部分不通地铁，但可以搭6号线至Astor Pl或L线至First Ave，之后步行很短的距离即可抵达。乘地铁F线可达下东区最繁华的地方。

公共汽车 如果你从西边过来，最好乘坐M14（穿过14th St）或M21（沿Houston St运营）。

详细介绍请见
景点 92页
就餐 94页
饮品 99页
娱乐 103页
购物 106页
400 m
0.2 miles
E 14th St
3rd Ave
1st Ave
E 13th St
E 12th St
E 11th St
E 10th St
E 9th St
E 8th St
St Marks Pl
E 7th St
E 6th St
E 5th St
E 4th St
E 3rd St
Ave A
Ave B
First Ave
Second Ave
Third Ave
Fourth Ave
Stuyvesant St
Astor Pl
Lafayette St
Great Jones St
Tompkins Square Park
汤普金斯广场公园
St Mark's in the Bowery
鲍厄里街圣马可教堂
EAST VILLAGE
东村
Cooper Square
库珀广场
ALPHABET CITY
字母城

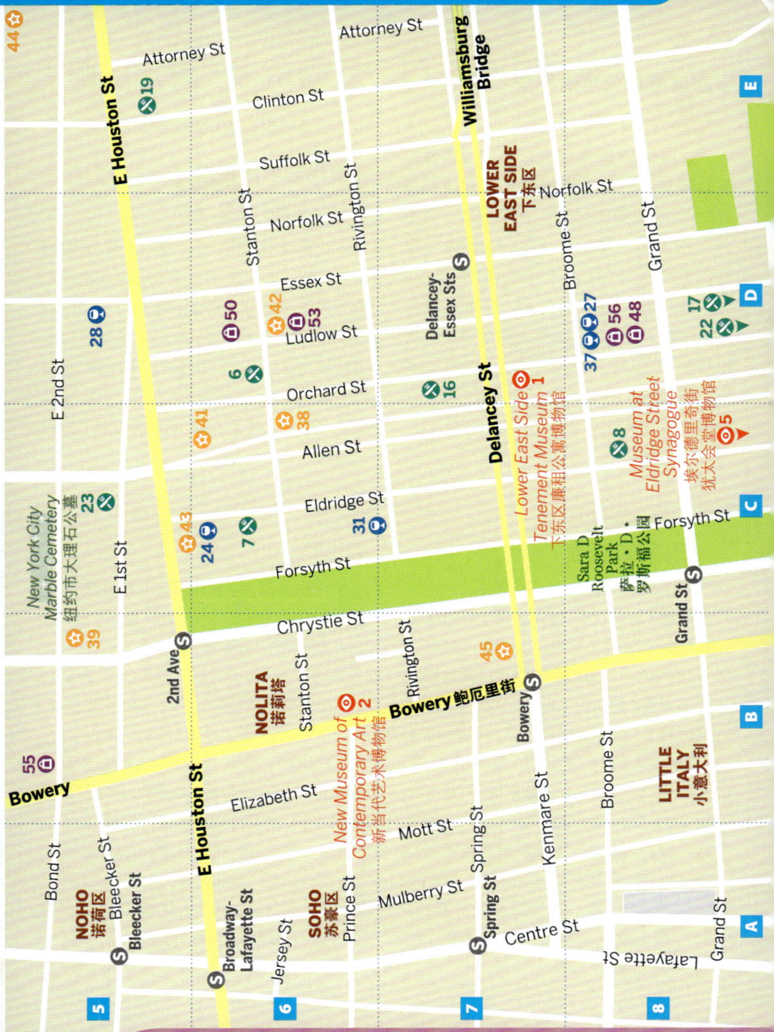
E Houston St
Attorney St
Clinton St
Suffolk St
Norfolk St
Essex St
Ludlow St
Orchard St
Allen St
Eldridge St
Forsyth St
Chrystie St
Stanton St
Rivington St
Williamsburg Bridge
LOWER EAST SIDE
下东区
Delancey-Essex Sts
Delancey St
Broome St
Grand St
E 2nd St
E 1st St
New York City Marble Cemetery
纽约市大理石公墓
2nd Ave
NOLITA
诺莉塔
New Museum of Contemporary Art
新当代艺术博物馆
Bowery 鲍厄里街
Bowery
Lower East Side Tenement Museum
下东区廉租公寓博物馆
Museum at Eldridge Street Synagogue
埃尔德里奇街犹太会堂博物馆
Sara D Roosevelt Park
萨拉·D·罗斯福公园
Kenmare St
LITTLE ITALY
小意大利
Elizabeth St
Mott St
Mulberry St
Spring St
Centre St
Lafayette St
Bond St
Bleecker St
NOHO
诺荷区
SOHO
苏豪区
Broadway-Lafayette St
Jersey St
Prince St
A
B
C
D
E
5
6
7
8
1
2
5
6
7
8
16
17
19
22
23
24
27
28
31
37
38
39
41
42
43
44
45
48
50
53
55
56

景点

下东区廉租公寓博物馆 博物馆

1 见90页地图, D7

这座博物馆充分展示了这一街区令人心碎又引人遐思的历史遗产, 有3处再现20世纪初廉租公寓生活的场所, 包括19世纪末波兰移民莱文(Levine)一家的住宅和服装店, 以及两处1873~1929年大萧条时期的移民住所。只能通过参加团队游(包含在门票里)游览廉租公寓和其他景点, 每天多次发团。(Lower East Side Tenement Museum; 877-975-3786; www.tenement.org; 103 Orchard St, Broome St和Delancey St之间; 成人/学生$25/20起; 团队游 周五至周三 10:15~17:00, 周四 至18:30; S B/D至Grand St; J/M/Z至Essex St; F至Delancey St)

新当代艺术博物馆 博物馆

2 见90页地图, B6

新博物馆俯瞰整个街区, 建筑本身非常壮观。该建筑由东京SANAA建筑事务所的妹岛和世(Kazuyo Sejima)、西沢立衛(Ryue Nishizawa), 以及纽约的建筑公司Gensler共同设计, 外观是叠放在一起的7个漂亮的白色盒子, 予人摇摇欲坠之感。该馆于2007年重新开放, 为粗

当地生活

下东区的画廊

下东区是艺术界冉冉升起的新星, 有几十家优秀的画廊。**斯佩罗·韦斯特沃特美术馆**(Sperone Westwater; 见90页地图, B6; www.speronewestwater.com; 257 Bowery; 周二至周六 10:00~18:00; S F至2nd Ave)展出威廉姆·魏格曼(William Wegman)和理查德·朗(Richard Long)等名家的艺术品, 它的新馆是英国知名设计师诺曼·福斯特(Norman Foster)的作品。前卫的**94号沙龙**(Salon 94)在下东区有两个场馆, 一个隐匿在**Freeman Alley**(见90页地图, B7; www.salon94.com; 1 Freeman Alley, 紧邻Rivington; 周三至周六 11:00~18:00; S F至2nd Ave; J/Z到Bowery); 另一个在**鲍厄里街**(Bowery; 见90页地图, B6; www.salon94.com; 243 Bowery, Stanton St路口; 周二至周六 11:00~18:00, 周日 13:00开馆; S F至2nd Ave; J/Z至Bowery), 离新博物馆不远。想接受道德上的熏陶的话, 可以去**Anastasia Photo**(见90页地图, D6; www.anastasia-photo.com; 143 Ludlow St, Stanton St和Rivington St之间; 周二至周日 11:00~19:00; S F至Delancey St; J/M/Z至Essex St), 馆内展品涵盖美国农村的贫穷地区、非洲的肆虐战争和濒临消失的文化等主题, 发人深省。

汤普金斯广场公园的伸展瑜伽练习者

线条的鲍厄里街（Bowery strip）带来一股人们期盼已久的清新之风。而且，自博物馆开放以来，周围的建筑也采用类似的设计风格，迅速地使这条原本潦倒、窘迫的大街旧貌换新颜。（New Museum of Contemporary Art；☎212-219-1222；www.newmuseum.org；235 Bowery，Stanton St和Rivington St之间；成人/儿童 $16/免费，周日19:00~21:00捐赠入内；⌚周三和周五至周日 11:00~18:00，周四 至21:00；Ⓢ N/R至Prince St；F至2nd Ave；J/Z至Bowery；6至Spring St）

汤普金斯广场公园 公园

3 ◉ 见90页地图，D3

这个占地10.5英亩（约64亩）的公园就像百姓广场一样，当地人都爱聚在这里，坐在混凝土桌子前下棋，天气晴暖的时候在草坪上野餐，或者自发地聚在翠绿的小丘上弹吉他打鼓。还可以来这里打打篮球，遛遛狗（有一块栅栏围起的区域，可以解下狗项圈让狗狗肆意撒欢），在公共泳池里游游泳，听听夏季常有的音乐会，看看活泼的孩子们在游乐场里玩耍。（Tompkins Square Park；www.nycgovparks.org；E 7th St和10th St之间，Ave A和Ave B之间；⌚6:00至午夜；Ⓢ 6至Astor Pl）

鲍厄里街圣马可教堂 教堂

4 ◉ 见90页地图，B2

东村人喜欢这里，主要是因为它的文化活动，例如由诗歌计划（Poetry

Project）诗会主办的诗歌朗诵，来自舞蹈空间（Danspace）和本体论歇斯底里剧场（Ontological Hysteric Theater）的前卫舞蹈表演。其实这里还是一个历史遗址，美国圣公会教堂就坐落在“bouwerij”（荷兰语中的“农场”，Bowery一词即来自于此）的位置，农场原来的所有者是荷兰殖民区总督彼得·史蒂文森（Peter Stuyvesant），他死后葬于此地。（St Mark's in the Bowery；☎212-674-6377；www.stmarksbowery.org；131 E 10th St, Second Ave路口；⏰周一至周五 10:00~18:00；Ⓢ L至3rd Ave；6至Astor Pl）

当地生活

圣马可坊街

关于**圣马可坊街**（St Marks Place；见90页地图，C3；St Marks Pl, Ave A至Third Ave；Ⓢ N/R/W 至8th St-NYU；6至Astor Pl）的历史趣闻甚多，会令猎奇者欣喜不已。在圣马可坊街4号，你可以找到不少多姿多彩的人物留下的印记。这座建筑由亚历山大·汉密尔顿的儿子修建，19世纪30年代时，詹姆斯·费尼莫尔·库珀曾在此居住，到了20世纪60年代，这里汇聚了以小野洋子（Yoko Ono）为代表的大批激浪派艺术家。位于圣马可坊街96号和98号的建筑也不容错过，齐柏林飞船乐队（Led Zeppelin）专辑*Physical Graffiti*的封面便是在这里拍摄的。

埃尔德里奇街犹太会堂博物馆

博物馆

5 见90页地图，C8

这所地标性的教堂建于1887年，曾经是犹太人生活的中心。在20世纪20年代，这里变得狼藉一片，无人问津。在经历了20年，花费2000万美元之后，教堂于2007年完成修缮，恢复了往日的光彩。博物馆门票包括每小时一次的犹太会堂团队游，16:00为每天的最后一轮。（Museum at Eldridge Street Synagogue；☎212-219-0302；www.eldridgestreet.org；12 Eldridge St, Canal St和Division St之间；成人/儿童 $12/8，周日免费；⏰周日至周四 10:00~17:00，周五 10:00~15:00；Ⓢ F至East Broadway）

就餐

El Rey

咖啡馆 $

6 见90页地图，D6

这家位于Stanton St的白色、极简风格的咖啡馆与下东区不太搭，倒是更有南加州的味道。这里提供创意（且价格公道）的“农场至餐桌”美味菜肴，有许多纯素的选择，这让它赢得了大批的拥趸。午餐时，你可以品尝菜肉馅煎蛋饼配刨茴香沙拉或烤甜菜配麦片酸奶；也可以在晚餐时段前来，享受章鱼沙拉配黑豆浓汤。（☎212-260-3950；elreynyc.com；100 Stanton St, Orchard St和Ludlow St之间；小盘菜肴 $7~17；⏰周一至周五

7:00~22:30，周六和周日 8:00开始营业；☑；Ⓢ F至2nd Ave）

Spaghetti Incident

意大利菜 $

7 见90页地图，C6

在大理石台面的吧台或靠墙的餐桌旁找个座位，观看厨师们制作可口的意面，搭配甘蓝香蒜酱、碎鲑鱼芦笋淡奶油或意大利香肠和菜薹等新鲜食材的意面卖相非常漂亮。口味（及价格）更是相当好！还有锦上添花的沙拉、饭团（arancini）和价格实惠的葡萄酒。（☎646-896-1446；www.spaghettiincidentnyc.com；231 Eldridge St，Stanton St和E Houston St之间；主菜 $9~12；⏰周一至周五 17:30~23:30，周六和周日 正午开始营业；Ⓢ F至2nd Ave）

Vanessa' s Dumpling House

中国菜 $

8 见90页地图，C8

这里的一口大铁锅可以提供蒸饺、煎饺或汤饺等各式美味饺子，一出锅就如光速般送到饿极了的人嘴里，价格也相当便宜。（☎212-625-8008；118 Eldridge St，Grand St和Broome St之间；饺子 $1.25~5；⏰10:30~22:00；Ⓢ B/D至Grand St；J至Bowery；F至Delancey St）

MUD

咖啡馆 $

9 见90页地图，C2

这是个位于9th St上的幽静的小角落，供应高品质的咖啡，以及适合缓解宿醉的全时段早餐菜肴。如果想要喝杯咖啡提提神或者与老友谈天说地，那就来这里吧，东村人都爱这么干。每日早午餐（咖啡、精酿啤酒或含羞草鸡尾酒和任意主菜）价格实惠，仅售$18。（☎212-228-9074；www.themudtruck.com；307 E 9th St，Second Ave和First Ave之间；主菜 $8~14；⏰8:00至午夜；Ⓢ L到至3nd Ave；L至1st Ave；4/6至Astor Pl）

Rai Rai Ken

日式拉面 $

10 见90页地图，C2

店面比店门大不了多少，但是一点儿都不难找，因为通常都有一小群饥饿的当地人排着队等在店门口。店里面，低矮的木凳排在面吧周围，厨师正忙着做滚烫且美味的猪肉汤底。（☎212-477-7030；214 E 10th St，First Ave和Second Ave之间；日式拉面 $10~13；⏰周一至周四 正午至午夜，周五和周六 至次日2:00；Ⓢ L至1st Ave；4/6至Astor Pl）

Momofuku Noodle Bar

面条 $$

11 见90页地图，C2

只有30个座席，不接受预订，想要挤进这家小小的超凡餐馆要等上好久。来排队吃与店名相同的招牌特价菜吧：自制浓汤拉面，里面有荷包蛋、五花肉或其他有趣的组合。菜式每天不同，另供应包子（如牛腩山葵馅）、小吃（熏鸡翅）和甜品。（☎212-777-7773；www.momofuku.com/noodle-bar/；171 First Ave，10th St和11th St之间；主菜 $17~28；⏰周日至周

四 正午至23:00，周五和周六 至次日1:00；S L至1st Ave；6至Astor P）

Upstate

海鲜 $$

12 见90页地图，C4

供应出色的海鲜和精酿啤酒。在种类不多但更新频繁的菜单上，有啤酒蒸贻贝、烩海鲜、扇贝蘑菇烩饭、软壳蟹和美味生蚝等各种选择。餐馆不设冷柜，每天的海鲜都是从市场上新采购的，所以你吃到的肯定是新鲜货。饭点可能会排长队，所以要早些去。（☎212-460-5293；www.upstatenyc.com；95 First Ave，5th St和6th St之间；主菜 $15~30；⏲17:00~23:00；S F至2nd Ave）

Luzzo's

比萨 $$

13 见90页地图，C1

位于东村的Luzzo's颇受欢迎，狭长的店面每晚都挤满挑剔的食客。他们慕名而来，是为了这里配有熟西红柿、用煤炉烘烤而成的美味薄皮比萨。（☎212-473-7447；211-213 First Ave，12th St和13th St之间；比萨 $18~26；⏲周日至周四 正午至23:00，周五和周六 至午夜；S L至1st Ave）

Lavagna

意大利菜 $$

14 见90页地图，E4

暗色的木饰、摇曳的烛光、从开放式厨房照来的炽热光芒，舒适的Lavagna为情人们深夜幽会营造了不错的气氛。同时这种闲适的气氛也很适合孩子，至少在这小小的店被挤满之前。店内主要供应美味的意面、薄比萨、嫩羊排等丰盛主菜。（☎212-979-1005；www.lavagnanyc.com；545 E 5th St，Ave A和Ave B之间；主菜 $19~35；⏲周一至周四 18:00~23:00，周五 至午夜，周六和周日 正午至午夜；🖉 👪；S F至2nd Ave）

Babu Ji

印度菜 $$

15 见90页地图，E2

这家印度餐馆位于Alphabet City，由澳大利亚人经营，有趣又出色。你可以点papadi chaat（鹰嘴豆、石榴和酸奶辣酱）以及炸龙虾馅土豆丸子等街边美食组合成一餐，也可以享用泥炉羊羔肉排或扇贝椰浆咖喱等丰盛菜肴。（☎212-951-182；www.babujinyc.com；175 Ave B，11th St和12 St之间；主菜 $16~25；⏲周一至周六 18:00至深夜；S L至1st Ave）

Russ & Daughters Cafe

东欧菜 $$

16 见90页地图，D7

在这家令人舒适的老式餐馆找个位置坐下，享用面包圈和熏鲑鱼。除了各种熏鱼片之外，你还能吃到土豆煎饼、红菜汤、班尼迪克蛋（水煮蛋配熏鲑鱼，清炒菠菜和蛋黄奶油酸辣酱）等菜肴。（☎212-475-4881；127 Orchard St，Delancey St和Rivington St之间；主菜 $13~20；⏲周一至周五 10:00~22:00，周六和周日

Momofuku Noodle Bar（见95页）的葱姜面

8:00开始营业；S F至Delancey St；J/M/Z至Essex St）

Dimes

咖啡馆 $$

17 见90页地图，D8

这个采光良好的小餐馆以友好的服务、健康、实惠的菜品而深得当地食客青睐。注重卖相的食客会点又香又辣的早餐玉米卷（供应至16:00）、成碗的麦片配açaí（口味浓烈、富含维生素的亚马孙浆果）、创意沙拉（洋姜、凤尾鱼、山羊奶酪）和更为丰盛的晚餐菜肴（条纹鲈鱼配绿咖喱、手撕猪肉香米饭等）。（☎212-240-1300；www.dimesnyc.com；49 Canal St，Orchard St和Ludlow St之间；主菜 早餐 $8~13，晚餐 $14~23；⏰周一至周五 8:00~23:00，周六和周日 9:00开始营业；✎）

Cafe Mogador

摩洛哥菜 $$

18 见90页地图，C3

家庭经营的Mogador是纽约老牌经典餐厅，供应蒸粗麦粉做的蓬松馅饼、炭烤羊排、羊肉肠配印度香米和美味的鹰嘴豆泥和茄子泥双拼。不过最好吃的要数香辣的北非炖菜（tagines），里面有加传统香料长时间炖制的鸡肉，或用5种不同方式烹制的羊肉。（☎212-677-2226；www.cafemogador.com；101 St Marks Pl；主菜 午餐 $8~14，晚餐 $17~21；⏰9:00至午夜；S 6至Astor Pl）

Clinton Street Baking Company
美国菜 $$

19 见90页地图，E5

一家非比寻常的夫妻店，许多菜品曾获得蓝丝带奖，有最好吃的煎饼（蓝莓味儿的！棒！）、最好吃的松饼、最好吃的po'boys（一种南方风格的三明治）、最好吃的饼干等。白天晚上，不管你什么时候来，都能吃到美味佳肴。晚餐时段也同样供应早餐菜式（breakfast for dinner；煎饼、班尼迪克蛋等），还有鱼肉玉米卷、可口的脱脂奶煎鸡肉。（☎646-602-6263；www.clintonstreetbaking.com；4 Clinton St，Stanton St和Houston St之间；主菜 $12~20起；⏲周一至周六 8:00~16:00和18:00~23:00，周日 9:00~18:00；Ⓢ J/M/Z至Essex St；F至Delancey St；F至Second Ave）

> 当地生活
>
> ### 市场的魅力
>
> **埃塞克斯街市场**（Essex Street Market；见90页地图，D7；☎212-312-3603；www.essexstreetmarket.com；120 Essex St，Delancey St和Rivington St之间；⏲周一至周六 8:00~19:00，周日 10:00~18:00；Ⓢ F至Delancey St；J/M/Z至Essex St）成立于1940年，可以令人感受到下东区的旧时风情。市场以当地农产品、熏制鱼类为特色，除了美食之外，这里也有其他惊喜（如一家理发店）。里面看起来平淡无奇，但其实你能找到很多超级美味。Saxelby Cheesemongers的手工奶酪、Pain d'Avignon的新鲜面包、Boubouki做的菠菜馅饼、Luca & Bosco的冰激凌都让人欲罢不能。

Redhead
南方菜 $$

20 见90页地图，C1

暴露在外的砖墙、员工友善的微笑、典型美国南部风格的爽心美食，让你感觉就像在家吃饭一样自在。所有人的桌上都有大份炸鸡和让人忍不住想尝一口的鸡尾酒，学着来一套准没错。（☎212-533-6212；www.theredheadnyc.com；349 E 13th St，First Ave和Second Ave之间；主菜 $15~25；⏲周一至周六 17:30至次日1:00，周日 17:00~22:00；Ⓢ L至First Ave；L至Third Ave；6至Astor Pl）

Degustation
新派欧洲菜 $$$

21 见90页地图，B4

餐馆狭小，只有19个座位。这里融合了伊比利亚、法国和美国的食谱特色，供应一系列美味的小吃菜肴。店面紧凑，食客们坐在一条长长的木质柜台周围，主厨Nicholas Licata及团队在中央的操作台旁制作酥脆的章鱼、五花羊羔肉配溏心儿荷包蛋，还有蓝虾辣香肠海鲜饭。（☎212-979-1012；degustation-nyc.com；239 E 5th St，2nd Ave和3rd Ave之间；小盘菜肴 $12~22，品尝套餐 $85；⏲周一至

周六 18:00~23:00，周日 至22:00；S 6至Astor Pl）

Fung Tu

创意菜 $$$

22 见90页地图，D8

位于唐人街边缘的雅致小馆，名厨Jonathan Wu出色地将中式烹饪与世界各国口味结合。拼盘菜肴格外可口（可以试试葱饼配腰果沙拉和熏鸡肉，或烩牛肉馅可丽饼和酸黄瓜西洋菜），与Fung Tu Gibson等创意鸡尾酒是绝配。（212-219-8785；www.fungtu.com；22 Orchard St，Hester St和Canal St之间；小盘菜肴$13~18，主菜 $24~32；周二至周六18:00至午夜，周日 16:00~22:00；S F至East Broadway）

Prune

美国菜 $$$

23 见90页地图，C5

周末排队的人能绕街区一圈。一般这个时候，晚上喝过头的人都已经醒了过来，他们会来这里享用早午餐和极品血腥玛丽（Bloody Mary，有11种不同口味），以缓解头痛。小小的餐厅总是很拥挤，客人蜂拥而入——他们都是为了这里的煎鲈鱼配熟韭菜、香煎鸭胸肉和肥肥的小牛胸肉而来的。只有晚餐可以提前预约。（212-677-6221；www.prunerestaurant.com；54 E 1st St，First Ave和Second Ave之间；主菜 早午餐 $14~22，晚餐 $25~32起；周六和周日 10:00~15:30，每天17:30~23:00；S F/V至Lower East Side-Second Ave）

饮品

Bar Goto

酒吧

24 见90页地图，C6

酒吧的名字来自这里特立独行的调酒师Kenta Goto，众多鸡尾酒品鉴行家都为他倾倒。精心调制的雅致鸡尾酒有的也带点“日本血统”（加清酒的Sakura Martini无比可口），可搭配御好烧（okonomiyaki）等地道日本爽心美食。（212-475-4411；bargoto.com；245 Eldridge St，E Houston St和Stanton St之间；周二至周四和周日 17:00至午夜，周五和周六 至次日2:00；S F至2nd Ave）

Rue B

酒吧

25 见90页地图，E2

这是一家饮酒的好去处，位于酒吧遍地的Avenue B。小小的店面有琥珀色灯光，每晚20:30左右有现场爵士乐演奏（以及古怪的乡村摇滚）。这里吸引着年轻、乐天的人群。店面实在太过局促，可能需要提防长号手一不小心栽到你大腿上。（www.ruebnyc188.com；188 Ave B，11th St和12 St之间；正午至次日4:00；S L至1st Ave）

Wayland

酒吧

26 见90页地图，E3

雪白的墙壁、斑驳的地板、老旧的灯具让这个城区边缘的酒吧具有了密西西比风格，跟周一至周三晚间的现场音乐演奏（蓝草音乐、爵士乐、民谣）正相配。其实，这里的酒水才是真正吸引人的地方。可以试试用苹果派月光鸡尾酒、黑麦威士忌酒调制的苹果木烟熏风味“I hear banjos”，感觉能喝出篝火的味道（放心，没那么烫）。（☎212-777-7022；www.thewaylandnyc.com；700 E 9th St，Ave C路口；⏰17:00至次日4:00；Ⓢ L至1st Ave）

Ten Bells

酒吧

27 见90页地图，D8

这家迷人又隐秘的西班牙小吃吧设计得像个石窟，有摇曳的烛光、深色的镀锡吊顶、裸露的砖墙和U形吧台，是结交新朋友、谈天说地的好地方。（☎212-228-4450；www.tenbellsnyc.com；247 Broome St，Ludlow St和Orchard St之间；⏰周一至周五 17:00至次日2:00，周六和周日 15:00开始；Ⓢ F至Delancey St；J/M/Z至Essex St）

Berlin

夜店

28 见90页地图，D5

像是东村日新月异的街道下的秘密地堡，这家酒吧令人回想起该街区狂野而动荡的过去。入口处没有标记，进来后下楼进入洞穴般的酒吧，里面有拱形砖顶、长长的吧台，还有一个小小的舞池，舞曲是放克与rare groove风格。（25 Ave A，1st Ave和2nd Ave之间；⏰22:00至次日4:00；Ⓢ F至2nd Ave）

Jimmy's No 43

酒吧

29 见90页地图，B3

这是一家令人倍感舒适的地下室啤酒馆，酒桶和鹿角标本排满了墙壁，一直延伸到天花板，与当地人一口干的喝酒架势一样有气魄。酒吧精选了50多种进口酒（其中12种是扎啤），配上当地食材制作的美味酒吧小吃，在这里消磨时间真是一大享受。（☎212-982-3006；www.jimmysno43.com；43 E 7th St，Third Ave和Second Ave之间；⏰周一至周四 17:00至次日1:00，周五和周六 13:00至次日4:00，周日 13:00至次日1:00；Ⓢ N/R至8th St-NYU；F至2nd Ave；4/6至Astor Pl）

Angel's Share

酒吧

30 见90页地图，B3

隐藏在同一楼层的一家日本餐馆后面，这里就像一颗隐秘的宝石，得早点儿来才能抢到座位。要想在这安静、高雅的地方喝杯创意鸡尾酒，没有桌子或座位是不行的，要眼明手快，一眨眼的工夫可能就被别人抢走了。（☎212-777-5415；2nd fl，8 Stuyvesant St，在Third Ave和E 9th St交叉路口附近；⏰周日至周四 18:00至次日1:30，周五和周六 至次日2:30；Ⓢ 6至Astor Pl）

Jadis

葡萄酒吧

31 见90页地图，C6

店名在法语中是“往昔”之意，这家酒吧的内部砖墙斑驳、装饰复古、灯光温馨，令人想起旧时的欧洲。20多种葡萄酒可按杯品尝，有店里引以为豪的法国品牌。小吃包括蜗牛（escargots）、沙

BARRY WINIKER/GETTY IMAGES ©

埃尔德里奇街犹太会堂博物馆（见94页）

拉、压制三明治、自制乳蛋饼和丰富的奶酪。（☎212-254-1675；jadisnyc.com；42 Rivington St，Eldridge St和Forsyth St之间；⏰17:00至次日2:00；Ⓢ F至2nd Ave；J/Z至Bowery）

Pouring Ribbons 鸡尾酒吧

32 见90页地图，E1

由Death & Co的团队经营的酒吧，不花哨但品位非凡。百科全书般的鸡尾酒单能满足任何偏好，另有从“清新（refreshing）”到“舒爽（comforting）”等各种条目的口味帮助顾客做选择，非常方便。这里的查特酒（Chartreuse）种类可能是全城最全的。（☎917-656-6788；www.pouringribbons.com；2nd fl，225 Avenue B；⏰18:00至次日2:00；Ⓢ L to 1st Ave）

Immigrant 酒吧

33 见90页地图，C2

特别朴素的一家酒吧，只有两个货车车厢大小。如果你打算继续在周边停留几日，你肯定会常来这里的。酒吧员工都很亲切又博学，他们会递给你味道浓郁的橄榄，斟上各种进口酒，还会跟这里的常客打成一片。（☎646-308-1724；341 E 9th St，First Ave和Second Ave之间；⏰周日至周三 17:00至次日1:00，周四至周六 至次日2:00；Ⓢ L至1st Ave；4/6至Astor Pl）

Ten Degrees Bar

葡萄酒吧

34 见90页地图，D3

St Marks街上这间小小的酒吧烛光摇曳，十分迷人，有柔软的皮革沙发、友好亲切的酒保、出色的葡萄酒和鸡尾酒单，是美好夜生活的保证。正午至20:00来喝酒，可以享受买一送一（否则这里的鸡尾酒要$11~15）的特价酒水；或者，在周一晚上来，可以享受瓶装葡萄酒半价。可以坐在吧台前的长沙发椅上，也可以到后面角落找张小桌子坐。（212-358-8600；www.10degreesbar.com；121 St Marks Pl，First Ave和Ave A之间；正午至次日4:00；S F至2nd Ave；L至1st Ave；L至3rd Ave）

当地生活

老式澡堂

自1892年开张以来，**俄罗斯和土耳其浴室**（Russian & Turkish Baths；见90页地图，C2；212-674-9250；www.russianturkishbaths.com；268 E 10th St，First Ave和Ave A之间；每次$40；周一至周二、周四和周五 正午至22:00，周三 10:00开始营业，周六 9:00开始营业，周日 8:00开始营业；S L至1st Ave；6至Astor Pl）就是水疗圣地。先在蒸汽浴室里嬉戏，再一头扎进冰冷的冷水池，接着去桑拿浴室享受蒸汽，的确令人倍感舒适。这里还有一个不大的日光浴露台。浴室多数时候是向男女同时开放的（这时要求必须穿短裤），不过也有分别开放的时段。

Death + Co

休闲酒吧

35 见90页地图，D3

这里有昏暗的灯光，厚厚的木板装饰，大师级调酒师在酒盅的翻滚摇动之间施展着他们的魔法。这是城里最棒的混合鸡尾酒（$15起），等调好了，你就拿着它在这里好好放松一下吧。（212-388-0882；www.deathandcompany.com；433 E 6th St，First Ave和Ave A之间；周日至周四 18:00至次日1:00，周五和周六 至次日2:00；S F至2nd Ave；L至1st Ave；6至Astor Pl）

Mayahuel

鸡尾酒吧

36 见90页地图，B3

与你想象中在春假时遇到的典型龙舌兰酒吧完全不一样，这里更像一个修道院的地窖。热爱发酵龙舌兰酒的人可以好好放纵一下自己了，这里有几十种龙舌兰酒（所有鸡尾酒均售$15）。除了酒，这里还供应墨西哥起司薄饼（quesadillas）和玉米粉蒸肉（tamales）等美味小吃。（212-253-5888；304 E 6th St，Second Ave路口；18:00至次日2:00；S L至3rd Ave；L至1st Ave；6至Astor Pl）

Barrio Chino

鸡尾酒吧

37 见90页地图，D8

一进门就觉得来到了派对现场，有一种北京遇上哈瓦那的轻松氛围，还有

LONELY PLANET/GETTY IMAGES ©

鲍厄里舞场（见105页）

好喝的龙舌兰酒。也可以选新鲜血橙或乌梅玛格丽特鸡尾酒，墨西哥牛油果酱（guacamole）和鸡肉玉米卷等。（212-228-6710；253 Broome St，Ludlow St和Orchard St之间；11:30~16:30和17:30至次日1:00；S F，J/M/Z至Delancey St-Essex St）

娱乐

Slipper Room 现场表演

38 见90页地图，C6

Slipper Room又霸气回归了，经过了大规模整修后，看起来更胜以往。这家两层的俱乐部有各种类型的演出，包括周二21:00开始（入场费$5~7）、塞斯·赫尔佐格（Seth Herzog）颇受欢迎的综艺节目*Sweet*，以及每周一次的各种滑稽节目，杂技、情色、喜剧、荒诞各种元素混搭，通常都值得一看。可以网上购票。（212-253-7246；www.slipperroom.com；167 Orchard St，入口在Stanton St；门票 $10~20；20:00至次日3:00；S F至2nd Ave）

经典电影资料馆 电影院

39 见90页地图，B5

这家电影院1970年开张，一直秉持着电影即艺术的理念，放映新锐电影制作人的独立电影，还重播经典而怀旧的影片，包括从路易斯·布努埃尔（Luis Buñuel）到肯·布朗（Ken Brown）的迷幻电影等各类作品。(Anthology Film Archives; ☎212-505-5181; www.anthologyfilmarchives.org; 32 Second Ave, 2nd St路口; S F至2nd Ave)

纽约戏剧工坊 剧院

40 ★ 见90页地图, B4

最近刚刚迎来25周年华诞，这座创新型的戏剧制作公司对于当代先锋戏剧迷来说不啻于珍宝。百老汇两大成功剧作Rent和Urinetown便是出自这里的创作。此外，剧院还时常有高品质戏剧上演。(New York Theatre Workshop; ☎212-460-5475; www.nytw.org; 79 E 4th St, Second Ave和Third Ave之间; S F至2nd Ave)

Rockwood Music Hall 现场音乐

41 ★ 见90页地图, C6

由独立摇滚歌手肯·洛克伍德(Ken Rockwood)一手创建，这个像面包箱似的狭窄演奏空间却设置了3个舞台，每晚各种乐队、歌手或作曲家轮番上阵。如果财力和时间都有限的话，可以去1号舞台，那里有免费观看的演出，每小时1支乐队(铁杆粉丝每晚能看到5场以上的演出)。周末音乐会15:00开始，工作日18:00开始。(☎212-477-4155; www.rockwoodmusichall.com; 196 Allen St, Houston St和Stanton St之间; ⏰周一至周五 18:00至次日2:00; S F/V至Lower East Side-Second Ave)

Pianos 现场音乐

42 ★ 见90页地图, D6

门口的招牌一直没人换，还保留着原来钢琴店的标志。现在这里混合了各种音乐流派和风格，不过更倾向于流行、朋克和新浪潮，也加入了一些嘻哈和独立音乐。有时会有双重福利，楼上楼下同时有演出。(☎212-505-3733; www.pianosnyc.com; 158 Ludlow St, Stanton St路口; 入场费 $8~12; ⏰14:00至次日4:00; S F至2nd Ave)

Landmark Sunshine Cinema 电影院

43 ★ 见90页地图, C5

一家重新装修的意第绪语(Yiddish)剧院，影院巨大的银幕上放映外国或是首映的主流艺术影片，非常精彩。影院还设置了大家都喜欢的体育场式座椅，无论前面坐着的人多么高大魁梧，灯一关，这都不是事儿。(☎212-260-7289; www.landmarktheatres.com; 143 E Houston St, Forsyth St和Eldridge St之间; S F/V至Lower East Side-Second Ave)

Nuyorican Poets Café 现场表演

44 ★ 见90页地图, E5

40多年过去了，这里依然势头强劲。这家传奇的表演场地经常举行诗歌朗诵、街舞表演，上演过各种戏剧、电影，还有视频放映。这里既是东村历史的一部分，也是一个充满活力、依然举足轻重的非营利艺术机构。周末的演出人气更旺，可以网上购票。（☎212-780-9386；www.nuyorican.org；236 E 3rd St；入场费$8~25；⏰表演 21:00或22:00；Ⓢ F至Lower East Side-Second Ave）

鲍厄里舞场

现场音乐

45 ⭐ 见90页地图，B7

这家中等大小的表演场地非常出色，有完美的音响，可以让知名的独立摇滚[像The Shins乐队、史蒂芬·马克姆斯（Stephen Malkmus）、帕蒂·史密斯（Patti Smith）等]更劲爆。（Bowery Ballroom；☎212-533-2111；www.boweryballroom.com；6Delancey St，Bowery St路口；Ⓢ J/Z至Bowery；B/D至Grand St）

La MaMa ETC

剧院

46 ⭐ 见90页地图，B4

La MaMa ETC（ETC代表Experimental Theater Club，即实验戏剧俱乐部）一直以来都是舞台表演实验发源地，现在是一个由三家剧场、一家咖啡馆、一个美术馆和一个独立工作室组成的复合体，演出各种前卫戏剧、喜剧小品和朗诵会。每场表演会放出10张售价$10的票，所以要提早预订才能抢到。（☎646-430-5374；www.lamama.org；74A E 4th St；门票$10~20；Ⓢ F至Second Ave）

视觉中国 提供

Nuyorican Poets Café中的演出

GARDEL BERTRAND/GETTY IMAGES ©

圣马可坊街（见94页）

购物

Still House

家居用品

47 见90页地图，D3

走进这家小巧安静的精品店，能看到各种玻璃和陶瓷雕塑；人工吹制的玻璃花瓶、各种几何图形的桌面摆设、陶瓷碗和杯子，以及各种家居饰品。还有设计简约的珠宝、精致的笔记本和挂在墙上的小工艺品。（212-539-0200；www.stillhousenyc.com；117 E 7th St，正午至20:00；S 6至Astor Pl）

By Robert James

时装

48 见90页地图，D8

这里的魅力在于风格粗犷、剪裁精致的定制男装，服装的设计灵感和制作都来自纽约（实际上设计工作室就在楼上）。衣架上悬挂着一排排剪裁贴身的牛仔、帅气的衬衫和经典运动外套。Lola（店主詹姆斯的黑沙拉不拉多犬）有时会在店里晃晃。在威廉斯堡也有一家分店。（212-253-2121；www.byrobertjames.com；74 Orchard St；周一至周六 正午至20:00，周日 至18:00；S F至Delancey St；J/M/Z至Essex St）

Obscura Antiques

古玩

49 见90页地图，D1

小店摆满了各种稀奇古怪的玩意儿，那些喜欢阴森恐怖范儿和收集古董成瘾的人都可以在这里得到极大的满足。有动物头标本、小型啮齿类动物的头骨和骨架、玻璃箱中的蝴蝶、死人照片、令人不安的小（可能是牙医）器具、德国地雷旗（一般堆在一起以便能从坦克上看见）、旧毒药瓶、玻璃眼珠等，真是五花八门。（212-505-9251; 207 Ave A, 12th St和13th St之间; 周一至周六 正午至20:00，周日 至19:00; S L至1st Ave）

Assembly

时装

50 见90页地图，D6

一家位于下东区整洁漂亮的男女装商店，特点是雪白的条形地板和时尚新奇的氛围。这里陈列着许多出自东西方但是不知名的设计师的人气服饰。可以找找Shoes Like Pottery高帮帆布鞋、Le Bas背包、Open House的大件首饰，以及店内自有品牌Assembly的外衣。（212-253-5393; www.assemblynewyork.com; 170 Ludlow St, Stanton St和Houston St之间; 正午至20:00; S F至2nd Ave）

Verameat

珠宝

51 见90页地图，C2

这家可爱的小商店位于9th St，设计师薇拉·宝尤拉（Vera Balyura）为精美的珠宝赋予了一种黑色幽默感。充满艺术感的小吊坠、戒指、耳环和手镯乍一看都过于高贵，但仔细一看才发现上面装饰着僵尸、机械哥斯拉、兽头、恐龙和环绕的爪子，将首饰的精细复杂带到了全新的高度。（212-388-9045; 315 E 9th St, First Ave和Second Ave之间; 正午至20:00; S 6至Astor Pl）

No Relation Vintage

二手店

52 见90页地图，C1

在东村的众多二手店里，No Relation独占鳌头。这里囊括了从牛仔和皮夹克到法兰绒衣服、运动鞋、格子衬衫、缤纷的糖果色T恤、校园风外套、手包等海量珍藏。一到周末，成群的时尚潮人全都会聚集在这里，你就努力往里挤吧。（212-228-5201; norelationvintage.com; 204 First Ave, 12th St和13th St之间; 正午至20:00; S L至1st Ave）

Reformation

服饰

53 见90页地图，D6

时尚的精品店，销售设计精美又环保的服饰。除了绿色理念之外，这里还有风格独特的上装、长裤、毛衣和裙装。与上东区其他精品店相比，价格更为公道。（646-448-4925; www.thereformation.com; 156 Ludlow St, Rivington St和Stanton St之间; 周一至周六 正午至20:00，周日 至19:00; S F至2nd Ave; J/M/Z至Essex St）

Dinosaur Hill

儿童用品

54 见90页地图，B3

一家老式的小玩具店，灵感来自于丰富的想象力，而不只是迪士尼动画。这家店有很多新奇玩意儿；捷克提线木偶、皮影戏偶、微型积木、习字套装、玩具钢琴、艺术和科学工具包，儿童音乐光盘等来自全球各地的玩具，还有用六种语言标注的积木和天然纤维婴儿服装。（212-473-5850；www.dinosaurhill.com；306 E 9th St；11:00~19:00；S 6至Astor Pl）

John Derian

家居用品

55 见90页地图，B5

这里以剪贴装饰图案出名，图案灵感源于动植物，印在玻璃内层。店内的盘子、镇纸、杯垫、灯具、碗和花瓶上也都有此类装饰，使它们成为独一无二的艺术品。（212-677-3917；6 E 2nd St，Bowery和Second Ave之间；周二至周日 正午至19:00；S F/V至Lower East Side-2nd Ave）

Moo Shoes

鞋

56 见90页地图，D8

这家精品店提倡环保和动物保护，用超细纤维（仿皮）做出的各种鞋、手

视觉中国提供

圣马可坊街的夜樱

袋和钱包时尚得出人意料。你可以试试Love Is Mighty的芭蕾平底鞋，来双Novacos风格粗犷的男式牛津鞋，再选个Matt & Nat的时髦钱包。（☎212-254-6512；www.mooshoes.com；78 Orchard St，Broome St和Grand St之间；⏰周一至周六 11:30~19:30，周日 正午至18:00；Ⓢ F至Delancey St；J/M/Z至Essex St）

Odin（East Village） 时装

57 见90页地图，C2

这家以北欧主神命名的大型精品店吸引着寻觅新行头的男士们，销售各种下城区的时尚品牌，如Phillip Lim、Band of Outsiders和Edward等。这里也是浏览设计新秀作品的好地方。店里的其他诱人商品还有Comme des Garçon钱包、时尚的太阳镜、Sharps护理用品和Taschen咖啡桌读物。（☎212-475-0666；www.odinnewyork.com；328 E 11th St；⏰周一至周六 正午至21:00，周日 至19:00；Ⓢ L至1st Ave；L，N/Q/R，4/5/6至14th St-Union Sq）

GARDEL BERTRAND/GETTY IMAGES ©

圣马可坊街的服装摊

探索

西村、切尔西和肉类加工区

想在西村找个私密的地方吃吃喝喝，这里别致曲折的街道和保存完好的联排别墅能提供无数选择。隔壁的肉类加工区拥有大量时尚的夜生活场所。再往北就是切尔西区，纽约艺术界以此为中心，这里的同性恋群体也格外活跃，W 20nd St至W 29nd St一带尤其热闹。

一日游行程

早上，在西村当地人最爱的**Café Cluny**（见123页）边吃法式吐司边看报纸，随后沿着鹅卵石街道一路逛到伦佐·皮亚诺（Renzo Piano）设计的**惠特尼美国艺术博物馆**（见118页）。看过馆内一流的常设藏品后，去附近的**切尔西市场**（见118页）吃些美食恢复体力。

之后沿着高线公园（见112页）散步消食儿，这片俯瞰城市街道的绿地自有一番粗犷之美。在行至26th St附近时从高线公园下来，周边的旧仓库已经改建成为宏大的美术馆。然后在Tenth Ave和Eleventh Ave之间的路口穿梭，见到心仪的画廊就去逛逛。可以在**Tía Pol**（见115页）吃些西班牙小吃。

到了晚上，直奔**华盛顿广场公园**（见118页），在曼哈顿最漂亮的区域漫步。附近有许多不错的小餐馆可做晚餐选择，如**Jeffrey's Grocery**（见122页）和**Blue Hill**（见124页）等。纽约最好的爵士乐俱乐部也在这一区域，晚饭之后可以考虑去**Smalls**（见130页）或**Village Vanguard**（见131页）感受一番。最后去**Duplex**（见131页）与爱热闹的观众们一起欣赏盛装表演。

想体验切尔西当地人的日常活动，见114页。

顶级景点

高线公园（The High Line；见112页）

当地生活

切尔西的画廊（见114页）

纽约最佳

就餐

Jeffrey's Grocery（见122页）

Gansevoort Market（见121页）

Blue Hill（见124页）

RedFarm（见125页）

Chelsea Market（见118页）

饮品

Employees Only（见125页）

Buvette（见126页）

Frying Pan（见126页）

到达和离开

S 地铁 如果你想找个适宜探索的好地方，可以乘A/C/E或1/2/3线，在14th St下车（各线均到）。

公共汽车 乘坐M14或M8等公共交通工具可穿城到达切尔西和西村的最西端。

顶级景点
高线公园

令人难以置信的是，旧村改造的亮点工程——高线公园（The High Line），从前曾是一条肮脏的铁路，附近的街区遍布屠宰场，令人生厌。如今，这一明星景点是纽约最受喜爱的绿地之一，吸引着四面八方的拜访者来此一边漫步、闲坐、野餐，一边从30英尺（约9.14米）的高处俯瞰曼哈顿日新月异的绝妙轮廓。

见116页地图，C3

212-206-9922

www.thehighline.org

Gansevoort St

6月至9月 7:00~23:00，4月、5月、10月和11月 至22:00，12月至次年3月 至19:00

不要错过

曾经的工业区

20世纪30年代，与街道交会的铁路事故频发，Tenth Ave还因此得名死亡大道（Death Avenue）。有鉴于此，市政府决定建设高架铁路，日后成为高线公园的铁轨便应运而生。项目耗资1亿5千万美元以上（相当于现在的约20亿美元），历时约5年完成。在之后的20年里，该铁路的利用率很高，不过到了80年代就被废弃。1999年，将这条锈迹斑斑的铁路打造成公共绿地的计划出炉，此后又花了10年，公园才得以建成。

公共艺术

高线公园不仅是空中绿地，还是休闲艺术场所。这里有各种各样的艺术装饰景观，有些与公园融为一体，也有些风格自成一系。欲了解更多有关公共艺术展示的信息，可登录网站www.art.thehighline.org查询。

不仅是公共场所

高线公园是将单独区域再绿化的先驱，但是它对城市的影响远不止此。走在公园里，你会看到身穿带双H标志衬衫的职员，他们会给你指路，还会提供一些关于铁轨改造的信息。这里还有无数的幕后工作者，他们组织公共艺术展览，安排各项活动。特别团队游和活动的主题多样：历史、园艺、设计和饮食。可登录网站查询活动时间表和最新详情。

独家贴士

- 尽量早点从30th St或34th St出发，向南漫步。可以避开人群，在14th St的出口以后，可以前往切尔西市场（Chelsea Market；见118页）吃些东西，之后再去探索西村。如果你不太饿，可以一边吃意式冰激凌，一边朝相反方向走。
- 如果有兴趣给高线公园捐款，你可以通过高线之友（Friends of the High Line）的网站成为这一组织的会员。“Spike”级会员可以享受Diane von Furstenberg，Amy’s Bread和192 Books（见136页）等附近商店的折扣。

吃喝落脚点

高线公园从全城邀请到了一些美食机构，他们在这里搭起小摊，供应外带食物。在暖和的季节，这里还会有最好的咖啡和冰激凌店的营业点。高线公园的14th St出口处就是切尔西市场，一大批食肆藏在市场的砖墙后面。

当地生活
切尔西的画廊

切尔西的画廊密度在全城居首，多数分布在以20开头的街道两旁、Tenth Ave和Eleventh Ave之间的街区。周四的夜晚一般会有新展览开幕。可在多数画廊获取免费的艺讯（*Art Info*）《画廊指南》（*Gallery Guide*；带地图）。乘地铁C/E或1线到23rd St，开始步行游览吧。

❶ 佩斯美术馆

佩斯美术馆（Pace Gallery；☎212-929-7000；www.pacegallery.com；534 W 25th St，Tenth Ave和Eleventh Ave之间；⌚周二至周六 10:00~18:00）由车库大幅改建而来，里面展出了近几年的一些大师杰作，包括索尔·勒维特（Sol LeWitt）、大卫·霍克尼（David Hockney）、查克·克洛斯（Chuck Close）和罗伯特·劳森伯格（Robert Rauschen-

berg）等人。该画廊在W 25th St有三间分馆，在中城区有一个。

❷ 切姆和里德美术馆

切姆和里德美术馆（☎212-242-7727；www.cheimread.com；547 W 25th St，Tenth Ave和Eleventh Ave之间；⏰周二至周六10:00~18:00）有许多形状多样、大小各异、材质不同的雕塑，每月的轮展保证展品总有新鲜感。

❸ 高古轩画廊

高古轩画廊（Gagosian；☎212-741-1111；www.gagosian.com；555 W 24th St；⏰周二至周六 10:00~18:00）与多数独立画廊的气氛不同，该画廊是一间全球性展览机构的分部。21st St的那家也值得一去，设有大型艺术装置，堪比博物馆。

❹ 玛丽·布恩画廊

到**玛丽·布恩画廊**（☎212-752-2929；www.maryboonegallery.com；541 W 24th St；⏰周二至周六 10:00~18:00）看看，因为在80年代独具慧眼发掘了让-米切尔·巴斯奎特（Jean-Michel Basquiat）和朱利安·施纳贝尔（Julian Schnabel），画廊主人声名鹊起。

❺ 芭芭拉·格莱斯顿美术馆

芭芭拉·格莱斯顿美术馆（Barbara Gladstone Gallery；☎212-206-9300；www.gladstonegallery.com；515 W 24th St，Tenth Ave和Eleventh Ave之间；⏰周二至周六10:00~18:00）馆长格莱斯顿女士和美术馆一样知名，她始终致力于汇聚美誉度最高的展品。

❻ Tía Pol

Tía Pol（☎212-675-8805；www.tiapol.com；205 Tenth Ave，22nd St和23rd St；小盘菜肴 $5~14；⏰周二至周日 正午至23:00，周一 17:30开始营业）地方很小，主要提供西班牙小吃，各种葡萄酒，还有一系列诱人的小盘菜肴。

❼ 马修·马克斯美术馆

马修·马克斯美术馆（Matthew Marks；☎212-243-0200；www.matthewmarks.com；522 W 22nd St；⏰周二至周六 10:00~18:00）以展出贾斯培·琼斯（Jasper Johns）和埃尔斯沃斯·凯莉（Ellsworth Kelly）等大师作品而出名，是真正的切尔西艺术界先驱。

❽ 192 Books

这家不大但迷人的**书店**（☎212-255-4022；www.192books.com；192 Tenth Ave，21st St和22nd St之间；⏰11:00~19:00）使你在欣赏艺术之余得以放松。店内有陶冶情操的各类文学作品，还有艺术家的专著和儿童书籍。

❾ 大卫·兹维那

大卫·兹维那（David Zwirner；☎212-517-8677；www.davidzwirner.com；537 W 20th St，Tenth Ave和Eleventh Ave之间；⏰周二至周六 10:00~18:00；Ⓢ C/E至23rd St）是艺术界举足轻重的角色。在2013年，他开办了一间5层楼、占地30,000平方英尺（约2787平方米）的画廊。

详细介绍请见

	顶级景点	112页
	景点	118页
	就餐	121页
	饮品	125页
	娱乐	130页
	购物	134页

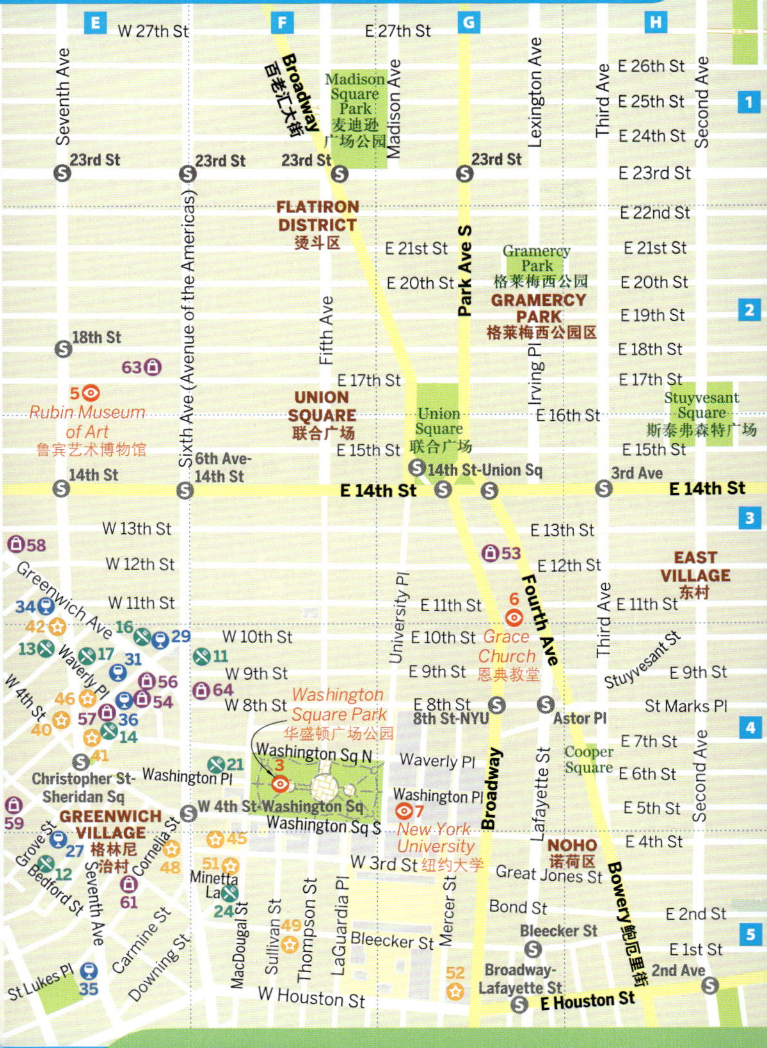

E
F
G
H
1
2
3
4
5
W 27th St
E 27th St
Seventh Ave
Broadway 百老汇大街
Madison Square Park 麦迪逊广场公园
Madison Ave
Lexington Ave
Third Ave
Second Ave
E 26th St
E 25th St
E 24th St
23rd St
E 23rd St
E 22nd St
FLATIRON DISTRICT 熨斗区
Sixth Ave (Avenue of the Americas)
E 21st St
Park Ave S
Gramercy Park 格莱梅西公园
GRAMERCY PARK 格莱梅西公园区
E 20th St
E 19th St
Fifth Ave
18th St
E 18th St
63
Irving Pl
E 17th St
5 Rubin Museum of Art 鲁宾艺术博物馆
UNION SQUARE 联合广场
Union Square 联合广场
E 16th St
Stuyvesant Square 斯泰弗森特广场
E 15th St
6th Ave-14th St
14th St-Union Sq
14th St
3rd Ave
E 14th St
W 13th St
E 13th St
58
W 12th St
53
E 12th St
EAST VILLAGE 东村
Greenwich Ave
W 11th St
University Pl
E 11th St
6
Fourth Ave
34
42
16
29
W 10th St
E 10th St
Grace Church 恩典教堂
13
17
11
Waverly Pl
31
W 9th St
E 9th St
Stuyvesant St
W 4th St
56
64
46
54
W 8th St
Washington Square Park 华盛顿广场公园
E 8th St
8th St-NYU
Astor Pl
St Marks Pl
57
36
40
14
E 7th St
41
Washington Sq N
Waverly Pl
Lafayette St
Cooper Square
21
3
E 6th St
Christopher St-Sheridan Sq
Washington Pl
59
GREENWICH VILLAGE 格林尼治村
W 4th St-Washington Sq
7
E 5th St
Washington Sq S
New York University 纽约大学
Grove St
Cornelia St
27
45
E 4th St
NOHO 诺荷区
12
48
51
W 3rd St
Great Jones St
Bedford St
Seventh Ave
61
Minetta La
Mercer St
Bowery 鲍厄里街
24
MacDougal St
Sullivan St
Thompson St
LaGuardia Pl
Bond St
E 2nd St
49
Bleecker St
Carmine St
Downing St
E 1st St
St Lukes Pl
35
52
Broadway-Lafayette St
2nd Ave
W Houston St
E Houston St

景点

惠特尼美国艺术博物馆 博物馆

1 见116页地图，C3

多年的建设之后，惠特尼博物馆在市中心的新馆终于在2015年盛大开幕。这座建筑位于高线公园脚下附近，由伦佐·皮亚诺（Renzo Piano）设计。建筑本身就令人惊叹，与馆内的丰富藏品相得益彰。宽敞、明亮的展厅里展示了爱德华·霍珀（Edward Hopper）、贾斯培·琼斯（Jasper Johns）、乔治亚·欧姬芙（Georgia O'Keeffe）和马克·罗斯科（Mark Rothko）等美国著名艺术家的作品。（Whitney Museum of American Art；☎212-570-3600；www.whitney.org；99 Gansevoort St；成人/儿童 $22/免费；⏰周一、周三和周日 10:30~18:00，周四至周六 至22:00；Ⓢ L至8th Ave）

当地生活

罗伯特·哈蒙德谈高线公园

高线公园的联合创建人、高线之友的执行董事罗伯特·哈蒙德（Robert Hammond）分享了他眼中的高线公园亮点："我最喜欢高线公园里面隐藏的风景，比如在Tenth Ave靠近17th St的缺口处。多数人会在这里的露天看台上坐坐，但是如果你转向另一侧，就会看到远方港口处的自由女神像。建筑爱好者会喜欢从18th St向下看，而我最喜欢从30th St俯视，此处建有金属平台，会看到汽车在你脚下穿行。"

哈德逊河公园 公园

2 见116页地图，D5

高线公园如今风头正盛，在这处高架绿地一个街区以外，有一条5英里长、在过去10年极大地改变了城市的绿化带。哈德逊河公园占地550英亩（约3339亩），从曼哈顿南端的炮台公园绵延到中城区的59th St，是曼哈顿的美妙花园。这条长长的河畔小路是骑行、跑步和闲逛的好场所。（Hudson River Park；www.hudsonriverpark.org）

华盛顿广场公园 公园

3 见116页地图，F4

曾经的公共墓地和公开处决犯人的广场，现在成了格林尼治村非官方的城市广场。这里有休闲散步的纽约大学学生、吹喇叭的街头艺人、品种稀有的狗和它们的主人、众多快棋对弈爱好者，还有夏天时赤着脚在喷泉玩水的孩子们。（Washington Square Park；Fifth Ave和Washington Sq N交叉路口；Ⓢ A/C/E，B/D/F/M至W 4th St-Washington Sq；N/R至8th St-NYU）

切尔西市场 市场

4 见116页地图，C3

切尔西市场是人们对于过去的继承和发展的典范。这栋建筑前身是一座工厂，如今已改建成了迎合食客们的美食广

鲁宾艺术博物馆（Rubin Museum of Art）

场。里面有20多家技艺娴熟的摊贩供应日式拉面和冰激凌等各种美味（见125页）。（Chelsea Market; www.chelseamarket.com; 75 Ninth Ave, 15th St路口; ⏲周一至周六 7:00~21:00, 周日 8:00~20:00; S A/C/E至14th St; L至8th Ave）

鲁宾艺术博物馆 画廊

5 👁 见116页地图，E2

这是西方世界第一家致力于展出喜马拉雅山及周边地区艺术的博物馆。馆内藏品令人印象深刻，其中包括中国刺绣、藏地风格的金属雕塑、巴基斯坦的石雕、精细的不丹绘画，以及2世纪至19世纪西藏各地区的礼器和舞蹈面具。（Rubin Museum of Art; ☎212-620-5000; www.rmanyc.org; 150 W 17th St, Sixth Ave和Seventh Ave之间; 成人/儿童 $15/免费, 周五18:00~22:00免费; ⏲周一和周四 11:00~17:00, 周三 至21:00, 周五 至22:00; 周六和周日 至18:00; S 1至18th St）

恩典教堂 教堂

6 👁 见116页地图，G3

这座哥特复兴式圣公会教堂由小詹姆斯·伦维克（James Renwick Jr）于1843年设计建造，用的大理石是纽约州新新监狱（Sing Sing）的罪犯开采出来的。这所监狱位于奥西宁（Ossining），在哈德逊河上游30英里处（据说being sent upriver，即“送往上游”这种说法就是来自这里）。恩典教堂曾一度被忽视，现在经过整修后非常漂亮。（Grace Church；☎212-254-2000；www.gracechurchnyc.org；802 Broadway，10th St路口；⏰10:00~17:00，每天有宗教仪式；Ⓢ N/R至8th St-NYU；6至Astor Pl）

纽约大学

大学

7 见116页地图，G4

托马斯·杰弗逊总统时期的财政部长艾伯特·加勒廷（Albert Gallatin）于1831年建立了一间高等教育学校，该学校面向所有学生，无论他们的种族和等级背景如何。不过，估计他现在已经认不出这所学校了，因为学校规模不断扩大，现有约50,000名学生、16,000名员工，分布于曼哈顿的6个校区。（New York University，NYU；☎222-998-4550；www.nyu.edu；信息中心：50 W 4th St；Ⓢ A/C/E，B/D/F/M至W 4th St-Washington Sq；N/R到8th St-NYU）

阿迪朗达克号帆船

乘船游

8 见116页地图，B2

5月至10月，双桅帆船阿迪朗达克号每天从纽约港出发4次，做行程2小时的航行。20世纪20年代风格、长80英尺（约24.4米）的曼哈顿号游艇每天15:30和18:00起航，每周另有其他团队游。可以致电或登录网站查询最新时刻表。（Schooner Adirondack；☎212-913-9991；www.sail-nyc.com；Chelsea Piers，Pier 62，W 22nd St路口；团队游 $48~78；Ⓢ C，E至23rd St）

了解当地

华盛顿广场公园的历史

华盛顿广场公园（Washington Square Park）如今令人陶醉，但在过去它可是有着一段长而复杂的历史。当年，荷兰人来曼哈顿开办荷兰东印度公司（the Dutch East India Company），把他们释放的黑人奴隶带到了现在的公园所在地。19世纪初，这里成为墓地，而且在黄热病暴发期间，很快就达到了所能容纳墓葬的上限。如今长眠于此的逝者超过两万人。到1830年，这里被用作阅兵场地，后来迅速发展成为富裕精英阶层的地盘，他们沿着公园周边的街道建起了奢华的联排别墅。

斯坦福·怀特拱门（Stanford White Arch）俗称华盛顿广场拱门（Washington Square Arch），是这里的标志性建筑，这座多佛大理石材质的建筑高达72英尺（约22米），雄踞于广场之上。拱门原是木质，为纪念乔治·华盛顿就职典礼一百周年（1889年）而建，因为广受人们喜爱，在1892年用石头改建。在1916年，艺术家马塞尔·杜尚（Marcel Duchamp）完成了一次著名的登临，他通过拱门内部的阶梯攀至拱门顶端，宣布公园是“华盛顿广场自由独立共和国”。

就餐

Gansevoort Market

市场 $

9 见116页地图，C3

这个占地面积巨大的市场是纽约最新、最好的美食广场，就位于肉类加工区中心位置的一栋砖砌结构建筑中。建筑内部是不加修饰的工业风，由日光照明。几十家摊贩供应西班牙小吃、玉米饼、玉米卷、比萨、肉馅饼、冰激凌、点心等美食。（www.gansmarket.com；52 Gansevoort St，Greenwich St和Washington St之间；主菜 $5~20；8:00~20:00；S A/C/E至14th St；L至8th Ave）

Jun-Men

日式拉面 $

10 见116页地图，C1

这家拉面店不大但极其现代，供应包括叉烧、香辣味增、海胆蘑菇等口味的拉面，味道都相当好。一定要尝尝出色的开胃菜，如腌黄狮鱼、叉烧包等。服务随叫随到，中央台子上有个小厨房，观看里面技艺娴熟的厨师们准备餐食也是乐事一桩。（646-852-6787；www.junmenramen.com；249 Ninth Ave，25th St和26th St之间；日式拉面 $14~18；周一至周四 11:30~15:00和17:00~22:00，周五和周六至23:00；S C/E至23rd St）

Umami

汉堡包 $

11 见116页地图，F4

这家时尚的汉堡包餐馆可以让你领略到神奇的第五种味道（即鲜味）。松露（Truffle；加松露蒜泥蛋黄酱和自制松露奶酪）、培根Manly等套餐以及素食汉堡Black Bean的口味均是一流。再加上创意鸡尾酒、微酿啤酒和可口配菜（包括牛肉沙拉和炸洋葱圈等），这里远非你儿时去过的普通汉堡店可比。（212-677-8626；www.umamiburger.com；432 Sixth Ave，9th St和10th St之间；汉堡包 $10~15；周日至周四 11:30~23:00，周五和周六至午夜；S 1至Christopher St-Sheridan Sq；F/M至14th St；L至6th Ave）

Moustache

中东菜 $

12 见116页地图，E5

服务员留着小胡子，很讨人喜爱，供应配料丰富而可口的三明治[羊腿、羊肉香肠（merguez）、中东炸豆丸子]、薄皮比萨、味道浓郁的沙拉和各种丰盛的特色菜，比如ouzi（一种夹了鸡肉、大米和调料的面食）和穆萨卡（moussaka，肉末茄子饼）。可以点一份最好的开胃菜：一盘鹰嘴豆泥或茄子泥（baba ghanoush），配上蓬松、烫手的皮塔饼。砖砌墙面和铜质桌面让人感到温暖、朴实。（212-229-2220；www.moustachepitza.com；90 Bedford Sts，Grove St和Barrow St之间；主菜 $10~17；正午至午夜；S 1至Christopher St-Sheridan Sq）

Taïm

以色列菜 $

13 见116页地图，E4

这家小馆供应城里最好的中东炸豆丸子。你可以点Green（传统式）、Harissa

(加突尼斯香料)或Red(加烤胡椒)等各种口味。无论哪种,都搭配爽滑的白芝麻酱和丰盛的以色列沙拉,一并塞在皮塔饼里。(☎212-691-1287; www.taimfalafel.com; 222 Waverly Pl, Perry St和W 11th St; 三明治 $7~8; ⏲11:00~22:00; Ⓢ1/2/3, A/C/E至14th St)

Jeffrey's Grocery 新派美国菜 $$

14 见116页地图, E4

Jeffrey's是西村一家老牌餐饮场所,气氛热闹,情调恰到好处。这里以海鲜为主:有生蚝吧和制作精美的海鲜菜品,如鱼子酱莳萝蛏子、咖喱烤鲯鳅和海鲜拼盘。肉菜有洋姜烤鸡和简单而多汁的熏牛肉汉堡。(☎646-398-7630; www.jeffreysgrocery.com; 172 Waverly Pl, Christopher St路口; 主菜 $25~39; ⏲周一至周五 8:00~23:00, 周六和周日 9:30开始营业; Ⓢ1至Christopher St-Sheridan Sq)

独家贴士

学当地人逛小巷

手拿地图(或者依靠手机应用)去西村迷人却难找的小巷走走,是再合适不过的事情了。提到认路,即便当地人也会感到困扰。只要记住,与常见的数字街道东西走向不同,4th St是斜着向北的街道,这样在认路方面你就成了行家。

Heath 晚餐夜店 $$

15 见116页地图, B1

这家餐馆是由互动戏剧《不眠之夜》(*Sleep No More*)的创作者们经营,地点就在其美妙的仓库演出场地旁边。就像片中虚构的McKittrick Hotel一样,Heath也是采用了不同的时空背景(20世纪20年代,有些像英国),服务生都穿吊带裤,家具摆设富有年代气息,餐厅内弥漫着(模拟的)烟雾,舞台上还有爵士乐队表演。(☎212-564-1622; mckittrickhotel.com/the-heath; 542 W 27th St, Tenth Ave和Eleventh Ave之间; 主菜 $23~39; ⏲周三和周四 18:00~23:00, 周五和周六 至次日2:00, 周六和周日 11:30~16:30; ⓈC/E至23rd St)

Rosemary's 意大利菜 $$

16 见116页地图, E4

Rosemary's是西村当下最炙手可热的餐厅之一,店里精致的意大利菜名不虚传。店内装修属于粗放的农庄风格,晚餐包括大份的自制意面、丰盛的沙拉、奶酪和腌肉(salumi)拼盘。新上的特色菜有海鲜汤(acqua pazza)和熏羊羔肉配烤蔬菜。(☎212-647-1818; rosemarysnyc.com; 18 Greenwich Ave, W 10th St路口; 主菜 $15~32; ⏲周一至周五 8:00至午夜, 周六和周日 10:00开始营业; Ⓢ1至Christopher St-Sheridan Sq)

Morandi 意大利菜 $$

17 见116页地图, E4

饭馆由名人Keith McNally开办。餐

BARRY WINIKER/GETTY IMAGES ©

哈德逊河上的阿迪朗达克号（见120页）

馆灯光温馨，食客们喜欢融入周围的砖墙、宽条木地板和粗犷的枝形吊灯的就餐环境中，边吃边聊。找个位置饱餐一顿，可以选择柠檬奶酪手擀意大利面、松仁葡萄干肉丸、铁板海鲷等。（☎ 212-627-7575; www.morandiny.com; 211 Waverly Pl, Seventh Ave和Charles St之间; 主菜 $18~38; ⏲ 周一至周五 8:00至午夜，周六和周日 10:00开始营业; Ⓢ 1至Christopher St-Sheridan Sq）

Cookshop

新派美国菜 $$

18 见116页地图，C2

在游览对面郁郁葱葱的纽约高线公园之前（或者之后），到美妙的Cookshop吃顿早午餐是个补充体力的好选择——这家店清楚自己的定位，并且做得很好。优质的服务、令人大开眼界的鸡尾酒（早上好！培根口味的BLT Mary）、精心烤制的面包和一些别出心裁的鸡蛋主菜，使得这里成为切尔西人在周日下午最喜欢去的地方。（☎ 212-924-4440; www.cookshopny.com; 156 Tenth Ave, 19th St和20th St之间; 主菜 早午餐 $14~20，午餐 $16~24，晚餐 $22~38; ⏲ 周一至周五 8:00~23:30，周六 10:00开始营业，周日 10:00~22:00; Ⓢ L至8th Ave, A/C/E至23rd St）

Café Cluny

法式小馆 $$

19 见116页地图，D4

Café Cluny把巴黎的魅力带到了西

当地生活

第八大道的早午餐

如果你是同性恋，想要结识（或只想见识）同好却又不想大摇大摆地去酒吧，那么就去第八大道（Eighth Avenue）沿线提供早午餐的场所吧。你会看到许多穿着紧身T恤甚至（更紧身的）牛仔裤的、友好的切尔西当地男同性恋喝着饮料以缓解宿醉。

村。这里有小酒吧风格的编织椅子、轻巧的木质装饰品和令人感受到生活美好的饭菜，比如和牛沙朗牛排配薯条、白葡萄酒烩鳕鱼、意面配牛肝菌鸡油菌烩肉、芳香奶酪拼盘、绿蔬沙拉等，还有冰激凌泡芙和自制意式脆饼等甜品。（☎212-255-6900；www.cafecluny.com；284 W 12th St；主菜 午餐 $15~32，晚餐 $29~35；⏰周一至周五 8:00~23:30，周六和周日 9:00~16:00和17:30~23:00；S L至8th Ave，A/C/E，1/2/3至14th St）

Blossom

严格素食 $$

20 见116页地图，C2

这家舒适的切尔西素食店安静而浪漫，吧台也卖令人迷醉的葡萄酒和巧克力。有各种极具想象力的豆腐、面筋和蔬菜制品，有些是生的，不过都很干净。这里的秋甘薯卷（Autumn Sweet Potato Rolls）将生的橘黄色甘薯根切片，卷上味道浓郁的椰子条、胡萝卜丝和辣椒丝，是味觉的无上享受。（☎212-627-1144；www.blossomnyc.com；187 Ninth Ave，21st St和22nd St之间；主菜 午餐 $15~19，晚餐 $20~25；⏰正午至14:45和17:00~21:30；🌶；S C/E至23rd St）

Blue Hill

美国菜 $$$

21 见116页地图，F4

适合崇尚“慢食”的有钱人，Blue Hill率先倡导了“本地食材更好”的理念。天才厨师丹·巴伯尔（Dan Barber）来自马萨诸塞州伯克郡的一个农民家庭。他用家乡以及纽约北部农场的农产品制作出广受赞誉的美食。（☎212-539-1776；www.bluehillfarm.com；75 Washington Pl，Sixth Ave和Washington Sq W之间；套餐 $88~98；⏰17:00~23:00；S A/C/E，B/D/F/M至W 4th St-Washington Sq）

Foragers City Table

新派美国菜 $$$

22 见116页地图，D2

这家位于切尔西的餐厅非常出色，它的经营者们在哈德逊河谷经营着一个28英亩（约170亩）的农场，为餐厅提供食材。菜单体现出季节特征，上面的菜式经常更换。最新的诱人美食包括洋姜黑松露南瓜汤、烤鸡配玉米糊、传统猪里脊，以及时令菜配烤藜麦和可口的蔬菜拼盘。（☎212-243-8888；www.foragerscitygrocer.com；300 W 22nd St，Eighth Ave路口；主菜 $25~36；⏰周六和周日 10:30~14:30，每天 17:30~22:00；🌶；S C/E，1至23rd St）

RedFarm

创意菜 $$$

23 见116页地图，D4

RedFarm位于Hudson St，面积不大却很热闹，它将中餐变成了纯粹而美味的艺术品。餐馆内提供多种中西合璧的创意性菜品，其中包括新鲜的螃蟹茄子意式开胃菜（普切塔）、多汁肋骨牛排（用木瓜、姜和酱油腌制一整晚）、熏牛肉蛋卷。其他特色菜还有香辣脆皮牛肉、羊肉煎饺和烤大虾红咖喱。（☎212-792-9700；www.redfarmnyc.com；529 Hudson St，10th St和Charles St之间；主菜 $22~46；⏰周六和周日 11:00~14:30，每天 17:00~23:00；Ⓢ A/C/E，B/D/F/M至W 4th St；1至Christopher St-Sheridan Sq）

> **当地生活**
>
> **在切尔西市场(Chelsea Market)就餐**
>
> 这座美食港湾的砖墙走廊上供应诱人餐食的摊贩有二十多家，其中包括**Mokbar**（韩式拉面）、**Takumi Tacos**（混合日式与墨西哥式的食材）、**Tuck Shop**（澳大利亚风味的馅饼）、**Bar Suzette**（可丽饼）、**Num Pang**（柬埔寨三明治）、**Ninth St Coffee**（完美的拿铁）、**Doughnuttery**（热腾腾的迷你甜甜圈），还有**L' Arte de Gelato**（口味厚重的冰激凌）。

Minetta Tavern

法式小馆 $$$

24 见116页地图，F5

Minetta Tavern的食客都快挤到房顶了，所以尽量选择工作日的晚上，提前预订或者早点来占位子。舒适的红皮长椅、挂着黑白照片的深色板墙、昏黄的酒馆灯光，这一切都吸引着你。风味独特的小馆美食有烧牛骨、烤鸡、贻贝和鹅肝酱等，会令你流连忘返。（☎212-475-3850；www.minettatavernny.com；113 MacDougal St；主菜 $22~36；⏰周三至周日 正午至15:00，每天 17:30至午夜；Ⓢ A/C/E，B/D/F/M至W 4th St）

Spotted Pig

小酒馆 $$$

25 见116页地图，D4

这家米其林星级的美食小酒馆深受当地人的喜爱，供应各种意式和英式菜肴，消费比较高。小酒馆共有两层，里面有一些怀旧风格的装饰品，营造出轻松而优雅的气氛。不接受预订，经常需要等位。工作日的午餐时人要少一些。（☎212-620-0393；www.thespottedpig.com；314 W 11th St，Greenwich St路口；主菜午餐 $17~26，晚餐 $22~36；⏰周一至周五 正午至次日2:00，周六和周日 11:00开始营业；🍸 👪；Ⓢ A/C/E至14th St；L至8th Ave）

饮品

Employees Only

酒吧

26 见116页地图，D4

钻进“Psychic”字样的霓虹灯大

门，就来到了这家隐秘的饮酒去处。伴随着夜幕降临，酒吧便会忙碌起来。这里的调酒师一流，他们动作夸张，调出的酒让人上瘾，如Ginger Smash和Mata Hari等。此处适合深夜饮酒和就餐，餐厅服务一直到凌晨3:30。（☎212-242-3021；www.employeesonlynyc.com；510 Hudson St, Christopher St附近；⏰18:00至次日4:00；Ⓢ1至Christopher St-Sheridan Sq）

Buvette 葡萄酒吧

27 见116页地图，E5

质朴而时尚的装饰（看看精致的锡砖搭配锃亮的大理石工作台就明白了）使得这里成为喝葡萄酒的最佳去处，不管什么时间。如果想充分体验酒吧引以为傲的gastrotèque，就找一张周围的桌子坐下，吃一点小盘菜肴，享用欧洲葡萄酒（多数产自法国和意大利）。（☎212-255-3590；www.ilovebuvette.com；42 Grove St, Bedford St和Bleecker St之间；⏰9:00至次日2:00；Ⓢ1至Christopher St-Sheridan Sq；A/C/E，B/D/F/M至W 4th St）

Frying Pan 酒吧

28 见116页地图，A1

从海底，或者说切萨皮克湾（Chesapeake Bay）底打捞上来的灯塔船Frying Pan和其所停靠的两层临港酒吧是傍晚喝一杯的好去处。天气暖和时，质朴的露天区域吸引了大批人群，在躺椅上懒洋洋地喝着冰爽的啤酒消磨时光（微酿啤酒 $7，大扎 $25）。（☎212-989-6363；www.fryingpan.com；Pier 66，W 26th St路口；⏰5月至10月 正午至午夜；ⓈC/E至23rd St）

Happiest Hour 鸡尾酒吧

29 见116页地图，E4

一家极其出色、诱人的鸡尾酒吧，有大量的棕榈树版画装饰、20世纪60年代的流行音乐，还有好玩的混合饮料。楼下是它的姐妹店Slowly Shirley，一座真正的地下酒吧圣殿，供应精心调制又美观的鸡尾酒。[☎212-243-2827；www.happiesthournyc.com；121 W 10th St, Greenwich St和Avenue of the Americas（Sixth Ave）之间；⏰周一至周五 17:00至深夜，周六和周日 14:00开始营业；ⓈA/C/E，B/D/F/M至W 4th St；1至Christopher St-Sheridan Sq]

Jane Ballroom 休闲酒吧

30 见116页地图，C4

该休闲酒吧在Jane Hotel里面，天花板很高，空间宽敞，满眼都是各种狂野设计：巨大的迪斯科闪光球下面摆着皮沙发和丝绒椅、动物图案的布料、盆栽的棕榈树和各种动物标本（一只孔雀、火光摇曳的壁炉上面有一个羊头）。（☎212-924-6700；www.thejanenyc.com；113 Jane St, West St路口；⏰周日至周三 17:00至次日2:00，周四至周六 至次日4:00；ⓈL至8th Ave；A/C/E，1/2/3至14th St）

在Spotted Pig（见125页）就餐

Bell Book & Candle

酒吧

31 见116页地图，E4

走进这家烛光美食酒吧，喝点口味浓烈、别具一格的酒（比如加肉桂的龙舌兰酒调制的canela magarit），尝一尝丰盛的酒吧食物。尽管酒吧后面有很多座位，还有能容纳多人的大桌子，但其小小的吧台前总是会挤满20多个人（为了$1的特价生蚝和傍晚欢乐时光的超值酒水）。（212-414-2355；www.bbandcnyc.com；141 W 10th St，Waverley Pl和Greenwich Ave之间；周日至周三 17:30至次日2:00，周四至周六 至次日4:00；S A/B/C，B/D/F/M至W 4th St；1至Christopher St-Sheridan Sq）

Aria

葡萄酒吧

32 见116页地图，D4

Aria位于西村的最西边，这里有动听的音乐、砖瓦混砌的墙面，以及田园风格的木质桌椅，十分受人欢迎。店内的杯装葡萄酒种类很多，尤其是有机葡萄酒，每（小）杯约$8起。适合分享的开胃小食（cicchetti）值得一试，如戈尔贡佐拉干酪椰枣、蟹肉饼和炖鱿鱼。（212-242-4233；117 Perry St，Greenwich Ave和Hudson St之间；正午至午夜；S 1至Christopher St-Sheridan Sq）

了解当地

格林尼治村的同性恋

粗线条的下东区早在19世纪90年代就因不像话的舞厅、沙龙和妓院声名远播，但真正在纽约久远而显赫的同性恋历史上留下浓墨重彩的，还属格林尼治村（Greenwich Village）。

当地人

在20世纪早期，众多作家和放荡不羁的艺术家们就开始如潮水般涌入格林尼治村。他们相对不那么保守的态度，并不输给当时聚集在此地以期稍许自由地生活的同性恋人群。当时MacDougall St两旁有多家同性恋经营的场所，其中就有位于129号、堪称传奇的Eve' s Hangout。这是一家由波兰犹太人移民Eva Kotchever（即Eve Addams）经营的茶室，有两个方面特别出名：诗歌朗诵，以及门上的标识“男士准入，恕不恭迎（Men allowed but not welcome）”。

扫兴的年代

同性恋在20世纪早期是相对逾矩的行为，到经济大萧条、“二战”和冷战时期，人们对于同性恋持更加保守的态度。参议员约瑟夫·“乔”·麦卡锡（Joseph 'Joe' McCarthy）宣称美国国务院中的同性恋威胁着国家安全和儿童成长，这一点更加助长了保守主义。警方实施更为严厉的措施以根绝公共场合的同性恋行为，迫使20世纪四五十年代的同性恋活动转入地下。

同性恋的力量

1969年6月28日，格林尼治村一家名为石墙（Stonewall Inn）的同性恋酒吧遭到八名警员突击检查，同性恋群体的愤懑到达顶点。由于不堪骚扰和腐败的警员向酒吧老板索取贿赂，同性恋、双性恋和跨性别者们开始向警员扔硬币、酒瓶、砖块，并高喊“同性恋有力量（Gay power）”和“我们一定胜利（We shall overcome）”等口号。一群跳踢腿舞的变装皇后面对警察喊出的口号在日后成为传奇：“我们是石墙女孩，我们烫发，我们不穿内裤，我们露体毛，我们把工装裤卷起，露出美妙的膝盖……（We are the Stonewall girls, we wear our hair in curls, we wear no underwear, we show our pubic hair, we wear our dungarees, above our nelly knees...）”他们的愤怒和团结成了转折点，引发了现代同性恋平权运动。

Bathtub Gin

鸡尾酒吧

33 见116页地图，D2

当地人对轻聊式夜蒲的热爱，促生了一众相关酒吧，Bathtub Gin凭借着藏于低调咖啡馆the Stone Street Coffee Company外墙的超级隐蔽入口脱颖而出。走进酒吧，冷硬的座位、柔和的背景音乐和热情的服务生会让你觉得这里是跟朋友喝鸡尾酒的好地方。（☎646-559-1671；www.bathtubginnyc.com；132 Ninth Ave，18th St和19th St之间；⏲周日至周二18:00至次日1:30，周三至周六 至次日3:30；Ⓢ A/C/E至14th St；L至8th Ave；A/C/E至23rd St）

Vin Sur Vingt

葡萄酒吧

34 见116页地图，E3

Vin Sur Vingt紧邻繁华喧闹的Seventh Ave，是一家环境舒适的葡萄酒吧。酒吧内部空间狭长，有一长列吧台座位，还有一排古雅的双人桌，非常适合初次约会。注意：如果你本来打算在餐前喝一杯的话，那么最后一定会留下来吃饭，因为这里的食物真的很棒。（☎212-924-4442；www.vinsur20nyc.com；201 W 11th St，Seventh Ave和Waverly Pl之间；⏲周一至周五 15:00至次日2:00，周六和周日11:30开始营业；Ⓢ 1/2/3至14th St；1/2至Christopher St-Sheridan Sq；L至8th Ave）

Little Branch

鸡尾酒吧

35 见116页地图，E5

如果没有门卫，你永远不会猜到，在这个三岔路口上光秃秃的铁门后面竟然隐藏着这样一个迷人的酒吧。获准进入后，你会发现一间地下室酒吧。整体感觉就像禁酒期的产物。耳边萦绕着怀旧的爵士乐，当地人在这里举杯共饮，品尝别具一格、精心调制的鸡尾酒。（☎212-929-4360；22 Seventh Ave，Leroy St路口；⏲19:00至次日3:00；Ⓢ 1至Houston St）

Highlands

酒吧

36 见116页地图，E4

这家苏格兰风格的酒吧美观气派，是晚上消磨时间的好地方。裸露的砖墙、一个壁炉和悬挂于上的兽头、精美的壁纸、墙上的油画和爱丁堡格子呢，洋溢着那个古老国度的风情。这里有苏格兰啤酒和烈酒、肉馅羊肚（haggis）、苏格兰煮蛋、牧羊人派和其他传统美食。（☎212-229-2670；www.highlands-nyc.com；150 W 10th St；⏲周日至周三 17:30至次日1:00，周四至周六 至次日2:00；Ⓢ 1至Christopher St-Sheridan Sq）

Standard

酒吧

37 见116页地图，C3

Standard位于俯瞰纽约高线公园的混凝土高台上，包括一个精致的休闲酒吧**Top of the Standard**（☎212-645-7600；standardhotels.com/high-line；⏲周一 16:00至午夜，周二至周六 至21:00，周日 正午至午夜），以及楼上的夜店**Le Bain**（☎212-645-7600；www.standardculture.com/lebain；⏲周一 16:00至午夜，周二至

周四 至次日4:00，周五至周日 14:00至次日4:00），吸引了众多名流。这里还有一间烧烤餐厅、一个美食广场（冬天用作溜冰场），以及一个户外啤酒花园，花园里有经典的德国菜肴和泡沫丰富的扎啤。（☎877-550-4646，212-645-4646；www.standardhotels.com；848 Washington St，13th St和Little W 12th St之间；Ⓢ1/2/3、A/C/E至14th St；L至8th Ave）

Cielo

夜店

38 见116页地图，C3

这家夜店历史悠久，以友好的顾客群体和完美的音响效果而闻名。在"周一外太空日"（Deep Space Monday），DJ弗朗索瓦·K（François K）为酒吧注入音乐和节奏，到时候过来一起跳舞吧。其他时间会有来自欧洲的不同DJ为客人送上迷人动听的舞曲，所有人都会随之跳动起来。（☎212-645-5700；www.cieloclub.com；18 Little W 12th St；入场费 $15~25；⏲周一和周三至周六 22:00至次日5:00；ⓈA/C/E，L至8th Ave-14th St）

> **当地生活**
>
> **Marie's Crisis**
>
> 年轻不再的百老汇女王、初见世面的乡下同性恋少年、傻笑的游客和各种音乐剧迷，围在前身曾是妓院的Marie's Crisis（见116页地图，E4；☎212-243-9323；59 Grove St，Seventh Ave和Bleecker St之间；⏲16:00至次日4:00；Ⓢ1至Christopher St-Sheridan Sq）的钢琴旁边，在大家的共同附和下，轮流高唱做作的演出曲目。这是一种老式的娱乐，不管你来的时候有多疲惫，都要加入其中。

Eagle NYC

男同性恋酒吧

39 见116页地图，B1

Eagle有两层，里面挤满了穿着皮衣皮裤的性感男人，是勇敢而坦荡的恋物癖者的选择。两层楼外加楼顶平台为尽情跳舞和畅饮提供足够的空间。周四是"着装（Code）"之夜，意味着所有人都必须按照规定着装（要么一身皮衣皮裤，要么全裸）。（☎646-473-1866；www.eaglenyc.com；555 W 28th St，Tenth Ave和Eleventh Ave之间；⏲周一至周五 22:00至次日4:00，周六和周日 17:00至次日4:00；ⓈC/E至23rd St）

娱乐

Smalls

爵士乐

40 见116页地图，E4

这家地下室爵士乐厅的名字恰如其分（小），空间局促，不过很吸引人，晚上里面会有各种爵士乐表演。晚间入场费$20，如果你中间需要出去一会儿吃点东西，再进来的时候不用重复付费。（☎212-

ROGER GAESS/GETTY IMAGES ©

Duplex

252-5091; www.smallsjazzclub.com; 183 W 4th St; 入场费 19:30至次日0:30 $20, 0:30之后 $10; ⏲周一至周四 19:00至次日4:00, 周五至周日 16:00开始营业; S 1至Christopher St-Sheridan Sq)

Duplex

卡巴莱歌舞

41 ☆ 见116页地图, E4

著名的Duplex以卡巴莱歌舞表演、卡拉OK和撩人的舞步为特色。墙上挂着一排琼·里弗斯(Joan Rivers)的照片, 表演者喜欢模仿她自嘲而活泼的风格, 也会开观众的玩笑。这是一个有趣而低调的地方, 当然也不适合太腼腆的人。(☎ 212-255-5438; www.theduplex.com; 61 Christopher St; 入场费 $5~15; ⏲16:00至次日4:00; S 1至Christopher St-Sheridan Sq)

Village Vanguard

爵士乐

42 ☆ 见116页地图, E4

Village Vanguard可能是纽约最有名的爵士乐俱乐部, 在过去的50年里, 几乎所有的大明星都在这里演出过。这里最初是一个演讲会场, 现在偶尔也做这一用途, 不过大部分时间这里彻夜都会有盛大、喧闹的爵士乐表演。(☎ 212-255-4037; www.villagevanguard.com; 178 Seventh Ave, 11th St路口; 入场费 约$33; ⏲19:30至次日0:30; S 1/2/3至14th St)

Upright Citizens Brigade Theatre 喜剧

43 ☆ 见116页地图，D1

很多专业喜剧演员在这里表演系列短剧，一些即兴创作令人惊叹。这家仅容纳74人的剧院广受欢迎，吸引了不少星探。入场费很便宜，啤酒和葡萄酒也不贵。你也许会认出台上的表演者是来自深夜喜剧秀。周日21:30和周三23:00以后，会有新手上台表演，这时候可以免费入场。每晚约19:30开始有优秀演出，不过周日晚上的Assscat Improv环节总是喧闹不堪。（☎212-366-9176; www.ucbtheatre.com; 307 W 26th St, Eighth Ave和Ninth Ave之间；入场费 $5~10; ⏰19:00至午夜；Ⓢ C/E至23rd St）

Sleep No More 剧院

44 ☆ 见116页地图，C1

由《麦克白》（*Macbeth*）改编的《不眠之夜》（*Sleep No More*）会让你沉浸其中，拥有从未有过的戏剧体验。其演出地点原本是切尔西的一片仓库，后来经过改建，看上去像个废弃的旅馆。（www.sleepnomorenyc.com; McKittrick Hotel, 530 W 27th St; 戏票 $91起；⏰周一至周六19:00至午夜；Ⓢ C/E至23rd St）

Blue Note 爵士乐

45 ☆ 见116页地图，F5

这里是目前纽约最著名的（也是最贵的）爵士乐俱乐部。多数演出的收费标准是：吧台$30，餐桌$45，如果是大明星演出，价格还会更高。也有一些$20的便宜演出，周日11:30还有爵士乐早午餐。找人少的时候去，保持安静，全心观看表演！（☎212-475-8592; www.bluenote.net; 131 W 3rd St, Sixth Ave 和MacDougal St之间；Ⓢ A/C/E, B/D/F/M至W 4th St-Washington Sq）

Mezzrow 爵士乐

46 ☆ 见116页地图，E4

在纽约，新开张的爵士乐酒吧可是稀罕物，特别是在高消费的西村。因此，这家在2014年开张、私密的地下室爵士乐俱乐部更应该受到乐迷们的支持。这里与附近的Smalls（见130页）由同一批人经营，在这里交过入场费（一般收取$20）后可以在同一天享受Smalls的免费入场。（☎646-476-4346; www.mezzrow.com; 163 W 10th St, Seventh Ave路口；⏰周日至周四 19:30至次日0:30，周五至周六 至次日2:00; Ⓢ 1至Christopher St-Sheridan Sq）

Atlantic Theater Company 剧院

47 ☆ 见116页地图，D2

Atlantic Theater Company是1985年由大卫·马麦特（David Mamet）和威廉·H.梅西（William H Macy）共同创办的。这家公司在非百老汇戏剧界具有举足轻重的地位，在过去的30多年里，培养了很多托尼奖（Tony Award）和纽约戏剧委员会奖（Drama Desk）

Village Vanguard（见131页）的爵士乐演奏

得主。（☎212-691-5919；www.atlantictheater.org；336 W 20th St, Eighth Ave和Ninth Ave之间；Ⓢ C/E至23rd St，1至18th St）

IFC Center

电影院

48 ★ 见116页地图，E5

这家艺术电影院的放映范围很广，包括新的独立电影、经典邪典电影和国外电影。短片、纪录片、20世纪80年代风格电影、著名导演系列都可以在此看到，也有周末经典系列和常见的专题系列，比如午夜上映的热门邪典电影《闪灵》（*The Shining*）、《出租车司机》（*Taxi Driver*）和《异形2》（*Aliens*）等。（☎212-924-7771；www.ifccenter.com；323 Sixth Ave, 3rd St路口；票价 $14；Ⓢ A/C/E, B/D/F/M至W 4th St-Washington Sq）

Le Poisson Rouge

现场音乐

49 ★ 见116页地图，F5

这家高概念艺术场所拥有不拘一格的现场音乐演奏阵容，以前就曾有猎鹿人乐队（Deerhunter）、马克·莱博特（Marc Ribot）和奇波马多合唱团（Cibo Matto）在这里演出过。这里还有将古典音乐、民间音乐、歌剧和其他音乐形式相融合的试验性演奏。（☎212-505-3474；www.lepoissonrouge.com；158 Bleecker St；Ⓢ A/C/E, B/D/F/M至W 4th St-Washington Sq）

乔伊斯剧院 舞蹈

50 见116页地图，D2

这是一家非常亲民的剧院，由电影院翻新改建而成。剧院可容纳472人，拥有绝佳的视觉效果和特别的舞蹈表演，深受舞蹈爱好者的喜爱。主要关注传统的现代舞团，例如皮洛波洛斯舞团（Pilobolus）、史蒂芬·佩特罗尼奥舞团（Stephen Petronio Company）和帕森斯舞蹈团（Parsons Dance），以及一些世界著名舞团，比如巴西舞团（Dance Brazil）、西班牙芭蕾舞团（Ballet Hispanico）和马尔帕索舞蹈公司（MalPaso Dance Company）。（Joyce Theater；212-242-0800；www.joyce.org；175 Eighth Ave；S C/E至23rd St；A/C/E至Eighth Ave-14th St；1至18th St）

Comedy Cellar 喜剧

51 见116页地图，F5

这家格林尼治村的老牌地下室喜剧俱乐部，有很多优秀的固定演员，比如柯林·奎恩（Colin Quinn）、《周六夜现场》（*Saturday Night Live*）里的达瑞尔·哈德蒙（Darrell Hammond）和旺达·塞克斯（Wanda Sykes），偶尔还会有戴夫·查佩尔（Dave Chappelle）这样的大腕前来客串。它的成功还在延续：Comedy Cellar如今在W 3rd St拐角处又开了一家分店。（212-254-3480；www.comedycellar.com；117 MacDougal St，W 3rd和Minetta Ln之间；入场费 $12~24；S A/C/E，B/D/F/M至W 4th St-Washington Sq）

Angelika Film Center 电影院

52 见116页地图，G5

Angelika主要放映国外电影和独立电影，拥有不同寻常的魅力（地铁隆隆作响，排队的人特别多，有时音响效果还不好）。不可否认，这座由斯坦福·怀特（Stanford White）设计的美术学院派艺术建筑非常漂亮。（212-995-2570；www.angelikafilmcenter.com；18 W Houston St，Mercer St路口；电影票 $15；；S B/D/F/M至Broadway-Lafayette St）

购物

Strand Book Store 书籍

53 见116页地图，G3

书友们（即使随意翻翻书的人）不要错过纽约最好也是最出名的书店。该书店成立于1927年，出售新书、二手书和珍本书。书店共有3层，布局复杂，令人不可思议的是，如果把书摆在一起，可长达18英里（约29公里，超过250万本）。（212-473-1452；www.strandbooks.com；828 Broadway，12th St路口；周一至周六 9:30~22:30，周日 11:00开始营业；S L，N/Q/R，4/5/6至14th St-Union Sq）

Flat 128 饰品

54 见116页地图，E4

Flat 128位于绿树成行的Christopher St，店面不大，但布局漂亮，为纽约注入一股英国式的精明。你会看到少见的首

PATTI MCCONVILLE/GETTY IMAGES ©

华盛顿广场公园（见118页）

饰、复古的印花抱枕套、Age of Reason色彩鲜艳的围巾，还有一些古董（有人想要英国巴特西发电站的微缩模型吗？）（☎646-707-0673; 15 Christopher St, Waverly Pl和Greenwich Ave之间; ⏰周一至周六 11:00~19:00, 周日 正午至18:00; Ⓢ1至Christopher St-Sheridan Sq）

Story 礼品

55 见116页地图, C2

位于高线公园附近的概念商店，就像是一座画廊，每隔一两个月展示新主题和新商品。店内面积达2000平方英尺（约185.8平方米），商品从手工艺首饰、吸引眼球的饰品到可爱的文具、激发儿童想象力的玩具、厚厚的咖啡桌图书、环保材料的香皂、千奇百怪的纪念品等应有尽有。（thisisstory.com; 144 Tenth Ave, 18th St和19th St之间; ⏰周一至周五 11:00~20:00, 周六和周日 10:00开始营业; ⓈC/E至23rd St; 1至18th St）

Personnel of New York 时装、饰品

56 见116页地图, E4

这家独立经营的小店非常精致，主要经营女士品牌服装。品牌比较独特，来自东西海岸及其他地区。（☎212-924-0604; personnelofnewyork.com; 9 Greenwich Ave, Christopher St和W 10th St之间; ⏰周一至周六 11:00~20:00, 周日正午至19:00; ⓈA/C/E, B/D/F/M至W 4th St; 1至Christopher St-Sheridan Sq）

Three Lives & Company
书籍

57 见116页地图，E4

Three Lives & Company是一家超棒的书店，由一群非常博学的人打理。(212-741-2069; www.threelives.com; 154 W 10th St, Seventh Ave和Waverly Pl之间; 周日至周二 正午至19:00，周三至周六 11:00~20:30; S 1至Christopher St-Sheridan Sq; A/C/E, B/D/F/M至W 4th St; 1/2/3至14th St)

Flight 001
饰品

58 见116页地图，E3

很明显，旅行是一种乐趣，而选购旅行装备更是有趣。Flight 001出售各种旅行用品、小包、随身用品、印着美女的随身水壶、鲜艳的护照夹和皮革行李牌、旅行指南、化妆包，以及各种迷你装牙膏、眼罩、药盒等。(212-989-0001; www.flight001.com; 96 Greenwich Ave; 周一至周六 11:00~20:00，周日 正午至18:00; S A/C/E至14th St; L至8th Ave)

McNulty's Tea & Coffee Co, Inc
食品和饮品

59 见116页地图，E4

店里有破旧的木地板、香味浓郁的袋装咖啡豆、大号玻璃壶装的茶，给格林尼治村带来了一种不同的年代气息。该店从1895年起就出售上乘的茶和咖啡。(212-242-5351; mcnultys.com; 109 Christopher St; 周一至周六 10:00~21:00，周日 13:00~19:00; S 1至Christopher St-Sheridan Sq)

Marc by Marc Jacobs
时装

60 见116页地图，D4

Marc Jacobs在西村有5家小店，抢占了这片富人区的市场。服装店的前窗很大，里面的东西一目了然。(212-924-0026; www.marcjacobs.com; 403 Bleecker St; 周一至周六 11:00~19:00，周日 正午至18:00; S A/C/E至14th St; L至8th Ave)

Murray's Cheese
食品和饮品

61 见116页地图，E5

该店始建于1914年，是纽约最好的奶酪店之一。老板罗博·卡尔菲(Rob Kaufelt)很出名，靠鼻子就能够分辨出来自世界各地的各种奶酪。你会发现(也能品尝)来自欧洲各国，佛蒙特州和纽约州北部的各种奶酪(fromage)，有臭的、甜的或者带坚果的。(212-243-3289; www.murrayscheese.com; 254 Bleecker St, Morton St和Leroy Sts之间; 周一至周六 8:00~21:00，周日 9:00~19:00; S 1至Christopher St-Sheridan Sq)

192 Books
书籍

62 见116页地图，C2

这家小型的独立书店位于画廊区，里面的图书题材包括小说、历史、旅行、艺术和评论等。与众不同的是，这家书店设有循环艺术展览。展览期间，主题涉及特色节目或艺术家的书籍将做特殊展

切尔西市场（见118页）

示。每周的读书会还会邀请（通常为纽约本地的）作家到场。（☎212-255-4022；www.192books.com；192 Tenth Ave，21st St和22nd St之间；⏰11:00~19:00；Ⓢ C/E至23rd St）

Housing Works Thrift Shop 二手店

63 见116页地图，E2

这家店的展示橱窗十分华丽，看上去更像一家精品店而不是旧货店，不过里面的服装、饰品、家具、书籍和唱片都价值不菲。店里的全部收入都用于救助纽约艾滋病毒携带者和无家可归的艾滋病患者团体。（☎718-838-5050；143 W 17th St，Sixth Ave和Seventh Ave之间；⏰周一至周五 10:00~19:00，周六 至18:00，周日 正午至17:00；Ⓢ 1至18th St）

CO Bigelow Chemists 化妆品

64 见116页地图，F4

这是美国最早的药店，现在已成为档次略高的化妆品店，不过里面仍然有一家药房出售处方药和普通药品。（☎212-473-7324；414 Sixth Ave，8th St和9th St之间；⏰周一至周五 7:30~21:00，周六 8:30~19:00；周日 8:30~17:30；Ⓢ 1至Christopher St-Sheridan Sq；A/C/E，B/D/F/M至W 4th St-Washington Sq）

探索

联合广场、熨斗区和格莱梅西

夹在个性鲜明、独具魅力的东村与商企遍地、高楼林立的中城区之间，这个街区内有形形色色人群往来的联合广场、造型奇特的三角形熨斗大厦，以及青翠的休憩场所麦迪逊广场公园。格莱梅西公园这一隐秘的绿洲也在此地。

一日游行程

以**71 Irving Place**（见149页）的咖啡和牛角包开启一天的行程。漫步经过**格莱梅西公园**（见142页），再步行至联合广场，在这个树木葱郁的交叉路口领略纽约最生动的众生相：银行职员、街头艺人、慢跑者、遛狗人、骑自行车的投递员川流不息。要给自己留点时间去**联合广场农贸市场**（见141页），逛逛来自北部农场的新鲜农产品和小吃。

沿百老汇大街漫步观景，在**ABC Carpet & Home**（见150页）停留，欣赏陈列有序、来自世界各地的家居装饰品。在旅行书店**Idlewild**（见151页）继续全球漫游，这里也是计划自己下一次伟大探险行程的好场所。之后，在附近的**Boqueria Flatiron**（见145页）吃午饭稍事休息。

黄昏时分步行前往**麦迪逊广场公园**（见142页），在这片植被茂盛的绿洲远离都市喧嚣。穿过百老汇，去**Eataly**（见144页）享用令人食指大动的美味佳肴。你可以在一层一边逛一边吃小吃，也可以搭电梯上到**Birreria**（见148页），点些精酿啤酒和丰盛的鱼类或肉类菜肴。吃饱喝足之后，在**Raines Law Room**（见147页）或**Old Town Bar & Restaurant**（见148页）的锡制吊顶下饮酒打发夜晚时光。

纽约最佳

就餐

Eataly（见144页）

Craft（见146页）

Gramercy Tavern（见146页）

饮品

Raines Law Room（见147页）

Old Town Bar & Restaurant（见148页）

Flatiron Lounge（见148页）

Pete's Tavern（见148页）

购物

ABC Carpet & Home（见150页）

Idlewild Books（见151页）

DSW（见151页）

到达和离开

S 地铁 联合广场下面有四通八达的地铁线，乘客可以在这里乘坐4/5/6号线往返于曼哈顿东区，乘L线直达威廉斯堡，也可以乘N/Q/R线前往（或经过）皇后区。

公共汽车 M14和M14D沿14th St带你横贯全城，M23则是沿23rd St的穿城线路。

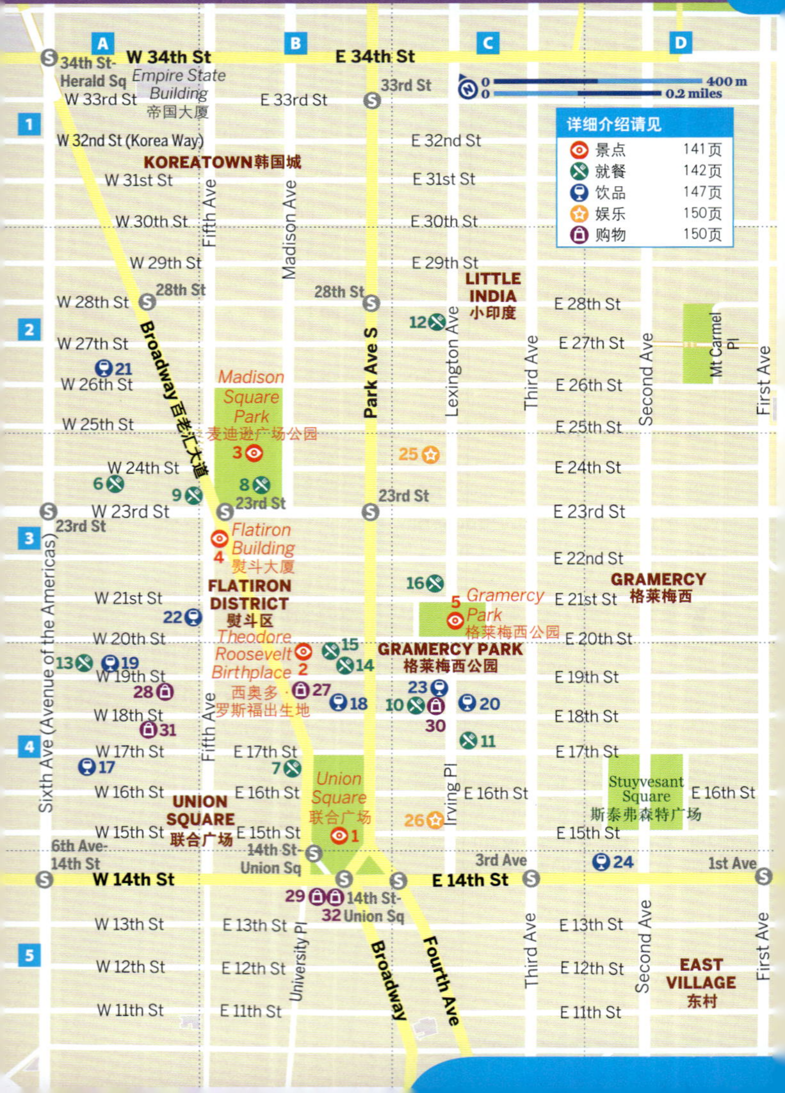
详细介绍请见
景点 141页
就餐 142页
饮品 147页
娱乐 150页
购物 150页
0 400 m
0 0.2 miles
A
B
C
D
1
2
3
4
5
W 34th St
E 34th St
34th St-Herald Sq
Empire State Building
帝国大厦
W 33rd St
E 33rd St
33rd St
W 32nd St (Korea Way)
E 32nd St
KOREATOWN韩国城
W 31st St
E 31st St
W 30th St
E 30th St
W 29th St
E 29th St
LITTLE INDIA
小印度
28th St
W 28th St
E 28th St
W 27th St
E 27th St
W 26th St
E 26th St
W 25th St
E 25th St
W 24th St
E 24th St
W 23rd St
E 23rd St
23rd St
E 22nd St
W 21st St
E 21st St
W 20th St
E 20th St
W 19th St
E 19th St
W 18th St
E 18th St
W 17th St
E 17th St
W 16th St
E 16th St
W 15th St
E 15th St
W 14th St
E 14th St
W 13th St
E 13th St
W 12th St
E 12th St
W 11th St
E 11th St
Fifth Ave
Madison Ave
Park Ave S
Lexington Ave
Third Ave
Second Ave
First Ave
Mt Carmel Pl
Broadway 百老汇大道
Sixth Ave (Avenue of the Americas)
Irving Pl
University Pl
Fourth Ave
Broadway
Madison Square Park
麦迪逊广场公园
Flatiron Building
熨斗大厦
FLATIRON DISTRICT
熨斗区
Theodore Roosevelt Birthplace
西奥多·罗斯福出生地
Gramercy Park
格莱梅西公园
GRAMERCY PARK
格莱梅西公园
GRAMERCY
格莱梅西
Union Square
联合广场
UNION SQUARE
联合广场
Stuyvesant Square
斯泰弗森特广场
EAST VILLAGE
东村
6th Ave-14th St
14th St-Union Sq
3rd Ave
1st Ave
1 2 3 4 5 6 7 8 9 10 11 12 13 15 16 17 18 19 20 21 22 23 24 25 26 27 28 29 30 31 32

联合广场农贸市场

景点

联合广场 广场

1 见140页地图，B4

联合广场好比是纽约的挪亚方舟，在波浪翻涌的建筑海洋中，每种类型的建筑都至少有“一对”被保留了下来。事实上，你很难再找到一个地方像这里一样兼容并蓄，能在同一个公共空间看到生活状态截然不同的当地人：西装革履的上班族趁着午休时间大口呼吸着新鲜空气，梳着脏辫儿的街头艺人用手鼓打着节拍，滑板一族在东南方的楼梯上炫耀技巧，吵闹的大学生大吃平价食品，还有出于各种原因高呼口号的抗议人群。（Union Square；www.unionsquarenyc.org；17th St，Broadway和Park Ave S之间；S 4/5/6，N/Q/R，L至14th St-Union Sq）

西奥多·罗斯福出生地 古迹

2 见140页地图，B4

这处国家历史遗址多少有点蒙人，第26任美国总统罗斯福真正出生时所在的房子早在他在世时就已经被拆毁了。不过现在的这栋房子是由他的亲戚们重建的，与隔壁的民居相连。（Theodore Roosevelt Birthplace；☎212-260-1616；www.nps.gov/thrb；28 E 20th St，Broadway和Park Ave S之间；门票免费；⌚40分钟导览游 周二至周六 10:00、11:00、13:00、14:00、15:00和16:00；S N/R/W，6至23rd St）

麦迪逊广场公园

公园

3 见140页地图，B3

这个公园以前一直是曼哈顿岛的北部边界，南北战争以后，岛上的人口急速增长。如今，这里成了逃离曼哈顿令人窒息的生活节奏的人气“绿洲”，有儿童游乐场、遛狗区和Shake Shack汉堡店。这里还是纽约最具文化气息的公园，有专门设计的艺术雕塑和（在气候温暖的月份）文学讨论会、现场音乐表演等各种活动。更多信息可登录网站查询。（Madison Square Park；212-520-7600；www.madisonsquarepark.org；23rd St至26th St，Fifth Ave和Madison Ave之间；6:00至午夜；；S N/R，F/M，6至23rd St）

熨斗大厦

历史建筑

4 见140页地图，B3

熨斗大厦由建筑师丹尼尔·伯纳姆（Daniel Burnham）设计，建于1902年。这座20层的建筑呈独特的锐角三角形状，好像一艘大船的船头。石灰岩和赤陶的外立面搭配钢铁框架，有一种传统的学院派艺术感，凝视越久，越会觉得繁复精妙。位于23rd St北部、百老汇大街（Broadway）和Fifth Ave之间的安全岛有最好的观赏视野。这栋独特的建筑在20世纪初兴起摩天大楼潮流时，是广场上最高的建筑。（Flatiron Building；Broadway，Fifth Ave和23rd St交叉路口；S N/R，F/M，6至23rd St）

格莱梅西公园

公园

5 见140页地图，C3

塞缪尔·拉格尔斯（Samuel Ruggles）在成功地排干了这片地区的沼泽地、并在其上铺设了英式的街道之后，于1831年建造了这座浪漫的公园。这个私家公园不对公众开放，但你可以透过大门领略它的风采，然后尽情想象曾经住在34 Gramercy Park E的好莱坞演员詹姆斯·卡格尼（James Cagney）的生活场景。在15 Gramercy Park S矗立着**国家艺术俱乐部**（National Arts Club；212-475-3424；www.nationalartsclub.org；15 Gramercy Park S；绘画课程 $15~25；S N/R，6至23rd St），会员中不乏马丁·斯科塞斯（Martin Scorsese）、乌玛·瑟曼（Uma Thurman）和伊桑·霍克（Ethan Hawke）等明星大腕。（Gramercy Park；E 20th St，Park Ave和Third Ave之间；S N/R，6至23rd St）

就餐

Tacombi Café El Presidente

墨西哥菜 $

6 见140页地图，A3

绿、粉配色的Tacombi活像墨西哥城的咖啡馆。这里有许多摊档，从果汁酒水吧到玉米卷应有尽有。找张餐桌，点一杯马格里特鸡尾酒，开始享受各种墨西哥经典美味。首选美食包括烤玉米沙拉[esquites，配科蒂哈（cotija）奶酪和辣椒蛋黄酱，盛在纸杯里]和多汁的啤酒腌猪

了解当地

永生的熨斗大厦

熨斗大厦[Flatiron，原名福勒大厦（Fuller Building）]的建造过程恰逢照片明信片的大规模生产，这样的缘分可谓命中注定。这座当时全球最高的大厦尚未竣工时，照片就已传遍全球，给人们带来极大的好奇与振奋。

出版商弗兰克·芒西（Frank Munsey）是熨斗大厦最早的房客之一，《芒西杂志》（*Munsey's Magazine*）就是在其位于第18层的办公室里出版的。短篇小说家威廉·悉尼·波特（William Sydney Porter）曾在这本杂志上发表过作品，他的笔名就是欧·亨利（O Henry）。欧·亨利的睿智文字、约翰·斯隆（John Sloan）的画作以及阿尔弗雷德·斯蒂格利茨（Alfred Stieglitz）的摄影作品使熨斗大厦得以永生，就连著名演员凯瑟琳·赫本（Katherine Hepburn）都曾打趣说，她希望自己得到的赞美能如同这座古老而宏伟的建筑得到的一样多。

熨斗大厦“船头”的底层已经改建成了全玻璃围墙的艺术大厅，专门展出特邀艺术家的作品。2013年，艺术大厅在三维空间中按照原画比例再现了爱德华·霍珀（Edward Hopper）于1942年创作的油画《夜鹰》（*Nighthawks*），画中棱角分明的餐桌造型与熨斗大厦独特的形状如出一辙。

肉（marinated）玉米卷等。（☎212-242-3491；tacombi.com；30 W 24th St，Fifth Ave和Sixth Ave之间；玉米卷 $3.50~5.50，玉米饼 $8~9；⏰周一至周六 11:00至午夜，周日 至22:30；Ⓢ F/M，N/R至23rd St）

Republic 亚洲菜 $

7 见140页地图，B4

这家快捷餐厅为普罗大众提供了新鲜好滋味的亚洲美食。吸溜着热乎的肉汤面，大口嚼着多汁的泰式炒河粉（pad thai），或是来点儿清淡的青木瓜芒果沙拉，都是享受。它就位于联合广场上，食物便宜、简单，随到随吃，非常方便。（☎212-627-7172；www.thinknoodles.com；37 Union Sq W；主菜 $13~16；⏰11:30~22:30；Ⓢ L，N/Q/R，4/5/6至14th St-Union Sq）

Shake Shack 汉堡包 $

8 见140页地图，B3

这里是大厨丹尼·迈耶（Danny Meyer）的美味汉堡连锁店的旗舰店，提供现做汉堡、手切薯条和一系列口味不断改变的软质奶油冰激凌。素食主义者可以选择酥脆的波多贝罗风味汉堡（portobello burger）。要排很长的队，但绝对值得。（☎646-747-2606；www.shakeshack.com；Madison Square Park，23rd St和

Madison Ave交叉路口；汉堡包 $3.60起；⌚11:00~23:00；S N/R，F/M，6至23rd St）

Eatly

意大利菜 $$

9 见140页地图，A3

由马利欧·巴塔利（Mario Batali）缔造的美食乐园，占地面积巨大。在这个由众多餐馆组成的美食市场可供享用的美食种类多样，包括新鲜的crudo（生鱼）、炸蔬菜拼盘（fritto misto）、热气腾腾的意面和比萨，可谓应有尽有。你也可以在吧台大喝浓缩咖啡，在不计其数的各种柜台、货架中搜寻老少皆宜的野餐食品。

（www.eatalyny.com；200 Fifth Ave，23rd St路口；⌚8:00~23:00；S F/M，N/R，6至23rd St）

当地生活

联合广场农贸市场

在联合广场农贸市场（Union Square Greenmarket；见140页地图，B4；www.grownyc.org；Union Square，17th St，Broadway和Park Ave S之间；⌚周一、周三、周五和周六8:00~18:00；S 4/5/6，N/Q/R，L至14th St-Union Sq）偶遇挑选食材的纽约顶级大厨时，不必感到惊讶，毕竟这里堪称全城最有名的农贸市场，也是挑选当地美食的好地方。在摊位前走走刺激一下食欲，从产自纽约州北部的水果和蔬菜，到手工面包、苹果酒，甚至还有在纽约屋顶上生产的蜂蜜，你可以在这里找到一切。

Javelina

得州墨西哥菜 $$

10 见140页地图，C4

仙人掌拱卫的Javelina平易近人，气氛轻松，供应地道的得州墨西哥菜肴。这里特别适宜享用早午餐，刺梨泡腾酒（prickly-pear mimosa）和梨子、法国烤面包配奶油或可口的Red Headed Stranger早餐玉米卷（一道炒蛋、牛腩、黑豆鳄梨、奶酪和牧场开胃酱汁组合菜肴，解宿醉再合适不过）都是绝配。（☎212-539-0202；javelinatexmex.com；119 E 18th St，Park Ave S和Irving Pl之间；玉米卷$12~16，晚餐主菜 $19~23；⌚周一至周四11:30~15:30和17:30~23:00，周五和周六至23:30，周日 至22:00；📶；S 4/5/6，N/Q/R，L至14th St-Union Sq）

Bar Jamón

西班牙小吃 $$

11 见140页地图，C4

既有趣又有人气，与不远处的Casa Mono一样，都是由马利欧·巴塔利（Mario Batali）经营。嗅嗅西班牙葡萄酒的香气，喝上几口，再点上美味的腌沙丁鱼、鸭肝配杏仁和腌猪肉香肠（fuet catalán）配扁豆等加泰罗尼亚式小吃大快朵颐。（☎212-253-2773；casamononyc.com；125 E 17th St，Irving Pl和Third Ave之间；西班牙小吃$5~15；⌚周一至周五 17:00至次日2:00，周六和周日 正午至次日2:00；S 4/5/6，N/

GLOW IMAGES, INC/GETTY IMAGES ©

联合广场，克里斯汀·琼斯（Kristin Jones）和安德鲁·金泽尔（Andrew Ginzel）设计的节拍器（Metronome；见147页）

Q/R，L至14th St-Union Sq）

Dhaba

印度菜 **$$**

12 见140页地图，C2

虽然默里山（Murray Hill，人称咖喱山）供应各种印度次大陆的食物，但时髦的Dhaba却有着更加浓郁诱人的风味。味道刺激、咬起来咯吱作响的lasoni gobi（煎菜花配番茄和香料）以及非常诱人的murgh bharta（熏茄子煮鸡蓉），都让人口水直流。（☎212-679-1284；www.dhabanyc.com；108 Lexington Ave，27th St和28th St之间；主菜 $11~24；⏰周一至周四 正午至午夜，周五和周六 正午至次日1:00，周日 16:00至22:00；🌶；Ⓢ6至28th St）

Boqueria Flatiron

西班牙小吃 **$$**

13 见140页地图，A4

这里是西班牙风味小吃与新鲜食材的神圣联盟，盛在一长串小碟子里的西班牙小吃和量大一点的raciones等美味食物，吸引了大批人群于下班后蜂拥而至。白兰地小辣椒蒜香虾、培根裹椰枣杏仁Valdeón蓝奶酪等都让人意犹未尽、吮指留香。精选的西班牙葡萄酒更是锦上添花。¡Buen provecho!（祝你好胃口！）（☎212-255-4160；www.boquerianyc.com；53 W 19th St，Fifth Ave和Sixth Ave之间；西班牙小吃 $6~18；⏰周日至周四 正午至22:30，周五和周六 至23:30；📶；Ⓢ1至18th St；F/M，N/R至23rd St）

Craft 新派美国菜 $$$

14 见140页地图，B4

这家人声鼎沸的高档餐馆支持小规模的家庭农场和食品生产商，并将其出品转换成味道纯粹的精致菜肴。无论完美无瑕的炭烧章鱼、口感柔软的扇贝，还是南瓜饺子意面配鼠尾草、褐色黄油和帕尔马奶酪，每种食材都口味非凡。周三至周六需提前预约，要么就在18:00前或21:30之后前往。（☎212-780-0880；www.craftrestaurantsinc.com；43 E 19th St，Broadway和Park Ave S之间；午餐 $15~35，晚餐主菜 $31~45；⏰周日至周四 17:30~22:00，周五和周六 至23:00；📶；Ⓢ4/5/6，N/Q/R，L至14th St-Union Sq）

当地生活

麦迪逊广场美食节

每年春秋两季，都会有大批的美食家涌入小小的General Worth Square——夹在第五大道和百老汇大街之间、麦迪逊广场公园的对面——来参加**麦迪逊广场美食节**（Mad Sq Eats；见140页地图，A3；www.madisonsquarepark.org/tag/mad-sq-eats；General Worth Sq；⏰春季和秋季；ⓈN/R，F/M，6至23rd St），这是一个为期1个月的临时性烹饪市场。广场上约有30家商贩，其中还包括纽约炙手可热的一些小餐馆，所烹饪的食物从地道的比萨到牛腩玉米饼（brisket tacos）一应俱全，均使用顶尖的当地食材。

Gramercy Tavern 新派美国菜 $$$

15 见140页地图，B4

这家充满活力、乡村风格的有名餐馆主打季节性的当地食材，铜质灯台、壁画和引人注目的花卉摆放更使这里光彩四射。你有两个选择：一个是去无须预约的小酒馆按菜单点菜，另一个是去更华丽的餐厅享用些更高档的套餐、品尝美味。酒馆的亮点包括特别受欢迎的鸭肉卷配蘑菇、板栗和球芽甘蓝。

甜点丰盛让人沉迷，葡萄酒也是全城数一数二的。（☎212-477-0777；www.gramercytavern.com；42 E 20th St，Broadway和Park Ave S之间；小酒馆主菜 $19~24，餐厅3道菜套餐 $98，品尝套餐 $105~120；⏰小酒馆 周日至周四 正午至23:00，周五和周六 至午夜，餐厅 周一至周四 正午至14:00和17:30~22:00，周五 至23:00，周六 正午至13:30和17:30~23:00，周日17:30~22:00；📶✍；ⓈN/R，6至23rd St）

Maialino 意大利菜 $$$

16 见140页地图，C3

对于丹尼·迈耶（Danny Meyer）的拥趸们来说，这家精致餐厅会让他们提前四周预订。不过，最好的位置还是无须预约的酒吧座位，由友好、懂行的员工提供服务。无论何时到来，都可以马上开启一段"罗马假日"之旅，品尝利用联合广

了解当地

节拍器（Metronome）

绕着联合广场走一圈，会看到十几座有名的艺术作品，如罗伯·普鲁特（Rob Pruitt）创作的10英尺高的安迪·沃霍尔雕像、威风凛凛的乔治·华盛顿的骑马像等。不过广场南端的一座巨大装置艺术作品更加夺目，在来来往往的行人里，有的会对此投去不解的目光，有的则只是一瞥而过。这个节拍器象征着时间的流逝，由两部分组成：一个显示着莫名其妙的数字的电子时钟；一个棍子一样的装置，有烟雾噗噗地从同心圆的中心冒出来。在这里，我们会告诉你前者亮闪闪的橙色数字的含义，但后者代表什么就交给你自己领悟了：表盘上14个数字分为两组，每组7个，左边的一组代表当前的时间（小时、分钟、秒、十分之一秒），而右边的一组则要以相反的顺序读取，它们代表这一天剩余的时间。

场农贸市场的农产品创造出的意大利乡村风味美食，样样都令人垂涎。（☎212-777-2410；www.maialinonyc.com；Gramercy Park Hotel；2 Lexington Ave，21st St路口；主菜 午餐 $21~34，晚餐 $27~42；⏰周一至周四 7:30~22:30，周五 至23:00，周六 10:00~23:00，周日 10:00~22:30；Ⓢ6，N/R至23rd St）

ABC Kitchen 新派美国菜 $$$

注重环保的ABC Kitchen（见27🔒见140页地图，B4）是华丽的家居百货ABC Carpet & Home（见150页）的餐饮部，看起来就像高雅画廊与质朴农庄的结合体。有机食材以金枪鱼刺身配生姜薄荷、脆皮烤猪肉配熏培根橙子酱焖萝卜等菜肴而显得分外高档。想要更简单随意的食物，可以尝尝美味的全麦比萨。（☎212-475-5829；www.abckitchennyc.com；35 E 18th St，Broadway路口；比萨 $17~20，晚餐主菜 $24~40；⏰周一至周三 正午至15:00和17:30~22:30，周四 至23:00，周五 至23:30，周六 11:00~15:00和17:30~23:30，周日 11:00~15:00和17:30~22:00；🖉；Ⓢ4/5/6，N/Q/R，L至14th St-Union Sq）

饮品

Raines Law Room 鸡尾酒吧

17 🍷 见140页地图，A4

大片天鹅绒窗帘、垫得又厚又软的皮革躺椅、数量正好的裸露墙砖，加上用醇香老酒精心调制的鸡尾酒——这些元素都成功地烘托了这里的气氛。只能预约（建议）周日至周二的位置。但无论哪天前往，总能感受到这里的奢华。（www.raineslawroom.com；48 W 17th St，Fifth Ave和Sixth Ave之间；⏰周一至周三 17:00至次日2:00，周四至周六 至次日3:00，周日 20:00至次日1:00；Ⓢ F/M至14th St；L至6th

Ave; 1至18th St)

Old Town Bar & Restaurant 酒吧

18 见140页地图, B4

这家酒吧现在看起来仍像1892年的样子，保有原来的瓷砖地板和镀锡天花板——就像"旧世界"的男酒客爱来的地方[当然也包括女酒客：当年室内吸烟还是合法的时候，麦当娜《坏女孩》(*Bad Girl*)MV中酒吧点香烟桥段就是在这里拍摄的]。酒吧也提供鸡尾酒，但大多数人都是来这儿喝杯啤酒或吃个汉堡($12.50起)。(☎212-529-6732; www.oldtownbar.com; 45 E 18th St, Broadway和Park Ave S之间; ⏲周一至周五 11:30~23:30, 周六 正午至23:30, 周日 13:00至午夜; S 4/5/6, N/Q/R, L至14th St-Union Sq)

Flatiron Lounge 鸡尾酒吧

19 见140页地图, A4

穿过壮观的拱门，走进昏暗的、装饰艺术范儿的口红色时尚小屋，这里有生动的爵士乐，还有喝着应季饮品的时髦的成年人。Beijing Mule(由茉莉花口味伏特加、酸橙汁、姜汁糖浆和石榴糖浆混合而成)美味爽口，而温和的Flight of the Day(3小杯鸡尾酒组合套餐)喝起来则有微醺的快感。欢乐时光(平日16:00至18:00)的鸡尾酒每组$10。(☎212-727-7741; www.flatironlounge.com; 37 W 19th St, Fifth Ave和Sixth Ave之间; ⏲周一至周三 16:00至次日2:00, 周四 至次日3:00, 周五 至次日4:00, 周六 17:00至次日4:00, 周日 17:00至次日2:00; S F/M, N/R, 6至23rd St)

Pete's Tavern 酒吧

20 见140页地图, C4

灯光昏暗，氛围独特，这里拥有纽约所有经典酒吧的特征——镀锡、雕木以及文艺气息。这里有好吃又实惠的汉堡，还有17种扎啤供你选择。不管是刚从戏院里出来的夫妇、爱尔兰移民，还是严谨的纽约大学的学生，都抵挡不住这儿的诱惑。(☎212-473-7676; www.petestavern.com; 129 E 18th St, 靠近Irving Pl; ⏲11:00至次日2:00; S L, N/Q/R, 4/5/6至14th St-Union Sq)

Birreria 啤酒馆

被视为意大利美食商场Eataly(见144页)皇冠上的宝石，这个屋顶啤酒花园就夹在熨斗大厦的塔楼之间。百科全书式的啤酒单为酒客们提供了一些世界上最好喝的啤酒。如果饿了，这里拿手的猪肘子可谓是你的灵魂伴侣了。

你很可能找不到隐蔽的电梯入口，它就在Eataly靠近23rd St的收银台附近。(www.eataly.com/birreria; 200 Fifth Ave, 靠近23rd St; 主菜 $17~26; ⏲周日至周三 11:30至午夜, 周四至周六 至次日1:00; S N/R, F/M, 6至23rd St)

Flatiron Room 鸡尾酒吧

21 见140页地图, A2

复古的壁纸，闪烁的吊灯、手绘的井

麦迪逊广场公园（见142页），露天餐饮区

格吊顶恰到好处地为这个“性格成熟”的酒吧增添了高雅的格调。照明极具美感的陈列柜里摆满名贵的威士忌。精致的鸡尾酒与橘子腌橄榄、面包干配猪颈肉无花果等高端分享菜肴相得益彰。夜晚多有现场音乐演奏，风格从蓝草到爵士不一而足。强烈建议预订。（☎212-725-3860; www.theflatironroom.com; 37 W 26th St, Sixth Ave和Broadway之间; ⏰周一至周五16:00至次日2:00，周六 17:00至次日2:00，周日 17:00至午夜; Ⓢ N/R至28th St; F/M至23rd St）

Toby's Estate 咖啡馆

22 见140页地图，A3

源于悉尼、发家于威廉斯堡的Toby's Estate，是曼哈顿手工咖啡文化发展的进一步佐证。该咖啡馆隐身在Club Monaco的深处，店里配备了一台定制的Strada浓缩咖啡机。加入咖啡控的行列，来这里尝尝醇厚浓郁的手工咖啡，其中最特别的是Flatiron Espresso Blend浓咖啡。这里也提供来自当地面包房的点心和三明治。（☎646-559-0161; www.tobysestate.com; 160 Fifth Ave, 20th St和21st St之间; ⏰周一至周五 7:00~21:00，周六 8:30~21:00，周日 8:30~20:00; Ⓢ N/R, F/M, 6至23rd St）

71 Irving Place 咖啡馆

23 见140页地图，C4

敲打键盘的作家、聊天八卦的朋

友、文质彬彬的学者，使得这家热闹的咖啡馆总是人满为患。精选的咖啡豆是在哈德逊河谷（Hudson Valley）一个农场（距纽约市约90英里）里精心烘焙而成，另外提供Balthazar烘焙的牛角包、格兰诺拉麦片（granola）、鸡蛋类菜肴、面包圈和压制三明治等美食。（Irving Farm Coffee Company；☎212-995-5252；www.irvingfarm.com；71 Irving Pl，18th St和19th St之间；⏰周一至周五 7:00~22:00，周六和周日 8:00~22:00；S 4/5/6，N/Q/R，L至14th St-Union Sq）

Beauty Bar 酒吧

24 见140页地图，D5

这家人气酒吧有20世纪90年代中期流行的花哨风格，是对老式美容院的一种致敬。复古原声音乐、怀旧的酒吧氛围以及$10左右的美甲服务（包含一杯免费的Blue Rinse玛格丽特鸡尾酒，平日18:00~23:00，周末15:00~23:00），吸引了大批当地潮人前来。夜间娱乐活动还有喜剧表演和滑稽戏等。（☎212-539-1389；www.thebeautybar.com/home-new-york；231 E 14th St，Second Ave和Third Ave之间；⏰周一至周五 17:00至次日4:00，周六和周日 14:00至次日4:00；S L至3r Ave）

娱乐

Peoples Improv Theater 喜剧

25 见140页地图，C3

这座喜剧俱乐部有闪亮的红色霓虹招牌，非常热闹。在这里，你花很便宜的门票钱就能笑得前仰后合。这里还开设专业课程，包括3小时的体验式即兴表演讲习班，授课地点在中城区的**Simple Studios**（☎212-273-9696；simplestudiosnyc.com；134 W 29th St，Sixth Ave和Seventh Ave之间，Midtown West；S 1，N/R至28th St）。课程安排详细情况可在网站查询。（简称PIT；☎212-563-7488；www.thepit-nyc.com；123 E 24th St，Lexington Ave和Park Ave之间；📶；S 6，N/R，F/M至23rd St）

Irving Plaza 现场音乐

26 见140页地图，C4

这个演出场地1978年开业以来，经历过许多大场面，雷蒙斯乐队（the Ramones）、鲍勃·迪伦（Bob Dylan）、U2乐队、Pearl Jam乐队，你能想出名字的摇滚乐坛大腕都曾在此地登台献艺。（☎212-777-6817；www.irvingplaza.com；17 Irving Pl，15th St路口；S 4/5/6，N/Q/R，L至14th St-Union Sq）

购物

ABC Carpet & Home 家居用品

27 见140页地图，B4

家居设计师和室内装潢师进行头脑风暴、获取灵感的圣地，精心布置的7层建筑里高高低低地摆满了各种各样、大大小小的家具摆设。（☎212-473-3000；www.abchome.com；888 Broadway，19th St路口；⏰周一至周三、周五和周六 10:00~19:00，

周四 至20:00，周日 11:00~18:30；S 4/5/6，N/Q/R，L至14th St-Union Sq）

Idlewild Books

书籍

28 见140页地图，A4

以肯尼迪机场的原名命名，这个独立经营的旅游书店提供无限的旅行灵感。书籍按地区摆放，有旅行指南、小说、游记、历史书、食谱和其他刺激人们深入探索世界不同角落的书籍。（☎212-414-8888；www.idlewildbooks.com；12 W 19th St，Fifth Ave和Sixth Ave之间；⏰周一至周四 正午至19:30，周五和周六 至18:00，周日 至17:00；S 4/5/6，N/Q/R，L至14th St-Union Sq）

DSW

鞋

29 见140页地图，B5

如果你对天堂的想象与各类打折精品鞋子有关的话，不妨直奔这家男女皆宜的巨大连锁店。鞋子种类从正装到运动、从流行到高端品牌应有尽有。（☎212-674-2146；www.dsw.com；4 Union Sq S，University Pl和Broadway之间；⏰周一至周六 10:00~21:30，周日 至20:00；S 4/5/6，N/Q/R，L至14th St-Union Sq）

Bedford Cheese Shop

食品

30 见140页地图，C4

布鲁克林最著名的奶酪商店的前哨站，经营的奶酪种类超过200种。无论你想要苦艾酒制成的本地生牛奶奶酪，还是澳大利亚的蒜香羊奶奶酪，都可能在这里找到。可以将奶酪与手工猪肉制品、熟食和即食三明治（$9~11）配着吃。（☎718-599-7588；www.bedfordcheeseshop.com；67 Irving Pl，18th St和19th St之间；⏰周一至周六 8:00~21:00，周日 至20:00；S 4/5/6，N/Q/R，L至14th St-Union Sq）

Books of Wonder

书籍

31 见140页地图，A4

这家出色的书店专营适合儿童和年轻人的图书，下雨天带小家伙们来非常合适，尤其是有儿童文学作家读书会或是故事书作者在场的时候。这里有很多以纽约为主题的图册，还有珍稀或复古的儿童图书和限量版童书艺术品。（☎212-989-3270；www.booksofwonder.com；18 W 18th St，Fifth Ave和Sixth Ave之间；⏰周一至周六 11:00~19:00，周日 11:00~18:00；👪；S F/M至14th St；L至6th Ave）

Whole Foods

食品和饮品

32 见140页地图，B5

健康食品商场Whole Foods在纽约的几个分店之一，是购买野餐食物的好地方。（☎212-673-5388；www.wholefoodsmarket.com；4 Union Sq S，University Place和Broadway之间；⏰7:30~23:00；📶；S 4/5/6，N/Q/R，L至14th St-Union Sq）

探索

中城区

在关于纽约的明信片上，我们常常能看到中城区：时代广场、百老汇的剧院、中央火车站、帝国大厦、克莱斯勒大厦、第五大道，以及林立的摩天大楼和川流不息的黄色出租车与人群。文化景点则包括现代艺术博物馆、纽约公共图书馆、布莱恩特公园、摩根图书馆与博物馆。而在时尚的地狱厨房（Hell's Kitchen），餐饮遍地、适宜同性恋群体的若干街道则是享乐的好去处。

一日游行程

一大早，去备受推崇的**现代艺术博物馆**（见158页）接受艺术熏陶。在咖啡馆买点提神的饮品，再参观雕塑花园，之后沿第五大道漫步。在**Bloomingdale's**（见180页）、**Barneys**（见180页）和**Bergdorf Goodman**（见180页）随便逛逛。然后去参观**洛克菲勒中心**（见162页）和**圣帕特里克大教堂**（见165页）。

前往**中央火车站**（左图；见163页）欣赏宏伟的建筑。在那里的繁华市场买些食物，然后去**布莱恩特公园**（见172页）的草地上野餐。午餐后去恢宏的**纽约公共图书馆**（见164页）看看，再步行去**帝国大厦**（见156页），在大厦的86层将城市风光尽收眼底。

日落后，前往**时代广场**（见154页），从曼哈顿一隅感受城市的迷人活力。到百老汇观看一场卖座演出，如**《汉密尔顿》**（*Hamilton*；见175页）或《长靴妖姬》（*Kinky Boots*；见175页），再去**Taboon**（见170页）享用地中海式豪华晚餐。最后到**Lantern's Keep**（见172页）等高档鸡尾酒吧或**Jimmy's Corner**（见173页）等平价酒吧喝上几杯，结束一天的行程。

顶级景点

时代广场（Times Square；见154页）

帝国大厦（Empire State Building；见156页）

现代艺术博物馆（Museum of Modern Art；见158页）

纽约最佳

就餐

Artisanal（见168页）

Le Bernardin（见168页）

ViceVersa（见167页）

饮品

Campbell Apartment（见171页）

SixtyFive（见171页）

娱乐

《汉密尔顿》（*Hamilton*；见175页）

《长靴妖姬》（*Kinky Boots*；见175页）

《摩门经》（*Book of Mormon*；见176页）

到达和离开

S 地铁 Times Sq-42nd St、Grand Central-42nd St和34th St-Herald Sq是中城区主要的地铁站。

公共汽车 横跨中城区的东西两端。线路包括M11（沿Tenth Ave北行及沿Ninth Ave南行）以及M15（沿First Ave北行及沿Second Ave南行）。还有沿34th St和42nd St行驶的公共汽车。

顶级景点
时代广场

不管你是爱它还是恨它，这个百老汇大街和Seventh Ave的交叉路口（更多地被称为时代广场：Time Square）都是纽约极度活跃的心脏。这是一股躁动不安、迷惑人心的洪流，由闪烁的灯光、夸张的广告牌和原始的都市能量交织而成。它不时髦、不前卫，也没什么八卦，但依然举足轻重。黄色出租车、金色拱门、令人眼花缭乱的百老汇舞台，无一不是纽约的醒目标志。

见160页地图，D4

www.timessquarenyc.org

Broadway，Seventh Ave路口

S N/Q/R，S，1/2/3，7至Times Sq-42nd St

不要错过

巨大的转变

时代广场并非一直如此魅力非凡。20世纪70年代初期的经济崩溃致使大批公司离开了时代广场。广告牌熄灭了，商店关闭了，曾经气派的大酒店也被改造成了单间（SRO）出租。尽管邻近的剧院区（Theater District）免遭于难，但其庄严的剧场不得不和色情电影院、脱衣舞俱乐部开在一起。不过，曾在竞选中发出豪言壮语的市长鲁迪·朱利安尼（Rudolph Giuliani）改变了这一切。他在20世纪90年代增强了警力，还引来了一批“体面的”零售连锁店、餐馆和景点。到了新世纪，时代广场已经不再是青少年的禁区，反而变得老幼皆宜，每年吸引近4000万名游客。

百老汇

如今，纽约的剧院区大致在由东向西的Sixth Ave和Eighth Ave之间和由南向北的40th St和54th St之间，有数十家百老汇或非百老汇剧院，上演着卖座的大型音乐剧以及新式和经典戏剧。除非你想看某个特定演出，在这个地区买票的最好也是最便宜的地方就是TKTS售票亭。你可以在这里排队买到当天的顶级百老汇和非百老汇演出的打折票。智能手机用户可以下载免费的TKTS应用，了解百老汇和非百老汇演出资讯，还会实时更新当天的售票情况。

TKTS售票亭观景

TKTS售票亭本身也很有看点，屋顶的27级宝石红台阶有灯光照明，最高处达16英尺（约4.88米），驻足其上可以俯瞰47th St。从这里遥望时代广场无疑极受大众欢迎，所以想要找个地方小憩一番只能祈求好运了。

☑ 独家贴士

▶地处百老汇大街和49th St交会处西北角的布里尔大厦（Brill Building）被公认为是西方世界流行歌曲最重要的发源地。截至1962年，160多家音乐公司都曾以这里为基地，其中既有从事歌曲创作与管理的企业，也有负责音乐作品宣传推广的机构。这里是给艺术家的一站式服务商店，在这里诞生的传奇人物有卡洛尔·金（Carole King）、鲍勃·迪伦（Bob Dylan）和琼妮·米切尔（Joni Mitchell）等。

吃喝落脚点

想欣赏广场的全景，可以到Renaissance Hotel的**R Lounge**（☎212-261-5200; www.rloungetimessquare.com; Two Times Square, 714 Seventh Ave, 48th St路口, Midtown West; ⏰周一 17:00~23:00，周二至周四 至23:30，周五 至午夜，周六 7:30至午夜，周日 7:30~23:00; Ⓢ N/Q/R至49th St）买杯饮料。透过这里的落地窗能够看到下面霓虹灯闪烁的壮观景象。

顶级景点
帝国大厦

克莱斯勒大厦可能更美，新世贸大厦与432 Park Ave可能更高，但纽约天际线之最依旧是帝国大厦（Empire State Building）。它是纽约最高的明星，在《金刚》《独立日》等100多部电影中，你都能看到它的特写。没有什么建筑可以像它一样代表纽约。而且，在大厦顶端观景，就像在Katz’s Delicatessen品尝熏牛肉黑麦腌黄瓜三明治一样，是来纽约必须尝试的体验。

见160页地图，E5

www.esbnyc.com

350 Fifth Ave，34th St路口

86层观景台 成人/儿童$32/26，含102层观景台$52/46

8:00至次日2:00

S B/D/F/M，N/Q/R至34th St-Herald Sq

不要错过

观景台

帝国大厦有两个观景台。第86层露天平台提供了户外体验，投币式望远镜能近距离看到这个大都市的风貌。此外还有位置更高的第102层的封闭平台。不用说，从这里俯瞰城市5个区（天气允许的话，还能看到5个邻近的州）的景色，相当精致美丽。日落时，城市在黄昏的余晖中渐渐被夜色笼罩，从两处观景台都可以欣赏到蔚为壮观的景致。

灯光秀

自1976年以来，大厦顶部的30层楼每晚都会变换灯光颜色，反映着季节和假日的色调。有名的搭配包括适用于圣帕特里克节（St Patrick's Day）的橙色、白色和绿色，烘托圣诞节的白色、红色和绿色，以及反映6月周末的同性恋骄傲大游行（Gay Pride）的彩虹色。可以登录网站查询各种色彩搭配方案的完整信息。

惊人的建筑

关于帝国大厦的统计数据令人震惊：1000万块砖头、6万吨钢材、6400个窗户和328,000平方英尺（约3万平方米）的大理石。大厦建在华尔道夫-阿斯托利亚酒店（Waldorf-Astoria）的原址上，其建设施工创下了耗时410天的纪录，用了700万小时的劳动力，费用却仅仅花去4100万美元（合今天的6.5亿美元）。这听起来像是一大笔钱，但是比预算的5000万美元要少得多（也要归功于是在大萧条时期所建的）。大厦有102层楼，高达1472英尺（约449米）。

独家贴士

- 可惜，通往天堂的道路总是要穿过炼狱：前往楼顶的人群队伍之长是出了名的。要么一大早去，要么深夜去，可以避免耽误时间。你也可以提前在网上买票，就算多花$2的便利费也很值得，这样可以省去很多麻烦。
- 周四至周六21:00至次日1:00之间，在第86层观景平台可以一边欣赏城市的灯火辉煌，一边聆听现场萨克斯风的动听伴奏（没错，可以预约）。
- 凌晨1:15有最后一班向上的电梯。

吃喝落脚点

避开令人恼火的拥挤游客，向东漫步几个街区到以法式小馆菜肴和令人着迷的以各种奶酪见长的Artisanal（见168页）。韩国城也很热闹，沿32nd St分布着大批就餐场所，其中包括宁静的Hangawi（见168页）。

顶级景点

现代艺术博物馆

现代艺术博物馆（Museum of Modern Art）的顶级明星比奥斯卡晚宴上的还多：凡·高、马蒂斯、毕加索、沃霍尔（Warhol）、罗斯科（Rothko）、波洛克（Pollock）和布儒瓦（Bourgeois）等大师的作品都在这里展出。自1929年建馆以来，此处汇聚了近20万件艺术品，记录了从19世纪晚期出现的直至当今仍具有影响力的各种创作理念和运动。对于艺术爱好者来说，它就是瓦尔哈拉圣殿（Valhalla；北欧神话中死亡之神奥丁纪念阵亡将士英灵的殿堂）；对于外行人来说，它是令人兴奋的短期艺术速成班。

见160页地图，E2

212-708-9400

www.moma.org

11 W 53rd St, Fifth Ave和Sixth Ave之间

成人/儿童 $25/免费，周五16:00~20:00免费

周六至周四 10:30~17:30，周五 至20:00

不要错过

馆藏亮点

现代艺术博物馆的永久藏品分布在四个楼层，许多的名家大作都位于最上面两层，因此可以按照自上而下的顺序参观。必须要看的有，凡·高的《星夜》(*Starry Night*)、塞尚的《沐浴者》(*The Bather*)、毕加索的《亚维农的少女》(*Les Demoiselles d'Avignon*)和卢梭(Rousseau)的《沉睡的吉卜赛人》(*The Sleeping Gypsy*)，更不用说那些标志性的美国作品，诸如沃霍尔的《金宝汤罐头》(*Campbell's Soup Cans*)和《金色的玛丽莲·梦露》(*Gold Marilyn Monroe*)、利希滕斯坦(Lichtenstein)与之同样出名的《拿着球的女孩》(*Girl With Ball*)和霍珀(Hopper)让人难忘的《铁路边的房子》(*House by the Railroad*)。

艾比·奥德里奇·洛克菲勒雕塑花园

建筑师谷口吉生(Yoshio Taniguchi)于2004年主持的改建工程名声大噪，雕塑花园(Abby Aldrich Rockefeller Sculpture Garden)也由此进行了扩建，菲利普·约翰逊(Philip Johnson)1953年的设计得以重现。约翰逊形容这里就好像“户外的房间”，在温暖的晴天，人们很自然地把这里当作一个舒适的露天休息区。这里展出的名作包括阿瑞斯缇德·马约尔(Aristide Maillol)雕刻的《河流》(*The River*)，此外还有马蒂斯、米罗(Miró)和毕加索等大师的作品。雕塑花园每天9:30~10:15免费开放，恶劣天气和维修期间除外。

电影放映

现代艺术博物馆不仅仅是视觉艺术的圣殿，还从收藏的22,000多部电影里筛选出绝对的经典进行放映，如梅索兄弟(Maysles Brothers)的纪录片、所有的皮克斯动画片等。奥斯卡提名的纪录短片、好莱坞经典、实验性作品及国际作品回顾展，应有尽有。

☑ 独家贴士

▶为了制订合理的参观计划，充分地利用参观时间，最好还是提前在网站上下载博物馆的免费智能手机应用。

吃喝落脚点

这里还有一流的餐馆。想去公共餐桌享受休闲的氛围，就去**Cafe 2**(☎212-333-1299；三明治和沙拉$12~14，主菜 $19；⏰周六至周四 11:00~17:00，周五 至19:30；📶)吃些意式菜肴。想要餐桌服务，就选择**Terrace Five**(☎212-333-1288；主菜 $14~18；⏰周六至周四 11:00~17:00，周五 至19:30；📶)，这家店以能够俯瞰雕塑花园的户外露台为特色。然而，如果你想要享受奢华美食，那就去米其林星级餐厅**Modern**(☎212-333-1220；www.themodernnyc.com；3/4道菜午餐 $80/96，4道菜晚餐 $118；⏰餐厅 周一至周五 正午至14:00和17:00~22:30，周六 17:00~22:30；酒吧 周一至周六 11:30~22:30，周日 至21:30)订位吧。

A
B
C
D
1
2
3
4
5
Fordham University 福坦莫大学
West End Ave
W 60th St
W 59th St
Columbus Ave
59th St-Columbus Circle
Columbus Circle
52 哥伦布环岛
Central Park
Center Dr
Central Park South
W 58th St
9 Museum of Arts & Design 艺术和设计博物馆
57th St-7th Ave
57th St
W 57th St
Broadway 百老汇大道
34
12
W 56th St
Hudson River Park
W 55th St
Eighth Ave
Seventh Ave
Sixth Ave (Avenue of the Americas)
W 54th St
Tenth Ave
Ninth Ave
Dewitt Clinton Park
W 53rd St
7th Ave
20
30
28
W 52nd St
16
11
14
18
Twelfth Ave (West Side Hwy)
W 51st St
23
W 50th St
50th St
42
Radio City Music Hall 无线电城市音乐厅
1
Worldwide Plaza 世界广场
W 49th St
49th St
Eleventh Ave
33
THEATER DISTRICT 剧院区
W 48th St
35
47th-50th Sts-Rockefeller Center
W 47th St
24
43
W 46th St
31
13
NYC Information Center 纽约市信息中心
W 45th St
32
29
41
39
W 44th St
HELL'S KITCHEN 地狱厨房
27
Times Square 时代广场
W 43rd St
42nd St-Port Authority
42nd St-Bryant Park
Pier 83
W 42nd St
36
37
W 41st St
42nd St-Times Sq
Pier 81
Port Authority Bus Terminal 港务局客运总站
W 40th St
W 39th St
Lincoln Tunnel 林肯隧道
48
49
W 38th St
GARMENT DISTRICT 服装批发区
Dyer St
W 37th St
W 36th St
HERALD SQUARE 先驱广场
W 35th St
34th St-Penn Station
51
W 34th St
50
NYC Information Center 纽约市信息中心
34th St-Herald Sq
W 33rd St
Penn Station
40
W 31st St
0 500 m
0 0.25 miles
详细介绍请见
顶级景点 154页
景点 162页
就餐 166页
饮品 171页
娱乐 175页
购物 180页

E
F
G
H
1
2
3
4
5
The Pond
池塘
East Dr
44
5th Ave-
59th St
Lexington Ave-
59th St
45
59th St
E 61st St
E 60th St
Roosevelt Island
Tramway Station
罗斯福岛缆车站
Queensboro-59th St Bridge
纽约皇后区大桥
E 59th St
E 58th St
46
W 57th St
E 57th St
E 56th St
E 55th St
E 54th St
E 53rd St
Sutton Pl
East River 东河
Museum of
Modern Art
现代艺术博物馆
Madison Ave
Park Ave
Lexington Ave
Third Ave
25
Second Ave
First Ave
Lexington Ave-
53rd St
47
Rockefeller
Plaza
洛克菲勒广场
Fifth Ave
Fifth Ave-
53rd St
8
St Patrick's
Cathedral
圣帕特里克大教堂
51st St
E 52nd St
E 51st St
E 50th St
E 49th St
E 48th St
E 47th St
E 46th St
E 45th St
E 44th St
E 43rd St
Beekman
Pl
Franklin D Roosevelt Dr
3 2
Rockefeller Center
洛克菲勒中心
Top of the Rock
洛克菲勒中心顶层观景台
THE
DIAMOND
DISTRICT
钻石区
Vanderbilt Ave
Grand Central
Terminal
Chrysler
Building
克莱斯勒大厦
10
United
Nations
联合国
22
E 44th St
E 43rd St
4
5
5th Ave
W 42nd St
Grand
Central
Terminal
中央火车站
42nd St-
Grand Central
E 42nd St
E 41st St
Tudor City Pl
Queens-Midtown
Tunnel
皇后区-中城区隧道
6
New York
Public Library
纽约公共图书馆
E 40th St
E 39th St
E 38th St
E 37th St
E 36th St
E 35th St
MURRAY
HILL
默里山
26
Park Ave S
7
Morgan
Library &
Museum
摩根图书馆与博物馆
St Vartan
Park
圣瓦尔坦公园
Empire State
Building
帝国大厦
E 34th St
KOREATOWN
韩国城
33rd St
E 33rd St
W 32nd St
(Korea Way)
E 32nd St
E 31st St
21 19
15
17
38

景点

无线电城市音乐厅 历史建筑

1 见160页地图，D2

这座宏伟的艺术装饰风格电影圣殿，是歌舞杂耍表演制作人塞缪尔·莱昂内尔“洛克西”洛瑟菲尔（Samuel Lionel ‘Roxy’ Rothafel）的智慧结晶。洛克西的表现可圈可点，他于1932年12月23日为这座绚丽的场馆拉开帷幕，与之一同登场的还有一系列夸张到不能再夸张的娱乐表演，其中包括舞蹈团Roxyettes（好在后来更名为火箭女郎Rockettes）的高踢腿表演。导览游（75分钟）能够带你领略内部的豪华，如金碧辉煌的礼堂、位于楼下女士休息室（Women's Downstairs Lounge）中的维托德·戈登（Witold Gordon）有感而发的经典创作《化妆品的历史》（*History of Cosmetics*）、高档的VIP洛克西包房（VIP Roxy Suite）等。（Radio City Music Hall；www.radiocity.com；1260 Sixth Ave，51st St路口；团队游 成人/儿童 $26.95/19.95；团队游10:00~17:00；；B/D/F/M至47th-50th Sts-Rockefeller Center）

洛克菲勒中心 历史建筑

2 见160页地图，E2

这座占地面积22英亩的“城中之城”在大萧条最严重的时期首次亮相。它用了9年的时间才建成，是美国第一个集零售、娱乐和办公于一体的多用途空间，包含有19座建筑（其中14座都是原来的现代主义建筑）。开发商小约翰·D.洛克菲勒（John D Rockefeller Jr）可能在这笔数目达到1亿美元的花费上费尽了心思，但一切都是值得的——1987年，该中心被宣布为国家地标。洛克菲勒中心顶层观景台和**NBC Studio Tours**（212-664-3700；www.thetouratnbcstudios.com；30 Rockefeller Plaza，入口在1250 Sixth Ave；团队游 成人/儿童 $33/29，6岁以下儿童不得入内；周一至周五 8:30~14:00，周六和周日 至17:00）是这里的亮点。（Rockefeller Center；www.rockefellercenter.com；Fifth Ave至Sixth Ave，48th St至51st St；B/D/F/M至47th-50th Sts-Rockefeller Center）

洛克菲勒中心顶层观景台 观景台

3 见160页地图，E2

这个露天观景台位于通用电气公司大厦（GE Building）顶部，1933年首次开放，为向远洋客轮致敬而建。得益于身处洛克菲勒中心最高的建筑顶层（70层），可以俯瞰全城风景。这里在以下几个方面胜过帝国大厦的观景台：人没那么多，观景台更宽敞（既有室内部分也有室外部分），而且还可以从这里眺望帝国大厦。（Top of the Rock；212-698-2000；www.topoftherocknyc.com；30 Rockefeller Plaza，49th St路口，入口在W 50th St，Fifth Ave和Sixth Ave之间；成人/儿童 $32/26，日出/日落套票 $47/36；8:00至午夜，最后一次电梯服务为23:00；B/D/F/M至47th St-50th St-Rockefeller Center）

无线电城市音乐厅

中央火车站

历史建筑

4 见160页地图，F3

中央火车站更贴切的名字应是大中央火车总站，是纽约学院派建筑的另一典范。车站竣工于1913年，地板是粉色田纳西大理石，而票务柜台则是米黄色意大利大理石，雄伟的大厅有绘有星座的穹顶。值得注意的是星座的顺序是反的，而这显然不是错误。法国画家保罗·塞萨·埃勒（Paul César Helleu）希望从上帝的角度——从外向内描画星座。（Grand Central Terminal; www.grandcentralterminal.com; 42nd St, Park Ave路口，Midtown East; 5:30至次日2:00; S S, 4/5/6, 7至Grand Central-42nd St）

克莱斯勒大厦

历史建筑

5 见160页地图，F4

克莱斯勒大厦由威廉·凡·阿伦（William Van Alen）于1930年设计建造，楼高77层，是一座集多种风格精华于一身的建筑：它融合了艺术装饰风格与哥特式美学，并用钢制雄鹰做装饰，大厦顶端还有一个尖塔，《科学怪人的新娘》（*Bride of Frankenstein*）就是在这里取景的。这个建筑最初是作为沃尔特·P.克莱斯勒（Walter P Chrysler）及其汽车王国的总部而建。克莱斯勒在汽车生产方面无法与福特和通用两大竞争对手抗衡，不过作为城市轮廓的亮点与“高谭市”（蝙蝠侠取景处）最漂亮的大厅之一，它倒是超过

当地生活

罗斯福岛

罗斯福岛（Roosevelt Island）是东河（East River）中的一块弹丸之地，提供逃离曼哈顿都市喧嚣的便捷途径和欣赏纽约城市轮廓的绝佳视野。路易·卡恩（Louis Kahn）设计的**富兰克林·D.罗斯福四大自由公园**（Franklin D Roosevelt Four Freedoms Park；见160页地图，H3；☎212-204-8831；www.fdrfourfreedomspark.org；Roosevelt Island；门票免费；⊙4月至9月 周三至周日 9:00~19:00，10月至次年3月 周三至周一 至17:00；Ⓢ F至Roosevelt Island；Roosevelt Island）就坐落在岛的南端。你可以乘坐地铁（F线）抵达，不过搭乘Second Ave和60th St发车的罗斯福岛电车可以欣赏沿途风景。

了它们。（Chrysler Building；405 Lexington Ave，42nd St路口，Midtown East；⊙大厅 周一至周五 8:00~16:00；Ⓢ S，4/5/6，7至Grand Central-42nd St）

纽约公共图书馆 历史建筑

6 见160页地图，E4

由“耐心”和“毅力”（俯瞰第五大道的两只大理石狮子）忠实地守卫着，这座美术学院派艺术风格的华丽建筑是纽约最具吸引力的免费旅游胜地之一。1911年，这个纽约的旗舰图书馆被评为在美国建造的最大的大理石建筑。直到今天，这里的玫瑰主阅览室（Rose Main Reading Room）仍能用它奢华的井格天花板让你叹为观止。不过这只是图书馆众多的亮点之一，你还可以参观德威特·华莱士期刊阅览室（DeWitt Wallace Periodical Room）。（New York Public Library；Stephen A Schwarzman Bldg；☎917-275-6975；www.nypl.org；Fifth Ave和42nd St交叉路口；门票免费；⊙周一和周四至周六 10:00~18:00，周二和周三 至20:00，周日 13:00~17:00，导览游 周一至周六 11:00和14:00，周日 14:00；Ⓢ B/D/F/M至42nd St-Bryant Park；7至5th Ave）

摩根图书馆与博物馆 博物馆

7 见160页地图，E4

在这座大厦的45个房间中，有一部分曾为钢铁巨头摩根大通公司（JP Morgan）所有。这个豪华的文化中心拥有数量惊人的手稿、挂毯和书籍（包括3部的古腾堡圣经）。摩根的书房摆满了意大利与荷兰文艺复兴时期的艺术作品，不过与他的个人藏书室（东厅）比起来仍是相形见绌。后者是个带穹顶的非凡空间，装饰着核桃木书橱，一幅16世纪的荷兰壁毯，还有以星座为主题的天花板。中心的轮展和经常举行的文化活动通常都很出色。（Morgan Library & Museum；www.morganlibrary.org；29 E 36th St，Madison Ave路口，Midtown East；成人/儿童 $18/12；⊙周二至周四 10:30~17:00，

周五 至21:00，周六 10:00~18:00，周日 11:00~18:00；S 6至33rd St）

圣帕特里克大教堂

教堂

8 见160页地图，E2

这座美国最大的天主教堂刚刚经历过大规模整修，如今以哥特复兴式的壮丽再次给第五大道增添光彩。教堂始建于南北战争时期，当时的建筑花费近200万美元。建筑最初并没有前面的两个尖顶，它们是在1888年加上去的。走进教堂，可以欣赏路易斯·蒂芙尼（Louis Tiffany）设计的祭坛和查尔斯·康尼可（Charles Connick）设计的令人惊叹的圆花窗——在教堂管风琴的7000根管子上方闪闪发亮。（St Patrick's Cathedral；www.saintpatrickscathedral.org；Fifth Ave, 50th St和51st St之间；6:30~20:45；S B/D/F/M至47th St-50th St-Rockefeller Center；E/M至5th Ave-53rd St）

艺术和设计博物馆

博物馆

9 见160页地图，C1

这里的4个楼层展示着绝佳的设计和手工艺品，如吹制玻璃器皿、木雕和精致的金属首饰。这里的临时展览一流又新颖，曾举办过一场探索气味艺术的展览。在每月的第一个周日，通常会有专业的艺术家们带领你进行美术馆的探索（适宜全家出行的旅行者），随后可以根据当时的展览所激发的灵感自己动手制作艺术品。博物馆礼品店出售一些精美的当代珠宝，而位于九层的餐厅酒吧**Robert**（212-299-7730；www.robertnyc.com；周一和周日 11:30~22:00，周二 至23:00，周三至周六 至午夜）则是欣赏景色、品尝

了解当地

时代广场简史

在19世纪末20世纪初的时候，时代广场被称为朗埃克广场（Longacre Square）。那时，它是个不起眼的交叉路口，远离商业中心下曼哈顿。然而，这一切因地铁先驱奥古斯特·贝尔蒙（August Belmont）与《纽约时报》出版商阿道夫·奥克斯（Adolph Ochs）之间的协议而改变。贝尔蒙负责纽约第一条地铁线（从下曼哈顿到上西区和哈莱姆）的建设。他敏锐地意识到，沿42nd St建造中城区商业中心将获得最大收益并惠及此线。贝尔蒙在为此地招商时接触到了刚刚扭转了《纽约时报》命运的奥克斯。贝尔蒙给奥克斯提出建议，将报社迁往百老汇大街和42nd St的交叉路口会是一件双赢的事情：这不仅意味着报纸在地铁站内部能更快地全城流通，上下班时段涌入广场的人流也意味着报纸将在总部之外有更多的销售量。贝尔蒙甚至说服了纽约市长小乔治·B.麦克莱伦（George B McClellan Jr）用时报的名字重新给广场命名。

鸡尾酒的绝佳去处。(Museum of Arts & Design，简称MAD；www.madmuseum.org；2 Columbus Circle，Eighth Ave和Broadway之间；成人/儿童 $16/免费；周四18:00~21:00捐赠入内；⏲周二、周三、周六和周日 10:00~18:00，周四和周五至21:00；👪；S A/C，B/D，1至59th St-Columbus Circle)

联合国

历史建筑

10 见160页地图，H3

欢迎来到联合国总部，这是一个监督审查国际法、国际安全和人权的世界性组织。由勒·柯布西耶(Le Corbusier)设计的秘书处大楼(Secretariat building)在装修时禁止游人入内。历时1小时的导览游包括联合国大会堂(General Assembly Hall)、安理会会议厅(Security Council Chamber)、托管理事会会议厅(Trusteeship Council Chamber)、经济和社会理事会(Economic and Social Council，简称ECOSOC)会议厅，以及关于联合国的工作情况或成员国捐赠的艺术品的展出。工作日的团队游必须要在网上预订，而且要带照片的身份证明才能入内。(United Nations；☎212-9634475；visit.un.org；游客的出入口位于First Ave和46th St交叉路口，Midtown East；团队游 成人/儿童 $20/11，进入庭院 周六和周日 免费；⏲团队游 周一至周五 9:00~16:30，游客中心 周六和周日 10:00~17:00同样开放；S S，4/5/6，7至Grand Central-42nd St)

就餐

Totto Ramen

日本菜 $

11 见160页地图，C2

中城区也许还有两家分店，不过纯粹主义者们都知道，这个只有20个座位的老店无与伦比。在门口的板子上写上你的名字和用餐人数，然后就等着入内，看美味的拉面出锅吧。别选鸡肉，要猪肉——可以让味噌拉面(加入了发酵黄豆酱、鸡蛋、葱、豆芽、洋葱和自制的辣椒酱)更美味。(☎212-582-0052；www.tottoramen.com；366 W 52nd St，Eighth Ave和Ninth Ave之间，Midtown West；拉面 $10起；⏲周一至周六 正午至16:30和17:30至午夜，周日 16:00~23:00；S C/E至50th St)

Burger Joint

汉堡包 $

12 见160页地图，D1

你只能凭借一个小小的霓虹汉堡标志找到这里。这家地下酒吧风格的汉堡店隐藏在Le Parker Meridien酒店大厅的帘子后面。虽然这里可能不再像以前那样"时髦"或"秘密"了，但遍布涂鸦的墙壁、怀旧的卡座和认真制作牛肉饼的员工依然是它的制胜法宝。(☎212-708-7414；www.burgerjointny.com；Le Parker Meridien，119 W 56th St，Sixth Ave和Seventh Ave之间，Midtown West；汉堡包 $8.50起；⏲周日至周四 11:00~23:30，周五和周六 至午夜；S F至57th St)

BEN BRYANT/SHUTTERSTOCK ©

赫斯特大厦（Hearst Tower；见169页）

El Margon

古巴菜 $

13 见160页地图，D3

这家永远都人满为患的古巴午餐店将时间定格在了1973年，橙色的耐美力板和光滑油亮的装饰从未过时。快去尝尝传奇的古巴三明治（塞满了烤猪肉、香肠、奶酪、泡菜、mojo酱和蛋黄酱的压缩三明治）吧，味道太棒了。(136 W 46th St，在Sixth Ave和Seventh Ave之间，Midtown West；三明治 $4起，主菜 $9~15；⏲7:00~17:00；S B/D/F/M至47thSt-50th St-Rockefeller Center)

ViceVersa

意大利菜 $$

14 见160页地图，C2

ViceVersa是意大利餐馆的典范：文雅、老练、亲切、美味。浏览一下菜单，看看这些精制的混合风味菜肴，如黑松露饭团(arancini with black truffle)和果仁羊奶干酪(fontina cheese)。想品尝有名的经典食物，就点一份贝加莫式意大利牛肉饼(casoncelli alla bergamasca，加入了小牛肉碎、葡萄干和杏仁饼的饺子形面食，以鼠尾草、黄油、烟肉和帕达诺干酪等调味)，它是厨师Stefano Terzi对伦巴第风格的致敬。(☎212-399-9291；www.viceversanyc.com；325 W 51st St，Eighth Ave和Ninth Ave之间，Midtown West；2道菜午餐 $25，晚餐主菜 $24~32；⏲周一至周五 正午至14:30和16:30~23:00，周六 16:30~23:00，周日 11:30~15:00和16:30~22:00；S C/E至50th St)

Hangawi
韩国菜 $$

15 见160页地图，E5

韩国素食是这家高品质餐馆的主打菜肴。把鞋子留在门口，进入由冥想音乐、低软座位和干净且复杂的菜肴组成的空间，舒缓且富有禅意。招牌菜有韭菜饼和光滑诱人的姜汁豆腐锅。（☎212-213-0077; www.hangawirestaurant.com; 12 E 32nd St, Fifth Ave和Madison Ave之间；主菜 午餐 $11~30，晚餐 $19~30；⏲周一至周五 正午至14:30和17:30~22:15，周六 13:00~22:30，周日 17:00~21:30；✍；Ⓢ B/D/F/M, N/Q/R至34th St-Herald Sq）

Danji
韩国菜 $$

16 见160页地图，C2

餐馆环境优美舒适，墙壁雪白，由年轻有为的厨师Hooni Kim烹制创意韩国菜肴。午市菜单比较简单，包括石锅拌饭，晚餐菜肴更为丰富，供应各种大、中、小盘菜肴。谢天谢地，午餐和晚餐时段都可以享用备受推崇的烤牛肉汉堡，面包由黄油烤制，真是无上的美味。早点儿过来，不然就要等好久。（☎212-586-2880; www.danjinyc.com; 346 W 52nd St, Eighth Ave和Ninth Ave之间，Midtown West; 菜肴 $13~26；⏲周一至周四 正午至14:30和17:00~23:00，周五 正午至14:30和17:00至午夜，周六 17:00至午夜；Ⓢ C/E至50th St）

Artisanal
法国菜 $$$

17 见160页地图，F5

对于喜爱奶酪的食客来说，这里简直就是圣殿。餐馆是旧时巴黎小馆的格调，但又不失现代，供应的奶酪超过200种，包括辣味意大利Canestrato、味道刺鼻的法国利瓦罗奶酪（Livarot）等。可以品尝奶酪葡萄酒的各种组合，也可以从一系列奶酪火锅中选一款大快朵颐。另有品种丰富的常见小馆菜肴，如洋葱干酪面包汤（onion soup gratinée，含三种奶酪）和法式鱼羹（bouillabaisse）等。（☎212-725-8585; www.artisanalbistro.com; 2 Park Ave S, 32nd St和33rd St之间，Midtown East; 主菜 $24~50；⏲周一至周五 10:00至午夜，周六和周日 9:00开始营业；✍；Ⓢ 6至33rd St）

Le Bernardin
海鲜 $$$

18 见160页地图，D2

虽然内部因为一个“年轻顾客”——布鲁克林艺术家兰奥特纳（Ran Ortner）的三联画（以风暴为主题，令人叹为观止）而变得更加引人入胜，但米其林三星级的Le Bernardin仍然是一个豪华精致的餐饮圣地。掌舵的是名厨埃里克·里佩尔（Éric Ripert），他做的海鲜外表平淡无奇，却是美味得超乎想象。（☎212-554-1515; www.le-bernardin.com; 155 W 51st St, Sixth Ave和Seventh Ave之间，Midtown West; 套餐 午餐/晚餐 $80/140，品尝套餐 $170~205；⏲周一至周四 正午至14:30和17:15~22:30，周五 至23:00，周六 17:15~23:00；Ⓢ 1至50th St; B/D, E至7th Ave）

了解当地
中城区的摩天大厦

中城区的天际线并非只有帝国大厦和克莱斯勒大厦，这里还有更多的现代主义和后现代主义风格的宏伟建筑，满足纽约对于摩天大厦的无尽渴望。以下三座高耸的建筑物也是中城区摩天大厦中的翘楚。

利华大厦

21层的**利华大厦**（Lever House；390 Park Ave，53rd St和54th St之间，Midtown East；S E，M至5th Ave-53rd St）曾是高科技建筑的典范，只有联合国秘书处大厦（UN Secretariat Building）和这里一样具有具创造性的玻璃外观。建筑的形式同样大胆：纤薄的楼体与底层的地基是相互垂直的两个长方形。露天庭院有日裔美国雕刻家野口勇（Isamu Noguchi）设计的大理石长凳，大厅中展示着专门为这里创作的当代艺术。

赫斯特大厦

福斯特建筑事务所设计的**赫斯特大厦**（Hearst Tower；949 Eighth Ave，56th St和57th St之间，Midtown West；S A/C，B/D，1至59th St-Columbus Circle）无疑是纽约最具创造力的当代建筑之一。对角网格框架令人联想起玻璃与钢筋构成的参差不齐的蜂巢，找准角度近距离观看方能领略这一建筑之美。大厦矗立在约翰·乌尔班（John Urban）1928年设计的铸石结构赫斯特杂志大厦（Hearst Magazine Building）的中部，杂志大厦本身也曾被视作一座摩天大楼。在大厅里可以看到理查德·朗（Richard Long）创作的壁画《河流》（*Riverlines*）。

美国银行大厦

水晶状的**美国银行大厦**（Bank of America Tower；Sixth Ave，42nd St和43rd St之间；S B/D/F/M至42nd St-Bryant Park）因环保设计而广受赞誉。大厦内采用清洁燃烧技术的热电联供系统，每年可以提供大厦65%的用电量；二氧化碳检测过滤器在必要时提供空气过滤；目的楼层控制可以避免电梯空梯运行——这些方面无不令人印象深刻。大厦由库克与福克斯建筑事务所设计，楼高58层，曾在2010年荣获高层建筑暨都市集居委员会颁发的"美国最佳高层建筑"奖项。

NoMad

新派美国菜 $$$

19 见160页地图，E5

NoMad与其所在的这家知名的时髦酒店同名，是曼哈顿最出名的餐饮圣地之一。这里被分隔成一系列完全不同的空间，包括浮华的中庭、高雅的花厅只供应小食的图书馆。餐馆供应烤鹌鹑配梅子、甘蓝鸡油菌、梨子浆果烤乳猪等精致菜肴。（212-796-1500；www.thenomadhotel.com；NoMad Hotel，1170 Broadway，28th St路口；2道菜午餐套餐 $29，晚餐主菜 $23~41；周一至周四 正午至14:00和17:30~22:30，周五 至23:00，周六 11:00~14:00和17:30~23:00，周日 11:00~14:30和17:30~22:00；S N/R，6至28th St；F/M至23rd St）

当地生活

韩国城

说起泡菜和卡拉OK，很难有地方可以和**韩国城**（Koreatown；见160页地图，E5；31st St至36th St，Broadway至Fifth Ave；S B/D/F/M，N/Q/R至34th St-Herald Sq）相提并论。韩国城主要集中在32nd St上，有一部分延伸到了这个狭长地带的南部和北部附近的街道上。这里很像首尔，遍布着韩国人开的餐馆、商店、美容院和水疗馆等。

在32nd St的许多地方都有通宵营业的正宗韩式烧烤店，有些店还准备了麦克风、电视和类似《狂躁星期一》（*Manic Monday*）等歌曲。

Taboon

地中海菜 $$$

20 见160页地图，B2

店名在阿拉伯语里是"石炉"的意思。一进入这个温暖、随意、时尚的人气餐馆，你就会看到此物。食客中既有衣冠楚楚的戏剧观众，也有地狱厨房的肌肉男，餐馆供应地中海式菜肴，如蒜头柠檬铁板烤虾、松露油鸡蛋馅饼（burek；酥饼夹水煮荷包蛋）。建议预订。新出炉的面包值得推荐。（212-713-0271；www.taboononline.com；773 Tenth Ave，52nd St路口，Midtown West；开胃菜 $11~20，主菜 $26~38；周一至周五 17:00~23:00，周六 至23:30，周日 11:00~15:30和17:00~22:00；S C/E至50th St）

John Dory Oyster Bar

海鲜 $$$

21 见160页地图，E5

位于**Ace Hotel**（212-679-2222；www.acehotel.com/newyork；20 W 29th St，Broadway和Fifth Ave之间，Midtown West；房间 $329起；S N/R至28th St）的大堂里，John Dory是啜饮香槟酒、品尝新鲜牡蛎的好去处。欢乐时光（平日 17:00~19:00，周末 正午至15:00）是一大亮点，牡蛎和蛤蜊仅售$2一份（6只起）。（212-792-9000；www.thejohndory.com；1196 Broadway，29th St路口；菜肴 $10~38；正午至午夜；S N/R至28th St）

CURTIS HAMILTON/GETTY IMAGES ©

布莱恩特公园（见172页）

饮品

Campbell Apartment 鸡尾酒吧

感受1928年的派对氛围吧！位于中央火车站（4◎见160页地图，F3）的这处绝妙又低调的珍宝曾是20世纪20年代一位铁路大亨的办公室，这位大亨喜爱收藏欧洲稀奇古怪的玩意儿，如佛罗伦萨式挂毯、装饰用天花板木梁、一扇铅框玻璃窗等。这里远离游客群但位置便利，你可以搭Oyster Bar旁的电梯上来，也可以走楼梯到西阳台（West Balcony）。（☎212-953-0409；www.hospitalityholdings.com；Grand Central Terminal, 15 Vanderbilt Ave, 43rd St路口；⏲周一至周四 正午至次日1:00，周五和周六 至次日2:00，周日 至午夜；Ⓢ S, 4/5/6, 7至Grand Central-42nd St）

SixtyFive 鸡尾酒吧

不容错过的酒吧，精致的SixtyFive（2◎见160页地图，E2）位于洛克菲勒中心通用电气公司大厦的65层。想去的话，要穿正装（不能穿运动服，酒吧也不接待21岁以下的客人）。17:00前到这里能保证有难得的视野。即便没有阳台或靠窗的位置，也可以到室外饱览纽约的美景。（☎212-632-5000；www.rainbowroom.com；30 Rockefeller Plaza，入口在W 49th St；⏲周一至周五 17:00至午夜；Ⓢ B/D/F/M至47th-50th Sts-Rockefeller Center）

Lantern's Keep

鸡尾酒吧

22 见160页地图，E3

你能保守秘密吗？可以的话，就穿过**Iroquois Hotel**（212-840-3080；www.iroquoisny.com；房间 $509起；）的大堂，悄悄地走进这家昏暗隐秘的鸡尾酒吧吧。这里的特色是由热情又潇洒的调酒师调制出的美妙酒水。如果想来点儿刺激的，就要一份Gordon's Breakfast，它是由金酒、伍斯特郡辣酱油（Worcestershire sauce）、辣酱、酸橙、黄瓜、盐和胡椒组成的辣味大杂烩。建议提前预订。

当地生活

布莱恩特公园

欧洲咖啡厅、露天棋牌游戏、夏季的电影放映（周一夜晚）、旋转木马、冬季的滑冰和假日市场：这一切很难让人相信这片**绿洲**（Bryant Park；见160页地图，E4；212-768-4242；www.bryantpark.org；42nd St, Fifth Ave和Sixth Ave之间；6月至9月 周一至周五 7:00至午夜，周六和周日 至23:00，其他月份时间缩短；S B/D/F/M至42nd St-Bryant Park, 7至Fifth Ave）在20世纪80年代曾被戏谑为“针尖公园（Needle Park）”。它隐身在备受欢迎的纽约公共图书馆的后面，是个新奇有趣的地方，可以从疯狂的中城区抽点时间来这里逛逛。

（212-453-4287；www.thelanternskeep.com；Iroquois Hotel, 49 W 44th St, Fifth Ave和Sixth Ave之间；周一至周五 17:00~23:30，周六 19:00至次日0:30；S B/D/F/M至42nd St-Bryant Park）

Waylon

酒吧

23 见160页地图，B2

蹬上马靴吧，伙计。地狱厨房的这家平价沙龙式酒吧可以让你感受到美国南方风情，点唱机播放蒂姆·麦格罗（Tim McGraw）的曲目供人们跳舞，酒保供应美国威士忌和龙舌兰酒，还有得州玉米片派（Frito pie）和乡村煎牛排三明治等酒吧美食。想欣赏现场乡村和西部音乐的话，可以在周四的20:00至23:00前往。（212-265-0010；www.thewaylon.com；736 Tenth Ave, 50th St路口，Midtown West；周一至周五 14:00至次日4:00，周六和周日 正午开始营业；S C/E至50th St）

Rum House

鸡尾酒吧

24 见160页地图，C3

这里洋溢着纽约旧时的诱惑和风情，并以地道的朗姆酒和威士忌闻名。这些酒水可供单独品尝，也可调制成Dark & Stormy（朗姆酒、姜汁啤酒和柠檬）等无可挑剔的鸡尾酒。每晚的现场音乐包括钢琴独奏、欢快的爵士乐三重奏和感伤的女声演唱等，更使这里凸显魅力。（646-490-6924；www.edisonrumhouse.com；228 W 47th St, Broadway和Eighth Ave之间，

Midtown West；⏲13:00至次日4:00；Ⓢ N/Q/R至49th St）

PJ Clarke's

酒吧

25 见160页地图，F2

这家外观陈旧却依然漂亮的木质酒吧是旧纽约的缩影，自1884年起就是这番景象。巴迪霍利（Buddy Holly；美国著名歌手）曾在这里向他的未婚妻求婚，Ol' Blue Eyes（美国著名歌手）则总是选择20号桌。选一首自动点唱机里的曲子，要上一个美味的汉堡，和西装革履的同事、大学生或思乡的都市人一起坐下来怀怀旧。（☎212-317-1616；www.pjclarkes.com；915 Third Ave，55th St路口，Midtown East；⏲11:30至次日4:00；Ⓢ E，M至Lexington Ave-53rd St）

Top of the Strand

鸡尾酒吧

26 见160页地图，E4

要是想有"噢，天哪，我正身在纽约"的感受，就前往**Strand**（☎212-448-1024；www.thestrandnyc.com；房间 $224起；❄ 📶）酒店的屋顶酒吧点一杯马提尼（最好是extra dirty），那里的风景会让你惊掉下巴（要小心点儿）。这里还有舒适的小屋式座位和滑动的玻璃屋顶，从这儿看到的帝国大厦景象令人难忘。各年龄段的客人都会会聚在此。（www.topofthestrand.com；Strand，33 W 37th St，Fifth Ave和Sixth Ave之间，Midtown East；⏲周一和周日 17:00至午夜，周二至周六 至次日1:00；Ⓢ B/D/F/M至34th St-Herald Sq）

EDUCATION IMAGES/UIG/GETTY IMAGES ©

洛克菲勒中心（见162页）内，李·劳瑞的雕塑《阿特拉斯》（*Atlas*）

Jimmy's Corner

酒吧

27 见160页地图，D3

这是个舒适的、毫不虚张声势的平价酒吧，紧邻时代广场，由一名前拳击教练经营——你可以从墙上装裱的著名拳击手（也有不那么著名的拳击手）的照片中猜到这一点。自动点唱机里的音乐类型很广，从Stax发烧音乐到迈尔斯·戴维斯（Miles Davis）的音乐，以及莱昂纳尔·里奇（Lionel Ritchie）低潮时期的音乐，一应俱全。尽量调低声音，别影响那些刚下工的伙计们聊天。（☎212-221-9510；140

W 44th St, Sixth Ave和Seventh Ave之间, Midtown West; ⏲周一至周五 11:00至次日4:00, 周六 12:30开始营业, 周日 15:00开始营业; S N/Q/R, 1/2/3, 7至42nd St-Times Sq; B/D/F/M至42nd St-Bryant Park)

Russian Vodka Room 酒吧

28 见160页地图, C2

来这家气派又友好的酒吧感受俄罗斯风情吧, 这里供应令人头晕的加香伏特加——从蔓越莓到山葵, 各种口味都有。如果喝到天旋地转, 可以点些罗宋汤、夹馅面包(pirozhki)、熏鱼和椒盐卷饼等简单小吃解解酒。(☎212-307-5835; www.russianvodkaroom.com; 265 W 52nd St, Eighth Ave和Broadway之间, Midtown West; ⏲周一至周四 16:00至次日2:00, 周五和周六 至次日4:00; S C/E至50th St)

Rudy's Bar & Grill 酒吧

29 见160页地图, B3

这里是地狱厨房地区最好的平价酒吧, 门外身穿红外套、光着屁股的大猪是它的标志。提供两种便宜的罐装鲁迪(Rudy)啤酒, 还有贴着红色强力胶布的半圆形卡座和免费的热狗。很多人来这儿调情, 或是像看经典摇滚乐演唱会一样观看纽约尼克斯队的篮球比赛。(☎646-707-0890; www.rudysbarnyc.com; 627 Ninth Ave, 44th St路口, Midtown West; ⏲周一至周六 8:00至次日4:00, 周日 正午至次日4:00; S A/C/E至42nd St-Port Authority Bus Terminal)

Industry 男同性恋酒吧

30 见160页地图, C2

昔日的停车场, 现在已经是地狱厨房

电视节目录制

《周六夜现场》(*Saturday Night Live*)进入拍摄现场是出了名地难。可以在8月电邮联系snltickets@nbcuni.com试试运气。不然就要在录制当天的7:00前去洛克菲勒广场排队购买剩余票。

《科尔伯特晚间秀》(*Saturday Night Live*)这个高人气的深夜秀的门票可以在网上购买, 不过通常都会在放票当天售罄。可以关注《晚间秀》的推特账户(@colbertlateshow)和脸书主页, 了解放票日期, 通常需要提前一二个月预订。

《上周今夜秀》(*Last Week Tonight with John Oliver*)刻薄英国喜剧演员的新闻回顾节目, 可以通过网站www.lastweektickets.com购票, 要在录制日期之前两个半星期就开始预订。

你可以在不同电视台的网站上找到更多的门票信息, 或者去www.tvtickets.com看看。

地区最炙手可热的同性恋酒吧之一了。这个4000平方英尺(约372平方米)的时髦酒吧有漂亮的休息区,还有一张台球桌以及为一流的变装皇后准备的舞台。在16:00和21:00之间前来,可以享受到买一送一的特价饮品;或者于晚些时候挤进来,可以和一群养眼的人一起参加派对。只收现金。(☎646-476-2747; www.industry-bar.com; 355 W 52nd St, Eighth Ave和Ninth Ave之间, Midtown West; ⏰16:00至次日4:00; S C/E, 1至50th St)

娱乐

《汉密尔顿》　戏剧

31 ☆ 见160页地图, C3

林-曼努尔·米兰达(Lin-Manuel Miranda)新创作的音乐剧在百老汇一票难求,该剧灵感来自罗恩·切诺(Ron Chernow)的传记《亚历山大·汉密尔顿》(*Alexander Hamilton*),运用现代的嘻哈音乐表现美国开国元勋汉密尔顿(Alexander Hamilton)的生平,自演出以来已经荣获纽约戏剧委员会杰出音乐剧(Outstanding Musical at the Drama Desk Awards)、纽约戏剧评论圈最佳音乐剧等各种奖项。(Hamilton; Richard Rodgers Theatre; ☎票务877-250-2929; www.hamiltonbroadway.com; 226 W 46th St, Seventh Ave和Eighth Ave之间, Midtown West; S N/Q/R至49th St)

HIROYUKI MATSUMOTO/GETTY IMAGES ©

卡内基音乐厅(Carnegie Hall)外的萨克斯风演奏

《长靴妖姬》　戏剧

32 ☆ 见160页地图, C3

由2005年的英国小制作电影改编而成,这部哈韦·菲尔斯泰(Harvey Fierstein)和辛迪·劳帕(Cyndi Lauper)的票房大作讲述了这样一个故事:一位名为罗拉(Lola)的、有商业头脑的变装皇后偶然挽救了英国一家不景气的鞋厂。评论家无法忽略该剧深刻的角色和惊人的活力,这个音乐剧赢得了6项托尼奖,包括2013年的最佳音乐剧奖。(Kinky Boots; Hirschfeld Theatre; ☎票务 212-239-6200; www.kinkybootsthemusical.com; 302 W 45th St, Eighth Ave和Ninth Ave之间,

了解当地

早期的百老汇

20世纪20年代的百老汇以轻快的音乐剧闻名，通常融合歌舞杂耍表演和音乐厅的传统，创作出了乔治·格什温（George Gershwin）的《蓝色狂想曲》（*Rhapsody in Blue*）、科尔·波特（Cole Porter）的《让我们胡来》（*Let's Misbehave*）之类的经典曲调。同时，中城区的剧院区成为美国剧作家新秀的一个平台。其中最伟大的是尤金·奥尼尔（Eugene O'Neill）。1888年，他出生于时代广场上的巴雷特酒店（Barrett Hotel, 1500 Broadway，现在已经没有了）。他的许多作品都是在这里首次亮相的，其中有获得普利策奖的《天外边》（*Beyond the Horizon*）和《安娜克里斯蒂》（*Anna Christie*）。奥尼尔在百老汇的成功为其他美国大戏剧家铺平了道路，比如田纳西·威廉斯（Tennessee Williams）、阿瑟·米勒（Arthur Miller）和爱德华·阿尔比（Edward Albee）。人才的激增促使了一年一度的托尼奖（Tony Awards；堪比好莱坞的奥斯卡奖）在1947年的设立。

Midtown West；S A/C/E至42nd St-Port Authority Bus Terminal）

《摩门经》 戏剧

33 ☆ 见160页地图，C3

这部尖刻的音乐讽刺剧极具颠覆性，荒淫又可笑，是《南方公园》（*South Park*）的创作者崔·帕克（Trey Parker）和马特·斯通（Matt Stone）以及《可爱大道》（*Avenue Q*）的编剧罗伯特·洛佩兹（Robert Lopez）的作品。这部剧获得了9项托尼奖，讲述了两个天真的摩门教教徒肩负着“拯救”乌干达村庄的任务的故事。（Book of Mormon；Eugene O' Neill Theatre；☎票务 212-239-6200；www.bookofmormonbroadway.com；230 W 49th St，Broadway和Eighth Ave之间，Midtown West；S N/Q/R至49th St；1至50th St；C/E至50th St）

林肯中心爵士乐厅 爵士乐

林肯中心（52 见160页地图，C1）爵士乐厅坐落于时代华纳中心的高处，由三个最先进的场馆组成，分别是中型的玫瑰剧场（Rose Theater），全景的、有玻璃背墙的艾伦厅（Allen Room）和私密的、很有气氛的**迪奇可口可乐俱乐部**（Dizzy' s Club Coca-Cola）。迪奇有一些固定的夜间演出，你可能会有兴趣看看。这些天才演员通常都非常优秀，耀眼如中央公园的景色。（Jazz at Lincoln Center；☎迪奇可口可乐俱乐部门票 212-258-9595，玫瑰剧场和艾伦厅门票 212-721-6500；www.jazzatlincolncenter.org；Time Warner Center, Broadway和60th St交叉路口；S A/C，B/

D，1至59th St-Columbus Circle）

卡内基音乐厅 现场音乐

34 见160页地图，D1

这个传奇的音乐厅或许不是世界上最大的或最宏伟的，但它毫无疑问的是在声音上最神圣的地方之一。在伊萨克·斯特恩礼堂（Isaac Stern Auditorium）里有伟大的歌剧、爵士及民谣的演出，在人气极高的赞克厅（Zankel Hall）里则有前卫的爵士乐、流行乐、古典乐和各国音乐的表演。威尔演奏厅（Weill Recital Hall）更为私密，会举办室内音乐会、首演和专题讨论会。（Carnegie Hall；☎212-2477800；www.carnegiehall.org；W 57th St和Seventh Ave交叉路口，Midtown West；⌚团队游10月至次年6月 周一至周五 11:30、12:30、14:00和15:00，周六 11:30和12:30，周日12:30；Ⓢ N/Q/R至57th St-7th Ave）

《美国人在巴黎》 戏剧

35 见160页地图，D3

根据1951年吉恩·凯利（Gene Kelly）主演的电影改编，这部高雅、备受赞誉的舞台音乐剧讲述一个美国退伍军人在战后的巴黎追寻艺术梦想，并与一位迷人的舞蹈演员陷入热恋的故事。该剧的欢快配乐出自格什温（Gershwin）之手，而导演则是英国编舞大腕克里斯托弗·惠尔顿（Christopher Wheeldon）。（Palace Theatre；☎212-730-8200，票务 877-250-2929；www.anamericaninparisbroadway.com；1564 Broadway，47th St路口，Midtown West；Ⓢ N/Q/R至49th St）

签名剧院 剧院

36 见160页地图，B4

弗兰克·盖里（Frank Gehry）设计的这个剧院看起来很棒，由3个剧场、一个书店和一个咖啡馆组成。无论过去还是现在，签名剧院一直专注于驻场剧作家们的创作。常驻的剧作家包括托尼·库什纳（Tony Kushner）、爱德华·阿尔比（Edward Albee）、阿索尔·加德（Athol Fugard）和肯尼斯·罗纳根（Kenneth Lonergan）。除演出之外，剧院也组织与剧作家、导演、设计人员和演员的对话。注意：提前一个月预订演出门票。（Signature Theatre；☎票务 212-244-7529；www.signaturetheatre.org；480 W 42nd St，Ninth Ave和Tenth Ave之间，Midtown West；Ⓢ A/C/E至42nd St-Port

独家贴士

百老汇优惠演出票

最热门的百老汇演出，如《汉密尔顿》（见175页）、《长靴妖姬》（见175页）、《摩门经》（见176页）等，都有抽奖购票环节，可以在演出开始前2.5小时内参加。如果你的名字被抽到，那么你花不到$40的钱就可以观看演出。坏消息是，这样的票数量有限，供不应求。还有些演出（也包括上面提及的几场）提供网络抽奖购票，可以登录网站试试运气。

Authority Bus Terminal）

剧作家视野剧院

剧院

37 ☆ 见160页地图，B4

这个非凡的地方总能敏锐地捕捉到哪部剧是下一个大热门。作为资深的“作家剧院”，它致力于促进当代美国作品的诞生。著名的昔日作品包括布鲁斯·诺里斯（Bruce Norris）荣获托尼奖殊荣的《克莱伯恩公园》（*Clybourne Park*），以及《我的妻子就是我》（*I Am My Own Wife*）和《灰色花园》（*Grey Gardens*）。后两部剧都被搬上了百老汇舞台。（Playwrights Horizons；☎ 212-279-4200；www.playwrightshorizons.org；416 W 42nd St，Ninth Ave和Tenth Ave之间，Midtown West；Ⓢ A/C/E至42nd St-Port Authority Bus Terminal）

Jazz Standard

爵士乐

38 ☆ 见160页地图，F5

城里不乏其他出色的爵士乐俱乐部，Jazz Standard就是一例。这里的服务无可挑剔，食物美味可口。没有最低消费，经营者是长于此道的塞斯·阿布拉姆森（Seth Abramson）。（☎ 212-576-2232；www.jazzstandard.com；116 E 27th St，Lexington Ave和Park Ave之间；Ⓢ 6至28th St）

《玛蒂尔达》

戏剧

39 ☆ 见160页地图，C3

这个获过很多奖的音乐剧颇具颠覆性，改编自罗尔德·达尔（Roald Dahl）的经典儿童故事。剧里的亮点是个少年老成的5岁小孩，她用聪明才智和一点心灵感应应对父母的忽视、不公正的惩罚，甚至是俄罗斯的黑手党。（Matilda；Shubert Theatre；☎ 票务 212-239-6200；us.matildathemusical.com；225 W 44th St，Seventh Ave和Eighth Ave之间，Midtown West；👪；Ⓢ N/Q/R，S，1/2/3，7至Times Sq-42nd St；A/C/E至42nd St-Port Authority Bus Terminal）

麦迪逊广场花园

体育馆

40 ☆ 见160页地图，C5

这是纽约的主要表演场地，是宾夕法尼亚火车站（Penn Station）和瓦姆剧院（Wa Mu Theater）的大型建筑群的一部分，曾经有很多大腕演员演出，如坎耶·威斯特（Kanye West）和麦当娜等。此外，它还是一座体育馆，有纽约尼克斯队（New York Knicks）和纽约游骑兵队（New York Rangers）的比赛，还有拳击比赛和年度威斯敏斯特养犬俱乐部犬展（Annual Westminster Kennel Club Dog Show）之类的活动。（Madison Square Garden；www.thegarden.com；Seventh Ave，31st St和33rd St之间，Midtown West；Ⓢ A/C/E，1/2/3至34th St-Penn Station）

Birdland

爵士乐、卡巴莱歌舞

41 ☆ 见160页地图，C3

这只“鸟”不但外表豪华，更拥有传奇的故事。夜店的名字起源于比波普爵士乐传奇——查理·帕克（Charlie

视觉中国提供

麦迪逊广场花园

Parker，外号“大鸟”），他之前曾是52nd St（俱乐部原址）的风云人物，与迈尔斯（Miles）、蒙克（Monk）及其他一些人（你可以在墙上看到他们的照片）经常混在一块儿。这儿的演出阵容始终很强大。入场费$20~50。（☎212-581-3080；www.birdlandjazz.com；315 W 44th St，Eighth Ave和Ninth Ave之间，Midtown West；⏰17:00至次日1:00；📶；Ⓢ A/C/E至42nd St-Port Authority Bus Terminal）

Caroline's on Broadway 喜剧

42 见160页地图，D2

这是一个宏大、明亮、主流化的经典剧院，或许你从现场上演的喜剧就能看得出来。这里是吸引美国喜剧大腕和情景喜剧明星的顶尖剧场。（☎212-757-4100；www.carolines.com；1626 Broadway，50th St路口；Ⓢ N/Q/R至49th St；1至50th St）

Don't Tell Mama 卡巴莱歌舞

43 见160页地图，C3

很棒的钢琴酒吧和卡巴莱现场歌舞表演场所。这个不张扬的小地方在经营了超过30年之后的今天，风采依然。平时的表演者名单里虽然没什么大明星，但这些卡巴莱的真正爱好者在每次表演时都相当卖力。（☎212-757-0788；www.donttellmamanyc.com；343 W 46th St，Eighth Ave和Ninth Ave之间，Midtown West；⏰周一至周四 16:00至次日3:00，周五至周

日 至次日4:00；S N/Q/R，S，1/2/3，7至Times Sq-42nd St）

购物

MoMA Design & Book Store
礼品、书籍

位于现代艺术博物馆（见160页地图，E2）里的这家旗舰店相当棒，你可以一下子买到很多纪念品。除了精美的藏书之外（从艺术和建筑巨著到流行文化读物和儿童插图图书，应有尽有），你还能找到艺术印刷品、海报和独一无二的小摆设。如果想看看家具、灯饰、家居用品、首饰、箱包和无印良品的商品，可以去街道对面的现代艺术博物馆设计店（MoMA Design Store）。（212-708-9700；www.momastore.org；11 W 53rd St，Fifth Ave和Sixth Ave之间；周六至周四9:30~18:30，周五 至21:00；S E，M至5th Ave-53rd St）

Barneys
百货商店

44 见160页地图，E1

这里恰如其分地集合了Isabel Marant Étoile、Mr & Mrs Italy和Lanvin等顶级品牌，引得资深潮人们纷纷刷卡消费。8楼有街头风品牌商店，可以买到一些面向年轻人市场的、价格（稍微）便宜的商品。除大牌服装以外，店里还有其他亮点，如让人梦寐以求的地下化妆品部和Genes——一家新潮咖啡馆，有一张供上网购物用的、带触摸屏的公用桌。（www.barneys.com；660 Madison Ave，61st St路口，Midtown East；周一至周五 10:00~20:00，周六 至19:00，周日 11:00~19:00；S N/Q/R至5th Ave-59th St）

Bloomingdale's
百货商店

45 见160页地图，F1

这家人气爆棚的百货商店（昵称Bloomie's）有点类似于购物界的大都会艺术博物馆或者现代艺术博物馆：具有历史感、压倒性，占地面积庞大且人满为患，但错过了的话你还是会觉得遗憾。货架上摆满了来自美国和全球设计师制作的衣服和鞋子，其中还有若干新鲜品牌。这里还有纸杯蛋糕天堂Magnolia Bakery的一家分店，血拼之余可供充电。（212-705-2000；www.bloomingdales.com；1000 Third Ave，E 59th St路口，Midtown East；周一和周二 10:00~20:30，周三至周六 至22:00，周日 至21:00；S 4/5/6至59th St；N/Q/R至Lexington Ave-59th St）

Bergdorf Goodman
百货商店

46 见160页地图，E1

人们喜爱的不仅仅是这里的圣诞橱窗（纽约最好的），豪华的BG还引领着时尚的步伐，它的时尚总监琳达·法戈（Linda Fargo）被认为是百变的安娜·温图尔（Anna Wintour，《穿普拉达的女王》电影原型）。这里是女士们午餐时段经常光顾的场所，卖点是Tom Ford和Chanel的独家鞋品，以及女士们梦寐以求的鞋类百货。男士商店在街对面。（212-753-

SIEGFRIED LAYDA/GETTY IMAGES ©V

剧院成排的42nd St

7300; www.bergdorfgoodman.com; 754 Fifth Ave, 57th St和58th St之间; ⏲周一至周六 10:00~20:00, 周日 11:00~19:00; S N/Q/R至5th Ave-59th St; F至57th St)

Uniqlo

时装

47 🛍 见160页地图, E2

来看看纽约的优衣库旗舰店吧, 这家专卖店的占地面积达到惊人的89,000平方英尺(约8268平方米)。在入口处拿一个网眼袋, 乘电梯到3楼开始你的疯狂采购吧。这里的优点是价格实惠、商品时尚、品质保证。从T恤到内衣再到日本牛仔、羊绒毛衣和超轻型高新技术大衣, 应有尽有。(☎877-486-4756; www.uniqlo.com; 666 Fifth Ave, 53rd St路口; ⏲周一至周六 10:00~21:00, 周日 11:00~20:00; S E, M至Fifth Ave-53rd St)

Nepenthes New York

时装

48 🛍 见160页地图, C4

这个独特的日本商店占据了服装批发区(Garment District)的一个老裁缝店, 集合了Engineered Garments和Needles之类的名牌——它们都是以新奇的服装细节和高级的手工出品(如蕾丝饰边的粗呢裤子)而得名。配饰包括提包、挎包、手套、眼镜和鞋类。(☎212-643-9540; www.nepenthesny.com; 307 W 38th St, Eighth Ave和Ninth Ave之间, Midtown West; ⏲周一至周六 正午至19:00, 周日 至17:00; S A/C/E至42nd St-Port Authority

克莱斯勒大厦（见163页）

Bus Terminal）

地狱厨房跳蚤市场

市场

49 见160页地图，B4

这个周末跳蚤市场有不少宝贝，复古家具、饰品、服装、难以归类的古董等不一而足，吸引着收藏家和猎奇者。（Hell's Kitchen Flea Market；212-243-5343；www.annexmarkets.com；39th St，Ninth Ave和Tenth Ave之间，Midtown West；周六和周日 9:00~17:00；S A/C/E至42nd St）

B&H Photo Video

电子产品

50 见160页地图，C5

参观这个纽约最受欢迎的摄影器材店本身，就是一种特别的体验：规模巨大、人潮拥挤，身着黑衣（又精通技术）的哈西德派犹太人推销员在不停地忙碌着。你选定的货品会先放入一个桶里，然后向上移动，越过天花板，就到了购买区（这里需要再排一次队）。（212-444-6615；www.bhphotovideo.com；420 Ninth Ave，33rd St和34th St之间，Midtown West；周一至周四 9:00~19:00，周五 至14:00，周日 10:00~18:00，周六不营业；S A/C/E至34th St-Penn Station）

梅西百货

百货商店

51 见160页地图，D5

在经过了一场必要的整修后，这里焕

然一新。这座世界上最大的百货商店涵盖时装、家具、厨具、床上用品等各种商品，也有咖啡馆、美发沙龙，甚至还有个大都会艺术博物馆礼品店的分店。这里中等价位的商品多于高档的奢侈品，有很多主流品牌和大牌的化妆品。店里还有一个纽约旅游局信息中心（NYC Information Center；见246页），内有信息台和免费信息地图。（Macy' s；☎212-695-4400；www.macys.com；151 W 34th St，Broadway路口；⏰周一和周三至周五 9:30~22:00，周二 至21:30，周六 10:00~22:00，周日 11:00~21:00；Ⓢ B/D/F/M，N/Q/R至34th St-Herald Sq）

时代华纳中心

商场

52 🛍 见160页地图，C1

耀眼的时代华纳中心为中央公园之旅增色不少，它有阵容强大的高级商品，包括Coach、Eileen Fisher、Williams-Sonoma、True Religion、Sephora和J Crew。想买美味的野餐食物，可以去位于地下的、超大的**Whole Foods**（☎212-823-9600；www.wholefoodsmarket.com）。（Time Warner Center；☎212-823-6300；www.theshopsatcolumbuscircle.com；Time Warner Center，10 Columbus Circle；⏰周一至周六 10:00~21:00，周日 11:00~19:00；Ⓢ A/C，B/D，1至59th St-Columbus Circle）

探索

上东区

麦迪逊大道两旁高端精品店成行，第五大道上的精致豪宅鳞次栉比，而最精华的所在则是建筑物云集的博物馆大道，这里即使不是全世界之最，也称得上是纽约最高雅的地带。气势恢宏的大都会艺术博物馆与馆藏丰富的古根海姆博物馆、惠特尼美国艺术博物馆、弗里克私人博物馆都在这一地区，一道接受着人们的顶礼膜拜。

一日游行程

早上先去**Café Sabarsky**（见198页）吃维也纳式早餐，再上楼到**新美术馆**（Neue Galerie；见194页）参观精致馆藏。之后漫步到**古根海姆博物馆**（Guggenheim Museum；见190页）欣赏奇特的建筑外观，再前往辉煌的**大都会艺术博物馆**（Metropolitan Museum of Art；见186页）。花两三个小时进行艺术探索就好（今天还有好多要看的！）。在屋顶花园喝上一杯结束上午的行程。

在注重环保的**Candle Cafe**（见197页）吃过午饭以后，步行前往**弗里克私人博物馆**（Frick Collection；见193页），在富丽堂皇的豪宅中瞻仰古典大师的杰作。黄昏时去麦迪逊大街逛逛，有些店能淘到二手的品牌服饰。

傍晚在**92nd Street Y**（见200页）参加图书签售或观看演出。随后（假如你事先预订的话）在**Tanoshi**（见199页）享用精美寿司。从前，上东区的夜生活体验不多，但近年来已有改观。这一街区的新宠**Daisy**（见200页）是个品尝创意鸡尾酒和小吃的好地方。

顶级景点

大都会艺术博物馆（Metropolitan Museum of Art；见186页）

古根海姆博物馆（Guggenheim Museum；见190页）

纽约最佳

就餐

Tanoshi（见199页）

Boqueria（见196页）

Up Thai（见197页）

Candle Cafe（见197页）

Beyoglu（见197页）

饮品

Uva（见199页）

Daisy（见200页）

Bondurants（见200页）

Vinus & Marc（见200页）

到达和离开

S 地铁 这一街区的主要地铁线路是4/5/6号线，在Lexington Ave南北方向行驶。当你读到本书时，新建的Second Ave线应已投入运营。

公共汽车 公共汽车M1、M2、M3和M4途经风景优美的第五大道和中央公园。乘坐M15去往城市东端很方便，该线路途经First Ave和Second Ave。

顶级景点

大都会艺术博物馆

这个庞大的、百科全书式的博物馆(Metropolitan Museum of Art)建于1870年，有世界上规模最大的艺术收藏。其永久藏品多达200万件以上，主题涉猎广泛，从埃及神庙到美国绘画，一应俱全。俗称“The Met”的博物馆有共占地17英亩(约68797平方米)的美术馆，每年吸引着600多万名到访者，这里因此成为纽约最受欢迎的“一站式”景点。

见192页地图，A2

212-535-7710

www.metmuseum.org

1000 Fifth Ave, 82nd St路口

建议捐赠 成人/儿童 $25/免费

周日至周四 10:00~17:30，周五和周六 至21:00

S 4/5/6至86th St

丹铎神庙(Temple of Dendur)

不要错过

埃及艺术

大都会艺术博物馆藏有无与伦比的古代埃及艺术品，有些可以追溯到旧石器时代。39个埃及陈列室位于大厅（Great Hall）北面，向公众开放，里面有该馆镇馆之宝之一：朋内布墓室（Mastaba Tomb of Perneb，公元前2300年前后），这是一座用石灰岩制作的古王国时期墓室。从这里开始有很多房间，里面堆满了墓葬石碑、浮雕以及金字塔残迹。[不要错过105号陈列室里的梅克特模型（Models of Meketre），那是些有趣的黏土小雕像，据说在来世会派上用场。]在这些房间的尽头是丹铎神庙（Temple of Dendur；131号陈列室），这是供奉伊希斯（Isis）女神的砂岩神庙，位于一个阳光明媚的中庭美术馆内，这里还有一个倒影池——初次到访的旅行者一定不能错过。

希腊和罗马艺术

展览着古典艺术的27个陈列室是大都会艺术博物馆的又一大亮点。参观者可沿从大厅开始的一条走廊来到一个周围摆着残破希腊人物雕像的拱形房间。这里连接着大都会艺术博物馆最可爱的地方：高耸的罗马雕塑殿（162号陈列室），摆满了神灵和历史人物的大理石雕像。创作于公元68~98年的披着狮子皮、有胡须的赫拉克勒斯（Hercules）雕像尤其壮观。

欧洲绘画

在大都会艺术博物馆的二楼是欧洲绘画厅，里面收藏了大量的大师之作，令人叹为观止。这里有超过1700幅油画，创作年代从13世纪开始，跨度大约为500年，其中还包括出自杜乔（Duccio）和伦勃朗（Rembrandt）等大师之手的作品。实际上，这里的一切展品都是切切实实的佳作。621号陈列室有几幅卡拉瓦乔（Caravaggio）的作品，包括技艺娴熟的《圣彼

☑ 独家贴士

- 不用指望能在一天内参观所有展区。不妨只选几个，真正让自己沉浸其中。
- 大厅内的服务台提供几种语言的语音导览（$7），如果有智能手机的话，也可以免费下载。
- 讲解员提供各展厅的免费导览游。具体信息可登录网站或在服务台查询。
- 孩子们会喜欢埃及、非洲和大洋洲展厅（有很棒的面具）以及中世纪的武器和盔甲。大都会艺术博物馆里有很多以儿童为中心的活动，还有专为孩子们制作的宣传册和地图。

吃喝落脚点

气氛闲适的**Petrie Court Cafe**供应可口的沙拉、汤、意面和热三明治，还有葡萄酒和各种很好的茶类饮品，这里空间宽敞，透过落地窗可以俯瞰中央公园。

得的拒绝》(*The Denial of St Peter*)。西面的611号陈列室馆有很多西班牙珍宝，包括埃尔·格列柯(El Greco)著名的《托莱多风景》(*View of Toledo*)。再往南走（到632号陈列室）有很多维米尔(Vermeer)的作品，包括《持水壶的女人》(*The Young Woman with a Water Pitcher*)。在其附近（634号陈列室）欣赏伦勃朗的几幅作品，包括1660年创作的《自画像》(*Self-Portrait*)。这还仅仅是开始。你可以花几个小时的时间来欣赏这些大师级的作品。

阿拉伯地区的艺术

二楼还有伊斯兰展厅，里面有15个很棒的房间，展示着该馆从中东到中亚再到南亚的大量艺术收藏品。除了服装、非宗教的装饰品以及手稿之外，你还会发现璀璨的珐琅玻璃器具（452号陈列室）以及一个瑰丽的14世纪圣龛(mihrab)，上面还铺有各种类型、有精美图案的彩色铺砖（455号陈列室）。这里还有奥斯曼华丽的纺织品（459号陈列室）、中世纪风格的摩洛哥宫廷（456号陈列室）以及18世纪的大马士革房间（461号陈列室）。

法王亨利二世的甲胄

14世纪的圣龛(mihrab)

BARRY WINIKER/GETTY IMAGES ©

美国厅

美国厅

在博物馆的西北角，美国展厅展示着种类繁多的装饰艺术以及美术作品，时间纵贯整个美国历史。展品包罗万象，例如，殖民地时期的肖像画、哈德逊河画派的杰作、约翰·辛格尔·萨金特（John Singer Sargent）性感得令人无法抵挡的《X夫人》（*Madame X*；771号陈列室），当然还有埃玛纽埃尔·洛伊茨（Emanuel Leutze）的巨幅油画《华盛顿横渡特拉华河》（*Washington Crossing the Delaware*；760号陈列室）。

屋顶花园

整座博物馆里最热门的地方之一是屋顶花园，里面有当代以及20世纪艺术家们创造的旋转雕像装置。杰夫·昆斯（Jeff Koons）、安迪·高兹沃斯（Andy Goldsworthy）以及伊姆兰·库雷希（Imran Qureshi）的作品都有展出。但这里最突出的特色是能够看到纽约市和中央公园的美景。这里还有Roof Garden Café & Martini Bar，是个喝酒的好去处——尤其是在夕阳西下的时候。屋顶花园4月至10月对外开放。

顶级景点

古根海姆博物馆

建筑师弗兰克·劳埃德·赖特（Frank Lloyd Wright）设计的这栋建筑本身就是个雕像，几乎要使建筑物里面收藏的20世纪的艺术作品相形见绌。古根海姆博物馆（Guggenheim Museum）于1959年竣工，倒金字塔结构的建筑虽然受到了某些批评家的嘲讽，但却受到其他人的喜爱并被他们视为建筑地标。从最初开放起，这一独特的建筑就出现在无数明信片、电视节目以及电影中。

见192页地图，A1

212-423-3500

www.guggenheim.org

1071 Fifth Ave, 89th St路口

成人/儿童 $25/免费

周日至周三和周五10:00~17:45，周六至19:45，周四闭馆

S 4/5/6至86th St

所罗门·R.古根海姆博物馆的外观©SRGF, N

不要错过

永久展区

大都会博物馆以藏品丰厚闻名，实际上古根海姆也毫不逊色，并以20世纪和21世纪艺术品见长。馆内墙壁雪白，挂满康定斯基（Kandinsky）、毕加索、夏加尔（Chagall）、杰克逊·波洛克（Jackson Pollock）、凡·高、莫奈、马格里特（Magritte）和德加等大师的作品。古根海姆的艺术品多数来自个人捐赠，如贾斯汀·唐豪瑟（Justin Thannhauser）、佩吉·古根海姆（Peggy Guggenheim）和罗伯特·梅普尔索普基金会（Robert Mapplethorpe Foundation）等，后者慷慨捐赠了200幅照片，使古根海姆成为收藏梅普尔索普作品最多的博物馆。

奇特外观

赖特画了几百张草图，并考虑使用不同的材料来建筑博物馆。他曾一度考虑使用红色的大理石建造外墙——1945年的草图模型展示了一幢粉红色的建筑——但是这个颜色方案被否决了。与纽约的所有开发项目一样，这个项目经过好久才得以成熟。施工推迟了将近13年，因为经费紧张、“二战”爆发，还有一些愤怒的邻居们不愿意看到在他们住宅中间一幢巨大的建筑拔地而起。1959年，该建筑终于完成，那时赖特和古根海姆都已不在人世。

☑ 独家贴士

- 全年任何时候进入博物馆都可能要排长队。如果提前在网站预订门票的话会节省很多时间。
- 可以使用智能手机下载古根海姆五种语言的免费应用，了解建筑本身以及馆内藏品。
- 周六17:45至19:45捐赠入内。

✕ 吃喝落脚点

这里有两个不错的餐厅：位于一楼的**Wright**是一家非常现代化的餐厅，有热气腾腾的意大利调味饭以及精心调制的鸡尾酒；另一家店是位于三楼的**Cafe 3**，可以看到中央公园的美景，还有美味的咖啡和小吃。

Jewish Museum 犹太人博物馆
Museum of the City of New York 纽约市立博物馆
Cooper-Hewitt National Design Museum 库珀休伊特国家设计博物馆
National Academy Museum 国家学院博物馆
Guggenheim Museum 古根海姆博物馆
Jacqueline Kennedy Onassis Reservoir 杰奎琳·肯尼迪·奥纳西斯水库
Neue Galerie 新美术馆
Metropolitan Museum of Art 大都会艺术博物馆
Gracie Mansion 格雷西大厦
Carl Schurz Park 卡尔·舒尔茨公园
YORKVILLE 约克维尔
UPPER EAST SIDE 上东区
79th St Transverse
Central Park 中央公园
Conservatory Water 温室池塘
John Jay Park 约翰·杰伊公园
East River 东河
Franklin D Roosevelt Dr
72nd St Transverse
Asia Society & Museum 亚洲协会和博物馆
The Mall 林荫大道
Frick Collection 弗里克私人博物馆
New York Hospital-Cornell Medical Center 纽约医院—康奈尔医疗中心
Roosevelt Island 罗斯福岛
Rockefeller University 洛克菲勒大学
Temple Emanu-El 以马内利会堂
65th St Transverse
East Dr
The Pond
Central Park South
Fifth Ave 第五大道
Madison Ave
Park Ave
Lexington Ave
Third Ave
Second Ave
First Ave
York Ave
East End Ave
86th St
77th St
72nd St
68th St-Hunter College
Lexington Ave-63rd St
5th Ave-59th St
Lexington Ave-59th St
59th St
E 59th St
Roosevelt Island Tramway Station 罗斯福岛缆车站
Ed Koch Queensboro Bridge 纽约皇后区大桥
E 93rd St
E 92nd St
E 91st St
E 90th St
E 89th St
E 88th St
E 87th St
E 86th St
E 85th St
E 84th St
E 83rd St
E 82nd St
E 81st St
E 80th St
E 79th St
E 78th St
E 77th St
E 76th St
E 75th St
E 74th St
E 73rd St
E 72nd St
E 71st St
E 70th St
E 69th St
E 68th St
E 67th St
E 66th St
E 65th St
E 64th St
E 63rd St
E 62nd St
E 61st St
E 60th St
0 400 m
0 0.2 miles
A B C D
1 2 3 4 5
详细介绍请见
顶级景点 186页
景点 193页
就餐 196页
饮品 199页
娱乐 202页
购物 202页

亚洲协会和博物馆（见195页）的展品

景点

弗里克私人博物馆 画廊

1 见192页地图，A4

这个壮观的艺术博物馆位于钢铁巨头亨利·克莱·弗里克（Henry Clay Frick）建造的豪宅内，他是个脾气暴躁的人。该豪宅所在的百万富翁区（Millionaires' Row）还有许多类似的建筑。博物馆有十几个华丽的房间，展示着提香（Titian）、维米尔（Vermeer）、吉尔伯特·斯图尔特（Gilbert Stuart）、埃尔·格列柯（El Greco）以及戈雅（Goya）等大师的作品。（Frick Collection；☎212-288-0700；www.frick.org；1 E 70th St，Fifth Ave路口；门票 $20，周日 11:00~13:00 捐赠入内，10岁以下儿童不得入内；⏲周二至周六 10:00~18:00，周日 11:00~17:00；Ⓢ6至68th St-Hunter College）

库珀休伊特国家设计博物馆 博物馆

2 见192页地图，A1

作为华盛顿哥伦比亚特区的史密森学会（Smithsonian Institution）的一部分，这一文化之地是美国唯一侧重于历史性设计以及现代设计的博物馆。这栋豪宅由亿万富翁安德鲁·卡内基（Andrew Carnegie）于1901年建立，64个房间用来收纳馆藏。21万件精致藏品历史年代跨越3000年，分布在建筑的四个楼层。2014年，该馆完成了历时三年的大规模整修，用互动触摸屏和先进技术为展品

了解当地

第二大道地铁线路

第二大道(Second Avenue)的地铁线路早在20世纪20年代便有规划，不过在将近百年之后才竣工。在花费9年时间以及约45亿美元的投入之后，第一段将于2017年初通车。这一线路是地铁Q线的延伸，在72nd St、86th St和96th St设站。今后一个(很长的)时期，会有更多站点开放。

注入新的活力。(Cooper-Hewitt National Design Museum; ☎212-849-8400; www.cooperhewitt.org; 2 E 91st St, Fifth Ave路口; 成人/儿童/学生 $18/免费/9，周六 18:00~21:00捐赠入内; ⏰周日至周五 10:00~18:00，周六 至21:00; Ⓢ4/5/6至86th St)

新美术馆 博物馆

3 ◉ 见192页地图，A2

这座华丽的展馆位于建于1914年、后来经过整修的卡雷尔(Carrère)和黑斯廷斯(Hastings)宅邸，展示着德国和奥地利艺术，展品包括保罗·克利(Paul Klee)、恩斯特·路德维希·克希纳(Ernst Ludwig Kirchner)以及埃贡·席勒(Egon Schiele)的作品。二楼显著位置有古斯塔夫·克林姆(Gustav Klimt)于1907年创作的色彩明亮的肖像画《阿德勒·布洛-赫鲍尔夫人》(*Adele Bloch-Bauer*)，该画被化妆品巨头罗纳德·劳德(Ronald Lauder)代表新美术馆以1.35亿美元的天价买下。(Neue Galerie; ☎212-628-6200; www.neuegalerie.org; 1048 Fifth Ave, E 86th St路口; 门票 $20，每个月的第一个周五18:00~20:00免费，12岁以下儿童不得入内; ⏰周四至周一 11:00~18:00; Ⓢ4/5/6至86th St)

格雷西大厦 历史建筑

4 ◉ 见192页地图，D1

这个联邦式建筑在1799年是商人阿奇博尔德·格雷西(Archibald Gracie)的住所。自1942年起，这里就是历任纽约市长的官邸——迈克尔·布隆伯格(Michael Bloomberg)除外，他更喜欢住在上东区自己的豪宅里。多年来，这里几经增建和改造。如果想入内游览，你需要提前登录网站预约每周一次、时长45分钟的团队游(假期团队游发团次数更少)。(Gracie Mansion; www.nyc.gov/gracie; East End Ave和E 88th St交叉路口; ⏰团队游 周二 10:00、11:00、14:00和15:00; Ⓢ4/5/6至86th St)

国家学院博物馆 画廊

5 ◉ 见192页地图，A1

该博物馆由画家兼发明家塞缪尔·摩尔斯(Samuel Morse)于1825年与他人共同创立，里面永久收藏了威尔·巴尼特(Wlil Barnet)、托马斯·哈特·本顿(Thomas Hart Benton)、乔治·贝洛斯

(George Bellows)等大师的绘画作品。(其中还包括一些相当引人入胜的自画像。)该馆位于由小奥格登·科德曼(Ogden Codman Jr)设计的美术学派艺术建筑里,有大理石门厅和螺旋楼梯。(National Academy Museum; ☎212-369-4880; www.nationalacademy.org; 1083 Fifth Ave, 89th St路口; 捐赠入内; ⏰周三至周日 11:00~18:00; Ⓢ4/5/6至86th St)

亚洲协会和博物馆 博物馆

6 见192页地图, B4

该馆于1956年由约翰·D.洛克菲勒(John D Rockefeller; 亚洲艺术的痴迷收藏者)建立,这一文化中心有奇妙的展览(伊朗革命之前的艺术、中国古代伟大艺术家的回顾展、日本江户时代的版画)以及耆那教(Jain)雕塑和尼泊尔佛教绘画。全年每周二至周日14:00以及周五18:30(夏季除外)有团队游。(Asia Society & Museum; ☎212-288-6400; www.asiasociety.org; 725 Park Ave, E 70th St路口; 成人/儿童 $12/免费, 9月中旬至次年6月 周五18:00~21:00免费; ⏰周二至周日 11:00~18:00, 9月中旬至次年6月 周五至21:00; Ⓢ6至68th St-Hunter College)

犹太人博物馆 博物馆

7 见192页地图, A1

这座纽约的博物馆相当美妙,位于一座修建于1908年的法式哥特建筑里,收藏了3万件犹太文物,还有雕像、绘画以及装饰性艺术。这里有出色的临时展览,如阿特·斯皮格曼(Art Spiegelman)等重量级大师的回顾展,还有马克·夏加尔(Marc Chagall)、爱德华·维亚尔(Édouard Vuillard)以及曼·瑞(Man Ray)等已逝名人的世界级的展览。(Jewish Museum; ☎212-423-3200; www.jewishmuseum.org; 1109 Fifth Ave, 92nd St和93rd St之间; 成人/儿童 $15/免费, 周六免费, 周四17:00~20:00捐赠入内; ⏰周六至周二 11:00~18:00, 周四 至20:00, 周五 至16:00, 周三闭馆; 👪; Ⓢ6至96th St)

纽约市立博物馆 博物馆

8 见192页地图, A1

这个当地博物馆位于一栋殖民地时期乔治王时代风格的建筑里,展品侧重于纽约的过去、现在和将来。不要错过时长22分钟的电影*Timescapes*(在二楼),该影片讲述了纽约从一个很小的本地贸易站转变为蓬勃发展的世界大都会的成长故事。(Museum of the City of New York; ☎212-534-1672; www.mcny.org; 1220 Fifth Ave, 103rd St和104th St; 建议门票 成人/儿童 $18/免费; ⏰10:00~18:00; Ⓢ6至103rd St)

以马内利会堂 犹太教堂

9 见192页地图, A4

该教堂是纽约第一个改革派犹太教堂,始建于1845年,直至1929年才竣工。现在,它是世界上最大的犹太教堂之一。这是一座巍然耸立的罗马式建筑,长175英尺(约53米),高100英尺(约30米),

有明亮的手绘带金色细部装饰的天花板。（Temple Emanu-El；☎212-744-1400；www.emanuelnyc.org；1 E 65th St，Fifth Ave路口；⏲周日至周四 10:00~16:30；Ⓢ6至68th St-Hunter College）

就餐

Earl's Beer & Cheese 美国菜 $

10 见192页地图，B1

大厨Corey Cova的这个小而舒适的餐厅营造出一种时尚、狩猎的氛围，配以一幅描绘森林中的鹿的巨大壁画和一颗雄鹿头，更显完美。特色烤芝士三明治是创新的典范，配有五花肉、煎蛋和朝鲜泡菜。这里还有奶酪通心粉（配山羊奶酪和迷迭香）以及玉米饼（配有焖肘子和queso fresco——一种墨西哥奶酪）。（☎212-289-1581；www.earlsny.com；1259 Park Ave，97th St和98th St之间；烤芝士三明治 $6~8；⏲周四至周日 11:00至午夜，周五和周六 至次日2:00；Ⓢ6至96th St）

独家贴士

寻找便宜吃喝

东区是所有奢侈品的汇聚之地，尤其是从60th St至86th St、位于中央公园和第五大道之间的这一区域。一般说来，如果你想找一些没那么贵的餐饮场所，那么你就往Lexington Ave的东面走。First Ave、Second Ave和Third Ave上有很多稍便宜些的餐馆。

JG Melon 小酒馆 $

11 见192页地图，B3

这是一个人声鼎沸的老式小酒馆，从1972年起就开始用茶盘供应多汁的汉堡。当地人喜欢到这里吃饭喝酒（血腥玛丽极为出色），下班之后的时间有很多人光顾。（☎212-744-0585；1291 Third Ave，74th St路口；主菜 $11~18；⏲11:30至次日4:00；Ⓢ6至77th St）

William Greenberg Desserts 面包房 $

12 见192页地图，A2

在这里歇歇脚，品尝纽约最好吃的黑白饼干——香草圆饼裹白糖和黑巧克力浆。只能外带。（☎212-861-1340；www.wmgreenbergdesserts.com；1100 Madison Ave，E 82nd St和83rd St之间；烘焙食品 $3起；⏲周一至周五 8:00~18:30，周六 至18:00，周日 10:00~16:00；👪；Ⓢ4/5/6至86th St）

Boqueria 西班牙菜 $$

13 见192页地图，C3

这家热闹的高人气西班牙小吃为上东区注入了一丝市中心才有的美妙氛围，供应辣得恰到好处的patatas bravas（辣汁土豆）、鲜嫩的jamon ibérico（伊比利亚火腿）片、丰盛的pulpo a gallega（烤章鱼）。来自巴塞罗那的主厨Marc Vidal还会烹制精致的西班牙海鲜饭（paella）。（☎212-343-2227；www.boquerianyc.

犹太人博物馆（见195页）陈列的文物

com; 1460 Second Ave, 76th St和77th St之间；西班牙小吃 $6~16，二人份西班牙海鲜饭 $38~46；周一至周五 正午至23:00，周六和周日 11:00~23:00；S 6至77th St）

Up Thai

泰国菜 $$

14 见192页地图，C3

无疑是上东区最佳的泰国菜，店面狭小，但设计不失艺术感，供应的菜肴融传统和创意于一体。招牌菜包括Tom Kah汤（椰奶鸡肉浓汤配蔬菜）、软乎乎热腾腾的韭菜包子、脆皮鸭胸配罗望子酱等。（212-256-1199; www.upthainyc.com; 1411 Second Ave, 73rd St和74th St之间；主菜 $15~30；周日至周四 正午至22:30，周五和周六 至23:30；；S 6至77th St）

Candle Cafe

严格素食 $$

15 见192页地图，B3

富有的瑜伽爱好者们挤进这家魅力十足的纯素食餐厅，这里有各种三明治、沙拉、爽心美食和迎合纯素食者的特价美食。特色是该店自制的素肉（小麦/麸质）。该店还有果汁以及无麸质的食物。（212-472-0970; www.candlecafe.com; 1307 Third Ave, 74th St和75th St之间；主菜 $15~21；周一至周六 11:30~22:30，周日 至21:30；；S 6至77th St）

Beyoglu

土耳其菜 $$

16 见192页地图，B2

一直以来都是上东区贪恋地中海

美食者的最爱，供应多人分享的开胃菜（meze）拼盘。小吃包括口感柔滑的鹰嘴豆泥、多汁的烤羊肉串、鲜嫩的葡萄叶、柠檬碳烤章鱼等。内部空间宽敞舒适，不过在阳光明媚时，你更应该去店前人行道的餐桌旁找个位置。（☎212-650-0850；1431 Third Ave, 81st St路口；主菜$16~18，分享拼盘 $6~8；⏲周日至周四 正午至22:00，周五和周六 至23:00；✍；Ⓢ6至77th St；4/5/6至86th St）

ABV

新派美国菜 $$

17 见192页地图，B1

这家店在东哈莱姆（East Harlem）的边上，吸引了一大批悠闲的年轻人。他们来这里寻找五花八门的分享拼盘（野生羊肚菌配北美野韭、鸡肝慕斯等）、丰盛的主菜（烤缅因扇贝、黄油煎鸡肉等）、葡萄酒（每杯 $9~14）和精酿啤酒。这里高高的天花板和砖墙让人们流连忘返，在这里看棒球比赛（洋基队、大都会队、巨人队等）。（☎212-722-8959；1504 Lexington Ave, 97th St路口；主菜 $17~24；⏲周一至周五 17:00至午夜，周六和周日 11:00至午夜；📶；Ⓢ6至96th St）

Jones Wood Foundry

英国菜 $$

18 见192页地图，C3

英式美食小馆Jones Wood Foundry所在的这座狭长砖混建筑，曾是一家钢铁厂。此处供应一流的啤酒面糊炸鱼薯条、香肠土豆泥、羊羔肉迷迭香馅饼和其他丰盛的诱人美食。天气暖和的时候，不妨在四周围起来的院内露台中找张餐桌。（☎212-249-2700；www.joneswoodfoundry.com；401 E 76th St, First Ave和York Ave之间；主菜 午餐 $16~20，晚餐$19~26；⏲11:00~23:00；📶；Ⓢ6至77th St）

Via Quadronno

咖啡馆 $$

19 见192页地图，A3

这里就像是空运到纽约的意大利咖啡店，舒适的店里有超级美味的咖啡，三明治种类多得令人难以置信——夹着意大利熏火腿和法国卡门贝干酪（Camenbert）等丰盛、可口的食材。这里还有汤、意面和很受欢迎的当日千层面。（☎212-650-9880；www.viaquadronno.com；25 E 73rd St, Madison Ave和Fifth Ave之间；三明治 $8~15，主菜 $23~38；⏲周一至周五 8:00~23:00，周六 9:00~23:00，周日 10:00~21:00；✍；Ⓢ6至77th St）

Café Sabarsky

奥地利菜 $$

位于新美术馆（3见192页地图，A2）的这家店很受欢迎，排队吃饭的人很多，让人想起世纪之交时奢华的维也纳。奥地利菜很美味，值得等待。有配着熏鳟鱼的薄煎饼、匈牙利牛肉汤和烤德国香肠。（☎212-288-0665；www.kg-ny.com/cafe-sabarsky；1048 Fifth Ave, E 86th St路口；主菜 $18~30；⏲周一和周三 9:00~18:00，周四至周日 至21:00；✍ 👪；Ⓢ4/5/6至86th St）

以马内利会堂（见195页）

Tanoshi

寿司 **$$$**

20 见192页地图，D3

这家寿司餐馆极受欢迎，不过只有20张凳子，想要抢个位置可不容易。环境虽不起眼，但口味绝佳，菜肴包括北海道扇贝、大西洋鲱鱼、干煎鲑鱼腩或令人垂涎三尺的海胆。只供应寿司，菜品由主厨随性发挥，却格外出色。可以自带啤酒、清酒等各种酒水。要提前很久预订。（☎917-265-8254；www.tanoshisushinyc.com；1372 York Ave，73rd St和74th St之间；主厨寿司约$80；⏰周一至周六 18:00~22:30；**S** 6至77th St）

饮品

Uva

葡萄酒吧

21 见192页地图，C3

粗糙的砖墙、昏暗的吊灯、磨损的地板，给这个热闹的餐饮场所增添了一份老式欧洲酒馆的感觉。按杯出售（$9起）的葡萄酒有数十种，另有葡萄酒组合（19:00前），你有机会品藏欧洲（尤其是意大利）和美洲各种佳酿。（☎212-472-4552；www.uvanyc.com；1486 Second Ave，77th St和78th St之间；⏰周一至周五 16:00至次日1:00，周六和周日 11:00~16:00；**S** 6至77th St）

The Daisy

酒吧

22 见192页地图，C2

自诩为“龙舌兰美食酒馆”，供应梅斯卡尔（mescal）鸡尾酒和创意十足的拉丁饮品[啤酒鸡尾酒（Michelada）]和菜肴（米饭配鸭肉），外加鸭油炸薯条和烤章鱼等小馆食物。与其他多数上东区酒吧不同，这里没有电视，也没有人和你称兄道弟，但气氛闲适愉快、灯光昏暗、酒保技艺娴熟、客户群体友好。（646-964-5756；1641 Second Ave，85th St之间；周日至周三 16:00至次日1:00，周四至周六 至次日2:00；S 4/5/6至86th St）

Bondurants

酒吧

23 见192页地图，C2

Bondurants可谓面面俱到，是一家精酿啤酒和波旁威士忌酒吧，同时也供应创意鸡尾酒和超凡的小酒馆食物（格吕耶尔奶酪通心粉、苹果木熏翅、炙烤青椒等）。店内有个围成一圈的吧台、复古设施和为体育迷们提供的电视。（212-249-1509；bondurantsnyc.com；303 E 85th St，First Ave和Second Ave之间；周一至周五16:00至次日2:00，周六和周日 11:00至次日2:00；S 4/5/6至86th St）

当地生活

92nd Street Y

除了各种音乐会、舞蹈演出、文学阅读会，非营利性的**92nd Street Y**（见192页地图，B1；212-415-5500；www.92y.org；1395 Lexington Ave，92nd St路口；；S 6至96th St）还会举办精彩的系列讲座与对谈。剧作家爱德华·阿尔比（Edward Albee）、大提琴演奏家马友友、滑稽演员史蒂夫·马丁（Steve Martin）和小说家萨尔曼·鲁西迪（Salman Rushdie）等人都曾登上这里的舞台。

Vinus & Marc

休闲酒吧

24 见192页地图，C1

这家新近开张的休闲酒吧位于Yorkville，有红墙、金边镜子、复古的家具以及长长的深色吧台，十分引人入胜。供应的鸡尾酒包括辛辣的Baby Vamp（龙舌兰、梅斯卡尔酒、草莓和哈瓦那辣椒苦酒）等精致的新品，还有Scofflaw（裸麦威士忌酒、涩苦艾酒以及自制的石榴汁糖浆）等禁酒时期的经典饮品。（646-692-9015；www.vinusandmarc.com；1825 Second Ave，95th St和94th St之间；周一至周五 正午至次日2:00，周六 10:00至次日3:00，周日 10:00至次日1:00；S 6至96th St）

Drunken Munkey

休闲酒吧

25 见192页地图，C1

这家休闲酒吧风格轻快，有复古的墙纸、板球式的门把手和喜气洋洋的服务员，让人想到殖民地时期的孟买。这里的猴子吊灯可能只是一时异想天开的产物，但其精心调制的鸡尾酒和美味的咖喱（量

DAN HERRICK/GETTY IMAGES ©

弗里克私人博物馆（见193页）的庭院

不大，适合分享）可不是儿戏。当然了，店里的杜松子酒是不错的饮品。建议试试Bramble（孟买金酒、黑莓利口酒、加新鲜柠檬汁和黑莓）。（☎646-998-4600；www.drunkenmunkeynyc.com；338 E 92nd St，First Ave和Second Ave之间；⏰周一至周四 11:00至次日2:00，周五至周日 至次日3:00；Ⓢ6至96th St）

The Penrose

酒吧

26 见192页地图，C2

这家酒吧为上东区带来了不可或缺的风格，有精酿啤酒、裸露砖墙、复古的镜子、印花墙纸、再利用的木质装饰，还有亲切的招待员，是晚上与朋友相聚的绝佳地点。（☎212-203-2751；www.penrosebar.com；1590 Second Ave，82nd St和83rd St之间；⏰周一至周五 正午至次日4:00，周六和周日 10:00至次日4:00；Ⓢ4/5/6至86th St）

Auction House

酒吧

27 见192页地图，C1

穿过深紫褐色的门，进入这家烛光照明的酒吧。这里是个喝一杯放松心情的好地方。铺着木质地板的房间里摆满维多利亚式的沙发和塞得鼓鼓囊囊的安乐椅。你可以拿着精心调制的鸡尾酒，选个壁炉旁的位置，欣赏墙上挂着的金边镜子里映出的房间倒影。（☎212-427-4458；www.auctionhousenyc.com；300 E 89th St，Second Ave路口；⏰周日至周四 19:30至次

日2:00，周五和周六 至次日4:00；S 4/5/6 to 86th St）

Bemelmans Bar

休闲酒吧

28 见192页地图，B3

坐在巧克力颜色的皮椅上，在这个位于Carlyle Hotel、充满传奇色彩的酒吧里品味40年代的优雅华丽：服务员身穿白色夹克，小钢琴一直在叮当作响，天花板是24K的金箔。留意一下路德维希·比尔梅曼斯[Ludwig Bemelman；《玛德琳》（*Madeline*）的作者]创作的精美壁画。（☎212-744-1600；www.rosewoodhotels.com/en/the-carlyle-new-york；Carlyle Hotel，35 E 76th St，Madison Ave路口，⏲正午至次日1:00；S 6至77th St）

娱乐

Comic Strip Live

喜剧

29 见192页地图，C2

克里斯·洛克（Chris Rock）、亚当·桑德勒（Adam Sandler）、杰瑞·宋飞（Jerry Seinfeld）和艾迪·墨菲（Eddie Murphy）很久以前都曾在这里登台献艺。到了现在，多数晚上你仍然能够看到模仿他们的喜剧演员。需要提前预订。（☎212-861-9386；www.comicstriplive.com；1568 Second Ave，81st St和82nd St之间；入场费 $15~30，外加最低消费2杯酒；⏲演出周日至周四 20:30，周五 20:30、22:30和次日0:30，周六 20:00、22:30和次日0:30；S 4/5/6至86th St）

弗里克私人博物馆

古典音乐

华丽的弗里克私人博物馆（1 见192页地图，A4）每个月举办一次星期天音乐会，许多世界级的演奏家都会来此表演，如大提琴手耶胡达·哈拿尼（Yehuda Hanani）和小提琴手托马斯·瑟埃特玛依尔（Thomas Zehetmair）。（Frick Collection；www.frick.org；1 E 70th St，Fifth Ave路口；门票 $40；S 6至68th St-Hunter College）

Café Carlyle

爵士乐

这个奢华的餐馆位于Carlyle Hotel（28 见192页地图，B3），吸引了包括伍迪·艾伦在内的很多顶尖人物。伍迪·艾伦在他的艾迪戴维斯新奥尔良爵士乐队（Eddy Davis New Orleans Jazz Band）伴奏下进行单v簧管表演，时间是9月到次年5月每个周一的20:45。带够现金，入场费不包括食物或酒水。（☎212-744-1600；www.thecarlyle.com/dining/cafe_carlyle；Carlyle Hotel，35 E 76th St，Madison Ave路口；入场费 $110~185；S 6至77th St）

购物

Marimekko

服饰

30 见192页地图，B4

这家可爱的商店销售芬兰设计师Marimekko赖以成名的漂亮服装和饰品。除了裙装和上装，这里还有很多赏心悦目的商品，如毛巾、伞、包、枕头、围巾、帽子、纺织品等（设计师们还真是不遗余力

PANORAMIC IMAGES / GETTY IMAGES ©

麦迪逊大道的店面

呀）。（☎212-628-8400；kiitosmarimekko.com；1262 Third Ave，72nd St和73rd St之间；⏰周一至周六 10:00~19:00，周日 正午至17:00；Ⓢ6至68th St）

Blue Tree 时装、家居用品

31 见192页地图，B1

这家极具魅力（也很贵）的小店的主人是演员菲比·凯茨·克莱恩［Phoebe Cates Kline；演过《开放的美国学府》（*Fast Times at Ridgemont High*）］，出售精致的女装、山羊绒围巾、透明合成树脂制品、古怪的首饰和奇特的家居用品。（☎212-369-2583；www.bluetreenyc.com；1283 Madison Ave，91st St和92nd St之间；⏰周一至周五 10:00~18:00，周六和周日 11:00~18:00；Ⓢ4/5/6至86th St）

Crawford Doyle Booksellers 书籍

32 见192页地图，A2

这家高级书店吸引了很多人，图书包括艺术、文学和纽约历史，当然还有很多初版书。在寒冷的下午，这是消磨时光的好地方。（☎212-288-6300；crawforddoyle.com；1082 Madison Ave，81st St和82nd St之间；⏰周一至周六 10:00~18:00，周日 正午至17:00；Ⓢ6至77th St）

探索

上西区和中央公园

纽约就像一座钢筋混凝土的丛林，汽车的喇叭声和被高楼挡住阳光的人行道令人心烦意乱，而草木繁茂的中央公园则是消除这种情绪的灵丹妙药。与公园相邻的上西区有创意十足、一座比一座高的公寓大厦。这里也是著名的林肯中心的所在地，是全城演出场所最为集中的街区。

一日游行程

以犹太美食传奇**Barney Greengrass**（见216页）的鸡蛋和熏鱼开启一天的行程。步行到河边，沿**河边公园**（见213页）漫步，欣赏美景。到79th St附近向城里进发，前往**美国自然历史博物馆**（见212页）瞻仰跨越数千年的文物。之后，走到**Zabar’s**（见207页）采买一流的野餐食物。

下午探索**中央公园**（见206页）。在湖畔找一处树荫遮蔽的地方野餐；再到漫步区放松，沿榆树成行的林荫大道漫步，看看贝塞斯达喷泉周围的街头艺人表演。想要提提神的话，可以去**Le Pain Quotidien**（见215页）喝咖啡吃点心。

夜色渐渐笼罩中央公园时，步行到**林肯中心**（见212页），在纽约最著名的演出场所欣赏歌剧、芭蕾舞或交响乐，在总是热闹非凡的新派美国菜馆**Smith**（见216页）享用晚餐。之后，到美妙的酒吧**Manhattan Cricket Club**（见217页）喝一杯睡前酒。

顶级景点

中央公园（Central Park；见206页）

纽约最佳

就餐

Barney Greengrass（见216页）

Dovetail（见216页）

Jacob’s Pickles（见216页）

饮品

Manhattan Cricket Club（见217页）

West End Hall（见218页）

娱乐

Metropolitan Opera House（见219页）

New York City Ballet（见219页）

Smoke（见220页）

到达和离开

S 地铁 如果要去百老汇和西边的地方，可以乘坐1、2、3号地铁线。如果要去风景名胜和中央公园，那么B线和C线则是最佳选择。

公共汽车 M104路公共汽车沿百老汇大街南北方向行驶，M10路公共汽车则沿中央公园的西端行驶，一路上美景不断。66th、72nd、79th、86th和96th St上的穿城巴士可以带你穿过中央公园，前往上东区。

顶级景点
中央公园

占地面积超过800英亩，有如诗如画的草地、池塘和森林，中央公园（Central Park）在很多人眼里代表了曼哈顿最原始的状态。但事实并非如此。中央公园由弗雷德里克·劳·奥姆斯特德（Frederick Law Olmsted）和卡尔弗特·沃克斯（Calvert Vaux）设计，是实实在在的工程产物，建造公园的工程量巨大：成千上万名工人移走了1000万辆货车的土才将沼泽和沙石土地变成今天的“人民公园”。

见210页地图，D5

www.centralparknyc.org

59th St和110th St之间，Central Park West和Fifth Ave之间

6:00至次日1:00

贝塞斯达喷泉（Bethesda Fountain）

不要错过

贝塞斯达露台和林荫大道

贝塞斯达露台（Bethesda Terrace）有拱形的走道，还有华丽的贝塞斯达喷泉（在72nd St延长线上）来锦上添花，这里一直以来都是各类纽约人聚集的地方。露台的南边是可供漫步的林荫大道（the Mall，在很多影片中都出现过），掩映在成熟的北美榆树林中。大道向南边延伸的部分被称为文学大道（Literary Walk），两旁有知名作者的雕像。

草莓园

这座泪滴形状的**花园**（Strawberry Fields; www.centralparknyc.org; Central Park，西端在72nd St路口；🚸；S A/C，B至72nd St）是为了纪念前披头士成员约翰·列侬而修建的。这里有一片庄严的榆树林，还有一个地砖拼贴画，上面的文字非常简单，只有“*Imagine*”（《想象》，列侬的著名歌曲）。

中央公园动物园

中央公园动物园（Central Park Zoo; ☎212-439-6500; www.centralparkzoo.com; Central Park，64th St和Fifth Ave交叉路口；成人/儿童 $12/7；⏲5月至10月 10:00~17:30，11月至次年4月 至16:30；🚸；S N/Q/R至5th Ave-59th St）的正式名称是中央公园野生动物中心（Central Park Wildlife Center，但是几乎没有人用），这座不大的动物园里有企鹅、雪豹、箭毒蛙和小熊猫等动物。给海狮和企鹅喂食时，这里会很热闹（可登录网站查询喂食时间）。与之毗邻的互动式**蒂施儿童动物园**（Tisch Children's Zoo; www.centralparkzoo.com/animals-and-exhibits/exhibits/tisch-childrens-zoo.aspx; Central Park，65th St和Fifth Ave交叉路口；成人/儿童 $12/7；⏲5月至10月 10:00~17:30，11月至次年4月 至16:30；🚸；S N/Q/R

☑ 独家贴士

▶为公园提供维护的非营利组织中央公园保护组织（Central Park Conservancy; ☎212-310-6600; www.centralparknyc.org/tours; 14 E 60th St; bN/Q/R至5th Ave-59th St）有免费的定制步行游览路线。

▶你可以在洛埃博船屋或哥伦布圆环（Columbus Circle）对面的公园西南入口租到自行车。

吃喝落脚点

可以在**Zabar's**（☎212-787-2000; www.zabars.com; 2245 Broadway，80th St路口；⏲周一至周五 8:00~19:30，周六 至20:00，周日 9:00~18:00；S 1至79th St）或Whole Foods（见151页）购买花样繁多的美食作野餐之用，这两处距公园咫尺之遥。在公园内，你可以在气氛悠闲的Le Pain Quotidien（见215页）的露天区域就餐，或者在优雅的洛埃博船屋餐厅（见217页）享用高档餐食。

至5th Ave-59th St）里有羊驼和努璧安小山羊，很适合小孩子。

保护水域和爱丽丝梦游仙境雕像

保护水域（Conservatory Water）位于动物园以北，74th St的延长线上，有帆船模型悠闲地漂在水面上，还有一个长着蘑菇的爱丽丝梦游仙境雕像供孩子们爬上爬下。水域西面有安徒生雕像，6月至9月间每周六11:00举办故事会（www.hcastorycenter.org）。

大草坪

大草坪（Great Lawn）是位于中央公园中心位置的一片巨大绿地，周围有球场和法国梧桐。Simon & Garfunkel乐队1981年著名的音乐会就是在这里举办的。东南面紧邻德拉科特剧院（Delacorte Theater），是一年一度的中央公园莎士比亚戏剧节（Shakespeare in the Park）的举办地点，还有适合观鸟的眺望台城堡（Belvedere Castle）。

漫步区

再往南是绿树掩映的漫步区（The Ramble），这是一个热门的观鸟场所。东南端是洛埃博船屋（Loeb Boathouse；见217页），这里有一家河畔餐厅，还出租划艇和自行车。

杰奎琳·肯尼迪·奥纳西斯水库

水库（Jacqueline Kennedy Onassis Reservoir）位于90th St延长线，几乎与中央公园一样宽，可供人们欣赏纽约天际线倒映在池塘中的美景。周围有1.58英里的跑道，天气温暖的时候会有很多人到这里跑步。附近的第五大道和90th St交叉路口有纽约马拉松创始人弗雷德·勒博（Fred Lebow）低头看表的雕像。

温室花园

如果你想去一个宁静的地方（没有跑步的人、骑自行车的人或街头艺人），那就到占地6英亩的温室花园（Conservatory Garden）来吧，它是中央公园里最安静的地方。而且这里也美不胜收：遍布着海棠树、婆娑的黄杨木；春季还有盛开的鲜花。这里位于紧邻第五大道的105th St。你也可以在日落之后去，此刻最为静谧（也是鸟最多的时候）。

了解当地

中央公园

19世纪50年代时，多座养猪场、一个垃圾站、一家熬骨汤的作坊和一座非裔美国人的村庄占据着这片区域；如今，这里因中央公园而容光焕发。成千上万名工人移走1000万辆货车的土，将沼泽和遍布岩石的地面打造成今天的"人民公园"。现在这片巨大的绿地有24,000多棵树、136英亩（约55万平方米）森林、21个游乐场和7片水域，每年都吸引着超过4000万名游人慕名前来。

MITCHELL FUNK/GETTY IMAGES ©

北部森林和碉堡

北部森林（North Woods）位于106th St和110th St之间的街区以东，有园内最古老的建筑——一座1812年战争时期的军事防御工事（Blockhouse）。

中央公园的夏季活动

天气温暖时，在中央公园内举办的文化活动不计其数，很多是免费的。其中最受欢迎的两个活动分别是**公共剧院**（Public Theater; www.publictheater.org）举办的中央公园莎士比亚戏剧节（Shakespeare in the Park）以及**夏季舞台**（SummerStage; www.summerstage.org; Rumsey Playfield, Central Park，从Fifth Ave和69th St进入；门票免费；⌚6月至8月；Ⓢ6至68th St-Hunter College），后者是一系列免费音乐会。更多信息可登录网站查询。

A
B
C
D
E
1
2
3
4
E 110th St
E 106th St
E 102nd St
E 96th St
E 86th St
Madison Ave
麦迪逊大道
Fifth Ave
第五大道
UPPER EAST SIDE
上东区
Central Park North
Central Park North (110th St)
Harlem Meer
哈莱姆湖
Conservatory Garden
温室花园
East Dr
East Meadow
东草坪
Lasker Rink & Pool
拉斯科滑冰场和池塘
The Loch
湖
North Meadow
北草坪
97th St Transverse
97街横贯路
Jacqueline Kennedy Onassis Reservoir
杰奎琳·肯尼迪·奥纳西斯水库
86th St Transverse
86街横贯路
West Dr
Cathedral Pkwy (110th St)
Great Hill
大丘
The Pool
池塘
Central Park West
Frederick Douglass Cir
Manhattan Ave
103rd St
96th St
86th St
12
Columbus Ave
W 110th St (Cathedral Pkwy)
W 109th St
W 108th St
W 107th St
W 106th St (Duke Ellington Blvd)
W 105th St
W 104th St
W 100th St
W 97th St
W 96th St
W 95th St
W 94th St
W 93rd St
W 92nd St
W 91st St
W 90th St
W 89th St
W 88th St
W 87th St
W 86th St
W 85th St
14
Amsterdam Ave
20
22
29
Broadway
百老汇大道
25
27
W 103rd St
W 102nd St
W 101st St
W 99th St
W 98th St
West End Ave
UPPER WEST SIDE
上西区
Riverside Dr
Riverside Park
河滨公园
5
West Side Hwy
Hudson River
哈德逊河

Central Park
中央公园
Metropolitan Museum of Art
大都会艺术博物馆
Great Lawn
大草坪
Delacorte Theatre
德拉科特剧院
Belvedere Castle
6
Turtle Pond
乌龟池
79th St Transverse
79街横贯路
The Ramble
漫步区
Bow Bridge
弓桥
The Lake
湖
Conservatory Water
温室池塘
Loeb Boathouse
洛埃博船屋
8
72nd St Transverse
72街横贯路
The Mall
林荫大道
Literary Walk
文学大道
Sheep Meadow
绵羊草坪
13
65th St Transverse
65街横贯路
Wollman Skating Rink
沃尔曼滑冰场
7
The Pond
池塘
East Dr
Center Dr
West Dr
Central Park South
Central Park West
Fifth Ave
第五大道
Madison Ave
麦迪逊大道
E 79th St
E 72nd St
E 65th St
E 59th St
5th Ave-59th St
59th St-Columbus Circle
Columbus Circle
哥伦布环岛
American Museum of Natural History
美国自然历史博物馆
2
81st St-Museum of Natural History
New-York Historical Society
纽约历史学会
4
American Folk Art Museum
美国民间艺术博物馆
3
Lincoln Center
林肯中心
1
Fordham University
福坦莫大学
Broadway
百老汇大道
66th St-Lincoln Center
72nd St
79th St
Columbus Ave
Amsterdam Ave
West End Ave
Riverside Dr
Freedom Pl
West Side Hwy
W 84th St
W 83rd St
W 82nd St
W 81st St
W 80th St
W 79th St
W 78th St
W 77th St
W 76th St
W 75th St
W 74th St
W 73rd St
W 72nd St
W 71st St
W 70th St
W 69th St
W 68th St
W 67th St
W 66th St
W 65th St
W 64th St
W 63rd St
W 62nd St
W 61st St
W 60th St
W 59th St
32
31
21
9
10
23
15
30
33
19
18
28
11
26
24
16
17
A
B
C
D
E
5
6
7
8
详细介绍请见
顶级景点 206页
景点 212页
就餐 215页
饮品 217页
娱乐 219页
购物 222页
500 m
0.25 miles
0
0

景点

林肯中心

文化中心

1 见210页地图，C8

在这几座熠熠生辉但布局并不花巧的现代派建筑中，有着曼哈顿最重要的演出场所：艾弗利费雪厅（Avery Fisher Hall，纽约爱乐乐团所在地）、大卫·H.柯赫剧院（David H Koch Theater，纽约市芭蕾舞团所在地），还有标志性的大都会歌剧院（Metropolitan Opera House）——歌剧院的内墙上有马克·夏加尔（Marc Chagall）创作的色彩明亮的壁画。在这个占地16英亩的园区及附近，还有很多其他表演场地，包括一个剧院、两个电影放映中心和极负盛名的茱莉亚音乐学院（Juilliard School）。（Lincoln Center；212-875-5456，团队游 212-875-5350；www.lincolncenter.org；Columbus Ave，62nd St和66th St之间；公共广场免费，团队游成人/学生 $18/15；；S 1至66th St-Lincoln Center）

美国自然历史博物馆

博物馆

2 见210页地图，C5

这座一流的博物馆建于1869年，堪称奇境。馆内有约3000万件文物，包括许多令人望而生畏的恐龙骨架，还有先进的天文馆罗斯地球和太空中心（Rose Center For Earth & Space）。9月至次年5月间，这里有蝴蝶温室（Butterfly Conservancy），展出全世界500多种蝴蝶。（American Museum of Natural History；212-769-5100；www.amnh.org；Central Park West，79th St路口；建议捐赠 成人/儿童 $22/12.50；10:00~17:45，周五 罗斯中心至20:45；；S B，C至81st St-Museum of Natural History；1至79th St）

美国民间艺术博物馆

博物馆

3 见210页地图，C7

这座小博物馆收藏了几个世纪的民间和外来艺术珍宝，包括亨利·达戈（Henry Darger；擅长画有很多女孩的战争场景）以及马丁·拉米雷斯（Martín Ramírez；创作了迷幻的马背上的骑士）的作品。这里还有很多木雕、绘画、手工染色的照片和装饰性物品。周三这里有吉他演奏，周五有免费音乐。（American Folk Art Museum；212-595-9533；www.folkartmuseum.org；2 Lincoln Sq，Columbus Ave和66th St交叉路口；门票免费；周二至周四和周六 11:30~19:00，周五 正午至19:30，周日 正午至18:00；S 1至66th St-Lincoln Center）

纽约历史学会

博物馆

4 见210页地图，C6

纽约最古老的博物馆，这一点从名称中就可以看到。历史学会建于1804年，保存的文物记载着纽约的历史和文化。这里收藏了6万多件古怪且迷人的藏品，从乔治·华盛顿的就职椅到19世纪蒂芙尼冰激凌盘（当然是闪闪发光的），包罗万象。（New-York Historical Society；

SYLVAIN SONNET/GETTY IMAGES ©

美国自然历史博物馆（American Museum of Natural History），蓝鲸展

www.nyhistory.org; 170 Central Park West, 77th St路口；成人/儿童 $20/6，周五18:00~20:00捐赠入内，图书馆 免费；周二至周四和周六 10:00~18:00，周五至20:00，周日 11:00~17:00；S B，C至81st St-Museum of Natural History）

河边公园

公园

5 见210页地图，B1

这处美丽的河边公园是由中央公园的缔造者弗雷德里克·劳·奥姆斯特德和卡尔弗特·沃克斯设计的，在上西区向北延伸，位于59th St到158th St的哈德逊河的河畔，绿树成荫。里面有很多自行车小径和游乐场，是全家出行的好地方。（Riverside Park；212-870-3070；www.riversideparknyc.org；Riverside Dr，68th St和155th St之间；6:00至次日1:00；；S 1/2/3至66th St和157th St之间的任何站点）

眺望台城堡

观鸟

6 见210页地图，D5

如果你想和孩子一起踏上独特的观鸟旅程，那么就在中央公园的眺望台城堡买一个"探索工具包"（Discovery Kit）吧。里面有双筒望远镜、一本关于鸟类的书、一些彩色的铅笔和纸——这些都会让孩子们对鸟类产生极大的兴趣。需要带照片的身份证明。（Belvedere

沃尔曼滑冰场（Wollman Skating Rink）

Castle；☎212-772-0288；Central Park，79th St路口；门票免费；⏰10:00~15:00；🚻；Ⓢ1/2/3，B，C至72nd St）

沃尔曼滑冰场

滑冰

7 ◉ 见210页地图，D8

这里位于中央公园东南边，风景优美。该溜冰场比洛克菲勒中心的溜冰场要大，全天都可以溜冰。只收现金。（Wollman Skating Rink；☎212-439-6900；www.wollmanskatingrink.com；Central Park，62nd St和63rd St之间；成人 周一至周四/周五至周日 $11/18，儿童 $6，租冰鞋 $8，租锁 $5，观赏费 $5；⏰11月至次年3月 周一和周二 10:00~14:30，周三至周六 至22:00，周日 至21:00；🚻；ⓈF至57 St；N/Q/R至5th Ave-59th St）

洛埃博船屋

皮划艇、骑行

8 ◉ 见210页地图，E6

这家位于中央公园的船屋有100艘划艇，如果你不想亲自划船的话，还可以登上3艘可乘6人的威尼斯式凤尾船。天气允许的情况下，还可以在这里租到自行车。租赁时需要出示身份证和信用卡。提供头盔。（Loeb Boathouse；☎212-517-2233；www.thecentralparkboathouse.com；Central Park，74th St和75th St之间；划船 每小时 $15，租自行车 每小时 $9~15；⏰4月至11月 10:00~18:00；🚻；ⓈB，C至72nd St；6至77th St）

就餐

Peacefood Cafe

严格素食 $

9 见210页地图，C5

这家纯素餐馆色调明亮，空间宽敞，供应很受欢迎的炸面筋三明治（配有该店自制的佛卡夏面包，撒着腰果奶酪、芝麻菜、西红柿和香蒜酱）和比萨、烤蔬菜以及美味的藜麦沙拉。这里还有每日特色生食、提神的果汁和丰盛的甜点。食物健康、环保又美味。（212-362-2266；www.peacefoodcafe.com；460 Amsterdam Ave，82nd St路口；主菜 $12~18；10:00~22:00；；S 1至79th St）

Jin Ramen

日本菜 $

10 见210页地图，C5

这家热闹的小餐馆紧邻Amsterdam Ave，供应热气腾腾的美味日式拉面。豚骨（Tonkotsu）拉面是食客最爱，不过也提供素食选择。一定要尝尝日本小青椒（shishito pepper）、猪肉包和鹿角菜（hijiki）沙拉等开胃菜。质朴的木质装饰、不带灯罩的照明灯、红色的工业风家具，一切令人倍感舒适。（646-657-0755；www.jinramen.com；462 Amsterdam Ave，82nd St和83rd St之间；主菜 $12~16；周一至周六11:30~15:30和17:00~23:00，周日 至22:00；；S 1至79th St）

Birdbath Bakery

面包房 $

11 见210页地图，C6

讨喜的咖啡馆，除了店里座位太少几乎没有其他缺陷。菜单每日更换，供应美味的三明治、富含维生素的果汁和沙拉（可以尝尝鸡肉甘蓝玉米沙拉）。烘焙食品都很出色。这里的绿色建筑材料和再利用木料也散发着环保气息。另有自行车外送服务。（646-722-6562；thecitybakery.com/birdbath-bakery；274 Columbus Ave，72nd St路口；主菜 $10~14；8:00~19:00；；S 1/2/3，B，C至72nd St）

Tum & Yum

泰国菜 $

12 见210页地图，C2

这家不大的泰国菜馆令人感到亲切，供应出色的咖喱、脆皮烤鸭和热气腾腾、食材丰富的冬阴功汤，新鲜椰汁或甜甜的泰式冰咖啡是佐餐的上佳之选。店里的装饰全是木头，显得格外质朴。天气不好时躲在这里倍感舒适。（212-222-1998；www.tumyumnyc.com；917 Columbus Ave，105th St路口；主菜 $10~19；11:00~23:00；S B，C至103rd St）

Le Pain Quotidien

三明治 $

13 见210页地图，D7

位于通风良好的Mineral Springs Pavilion中，你可以在这里买到新鲜的沙拉和法式三明治；如果幸运的话，你能在阳台上占到座位。其他美食包括漂亮的浆果馅饼、扎啤和大杯（其实是大碗）的牛奶咖啡（还有免费Wi-Fi）。可以到橱窗那里点外卖，再到几步之遥的绵羊草坪（Sheep Meadow）上野餐。（646-233-3768；www.lepainquotidien.com；

Mineral Springs Pavilion, Central Park, 紧邻West Dr; 主菜 $12~17; ⌚周一至周四 7:00~20:00, 周五至周日 至21:00; 🔌 📶 👪; S B, C至72nd St)

Barney Greengrass

熟食 $$

14 见210页地图, C4

自诩为“鲟鱼之王(King of Sturgeon)”, 有很多丰盛的菜肴, 如鸡蛋和咸味熏鲑鱼、奢华的鱼子酱以及入口即化的巧克力巴布卡蛋糕, 这家店百年之前开业时便是以此闻名。早上来这里补充一下能量, 中午也可以来简单地吃点儿午餐。在拥挤的加工过道之间有几张快散架的旧餐桌。(☎212-724-4707; www.barneygreengrass.com; 541 Amsterdam Ave, 86th St路口; 主菜 $12~22; ⌚周二至周五 8:30~16:00, 周六和周日 至17:00; S 1至86th St)

Jacob' s Pickles

美国菜 $$

15 见210页地图, C5

这家店位于Amsterdam Ave餐馆一条街上, 灯光温暖, 很吸引人, 将普通的泡菜变为了上乘的佳肴。除了腌黄瓜和其他泡菜外, 这里还有高档的爽心美食, 如鲶鱼玉米卷、用葡萄酒炖的火鸡腿晚餐以及蘑菇奶酪意面。这里的饼干味道非常不错。(☎212-470-5566; www.jacobspickles.com; 509 Amsterdam Ave, 84th和85th之间; 主菜 $15~26; ⌚周一至周四 11:00至次日2:00, 周五 至次日4:00, 周六 9:00至次日4:00, 周日 至次日2:00; S 1至86th St)

The Smith

新派美国菜 $$

16 见210页地图, C8

这家小馆位于林肯中心对面餐馆云集之地, 总是非常热闹, 供应高端应季爽口美食。烩小排配南瓜、五香鲑鱼配烤菜花、鸡肉馅饼等都是不错的选择。这里还有生鲜吧和不计其数的酒类选择。天气温暖时可以在店前的露天区就餐。(☎212-496-5700; thesmithrestaurant.com; 1900 Broadway, 63rd St和64th St之间; 主菜 $17~44; ⌚周一至周五 7:30至午夜, 周六和周日 9:00开始营业; S 1, A/C, B/D至59th St-Columbus Circle)

PJ Clarke' s

美国菜 $$

17 见210页地图, C8

这家店位于林肯中心马路对面, 有红方格桌布、保守的顾客群体、友好的招待员和美味的食物。如果你时间不多, 那就到吧台点一个黑安格斯(Black Angus)汉堡和一杯布鲁克林拉格啤酒, 迅速填饱肚子。生食吧有新鲜的长岛蛤蜊(Long Island Little Neck)和花蛤, 还有大虾鸡尾酒。(☎212-957-9700; www.pjclarkes.com; 44 W 63rd St, Broadway路口; 汉堡 $13~16, 主菜 $20~26; ⌚11:30至次日2:00; S 1至66th St-Lincoln Center)

Dovetail

新派美国菜 $$$

18 见210页地图, C6

这家米其林星级餐厅的装饰风格展示了极具禅意的美感, 同样令人心旷

中央公园的划船者，远处是眺望台城堡（Belvedere Castle，见213页）

神怡的还有美味的应季菜肴，如加了洋姜花萼和钩块菌的银花鲈鱼、鹿肉配培根、黄甜菜和绿叶蔬菜等。每晚供应肉菜搭配（$135）和素食（$108）的两种7道菜品尝套餐。（☎212-362-3800；www.dovetailnyc.com；103 W 77th St, Columbus Ave路口；品尝套餐 $58~135；⏰周一至周四 17:30~22:00，周五和周六 至23:00，周日 17:00~22:00；🌿；Ⓢ A/C, B至81st St-Museum of Natural History；1至79th St）

洛埃博船屋餐厅　　美国菜 $$$

洛埃博船屋（8◎见210页地图，E6）位于中央公园湖的东北角，可以看到远处的中城区风景，是纽约最具田园气息的餐馆之一。当然，你是要为这里的环境付钱的。虽然食物大体上不错（蟹肉饼是最好吃的），但是服务通常很一般。（☎212-517-2233；www.thecentralparkboathouse.com；Central Park Lake, Central Park, 74th St路口；主菜 $25~36；⏰全年 每天周一至周五 正午至16:00，周六和周日 9:30~16:00，4月至11月 每天 18:00~21:30；Ⓢ A/C, B至72nd St；6至77th St）

饮品

Manhattan Cricket Club　　休闲鸡尾酒吧

19 🍷 见210页地图，C5

这家优雅的酒吧位于一间**澳大利亚小馆**（☎646-823-9251；www.burkeand

willsny.com；主菜 午餐 $19~26，晚餐 $20~45；⏲周一至周五 正午至15:00和17:30~23:00，周六和周日 11:00开始营业）楼上，仿照20世纪初期经典的盎格鲁-澳大利亚板球俱乐部风格装饰。金色的锦缎墙上挂着球手们发黄的老照片，桃花心木书架和切斯菲尔德（Chesterfield）营造出优雅的情调，你可以在此畅饮精心调制的高价鸡尾酒（每杯$18）。非常适宜约会。（☎646-823-9252；www.mccnewyork.com；226 W 79th St，Amsterdam Ave和Broadway之间；⏲18:00至次日2:00；S 1至79th St）

West End Hall

啤酒馆

20 见210页地图，B1

这家富丽堂皇的啤酒馆供应来自比利时、德国、美国等地的精酿啤酒，深受上西区的啤酒爱好者们喜爱。轮换供应的鲜啤酒超过20种，另有30种瓶装选择，多数都能很好地搭配香肠、椒盐卷饼、猪肉小三明治等肉类美食和可口的松露汉堡。（☎212-662-7200；www.westendhall.com；2756 Broadway，105th St和106th St之间；⏲周一至周五 16:00至次日1:00，周六和周日 11:00开始营业；S 1至103rd St）

Joe's

酒吧

21 见210页地图，C5

给上西区带来一丝布鲁克林的感觉，有轮换供应的精酿啤酒、创意鸡尾酒和留着小胡子的酒保。裸露砖墙和宽板条地板给这里增添了老式的快活气氛，长长的木吧台是个享用多汁汉堡的好地方。（☎646-918-6510；joesbarnyc.com；480 Amsterdam Ave，83rd St和84th St之间；⏲周一至周五 16:00至次日4:00，周六和周日 正午开始营业；S 1至86th St）

Earth Cafe

咖啡馆

22 见210页地图，B3

这家咖啡馆既有魅力又平易近人，活泼明亮的内部装饰、雪白的墙壁、新鲜烘焙咖啡的香气是吸引顾客的法宝。可以点一杯手艺纯熟的杏仁咖啡，在超大幅的世界地图旁落座，观看纽约的众生相。（☎917-363-8867；2850 Broadway，97th St路口；⏲周一至周五 7:00~23:00，周六和周日 8:00开始营业；📶；S 1/2/3至96th St）

Dead Poet

酒吧

23 见210页地图，C5

这家狭小的酒吧里采用桃花心木装饰，十几年来一直很受欢迎。当地人和学生们在此豪饮健力士啤酒。还有以已故诗人命名的鸡尾酒，如沃尔特·惠特曼长岛冰茶（$11）、辛辣的巴勃罗·聂鲁达（Pablo Neruda）朗姆桑格里亚汽酒（$9）等。（☎212-595-5670；www.thedeadpoet.com；450 Amsterdam Ave，81st St和82nd St之间；⏲正午至次日4:00；S 1至79th St）

纽约爱乐乐团（New York Philharmonic，见220页）的音乐会

娱乐

大都会歌剧院 歌剧

大都会歌剧院是纽约最著名的歌剧院，总部就在林肯中心（1见210页地图，C8）。这里上演着很多经典歌剧，如《卡门》（*Carmen*）、《蝴蝶夫人》（*Madame Butterfly*）、《麦克白》（*Macbeth*），当然还有瓦格纳（Wagner）的《指环》（*Ring Cycle*）。此外还有较为现代的歌剧首演和再次上映，如彼得·塞拉斯（Peter Sellar）的《尼克松在中国》（*Nixon in China*）。演出季从9月一直持续到次年4月。（Metropolitan Opera House; 票务212-362-6000，团队游 212-769-7028; www.metopera.org; Lincoln Center, 64th St和Columbus Ave交叉路口; S 1至66th St-Lincoln Center）

纽约市芭蕾舞团 舞蹈

24 见210页地图，C8

这个芭蕾舞团久负盛名，在20世纪40年代，舞团最初的艺术指导是出生于俄罗斯的著名编舞者乔治·巴兰钦（George Balanchine）。如今舞团有90名舞者，是美国最大的芭蕾舞团，每年都在林肯中心的大卫·H.柯赫剧院表演23个星期。假日时，舞团最知名的作品就是每年都会演出的《胡桃夹子》（*The Nutcracker*）。（New York City Ballet; 212-496-0600;

www.nycballet.com; David H Koch Theater, Lincoln Center, Columbus Ave和62nd St交叉路口; 🚸; S 1至66th St-Lincoln Center)

Smoke

爵士乐

25 ☆ 见210页地图，B1

这家店时髦且悠闲(长毛绒沙发处视野很好)吸引了一众老辈人和当地名人，如乔治·柯尔曼(George Coleman)和温顿·马沙利斯(Wynton Marsalis)。这里大多数晚上有$10的服务费，还有$20~30的餐饮最低消费。周日早午餐从11:00供应到16:00，有动人的爵士乐伴餐。在网上可以买到周末的演出票。(☎212-864-6662; www.smokejazz.com; 2751 Broadway, 105th St和106th St之间; ⏱周一至周六 17:30至次日3:00，周日 11:00至次日3:00; S 1至103rd St)

林肯中心电影协会

电影院

电影协会是纽约电影界的珍宝，为纪录片、故事片、独立影片、外国影片以及前卫的艺术电影提供了一个宝贵的平台。林肯中心(1◎见210页地图，C8)有两个场所会放映电影：一个是座位紧凑，常放映试验作品的**埃莉诺·布宁·门罗电影中心**(Elinor Bunin Munroe Film Center; ☎212-875-5232; www.filmlinc.com; Lincoln Center, 144 W 65th St; S 1至66 St-Lincoln Center)，另一个是有宽大影院式座椅的**沃尔特·里德剧院**(Walter Reade Theater; ☎212-875-5601; www.filmlinc.com; Lincoln Center, 165 W 65th St; S 1至66th St-Lincoln Center)。(Film Society of Lincoln Center; ☎212-875-5610; www.filmlinc.com; S 1至66th St-Lincoln Center)

纽约爱乐乐团

古典音乐

26 ☆ 见210页地图，C8

爱乐乐团是美国最古老的专业管弦乐队(可追溯至1842年)，每年演出季都在艾弗利费雪厅演出。乐团的指挥是艾伦·吉尔伯特(Alan Gilbert)，他的父母都是爱乐乐团的艺术家。爱乐乐团会演奏很多古典音乐[柴可夫斯基、马勒(Mahler)和海顿的作品]和当代音乐作品，还有为儿童准备的演奏会。(New York Philharmonic; ☎212-875-5656; www.nyphil.org; Avery Fisher Hall, Lincoln Center, Columbus Ave和65th St交叉路口; 🚸; S 1至66 St-Lincoln Center)

Symphony Space

现场音乐

27 ☆ 见210页地图，B3

这座当地社区支持的美妙表演场地有多种形式的艺术演出。这里经常有为期3天的某音乐家作品专题演出，侧重于世界音乐、戏剧、电影、舞蹈和文学，备受喜爱的作者也会出席。(☎212-864-5400; www.symphonyspace.org; 2537 Broadway, 94th St和95th St之间; S 1/2/3至96th St)

比肯剧院

现场音乐

28 ☆ 见210页地图，C6

这个历史剧院建于1929年，规模不

了解当地

文学和电影中的纽约

放眼全世界也没有哪里可与纽约相提并论，以这里做背景的文学、电视和电影作品不计其数。而且，关于这座城市的作品并不只局限于趣味，也有关注阶级和种族的批判题材和爱情故事，为本已包罗万象、光怪陆离的纽约增添了许多亮色。以下是我们最喜爱的电影和书籍，要么是在这里发生，要么是灵感来自这里。

书籍

《卡瓦利与克雷的神奇历险》（*The Amazing Adventures of Kavalier & Clay*；2000）迈克尔·查邦（Michael Chabon）著，是广受喜爱的普利策奖获奖小说。故事发生在布鲁克林，涉及逃避主义与核心家庭。

《布鲁克林有棵树》（*A Tree Grows in Brooklyn*；1943）贝蒂·史密斯（Betty Smith）著，讲述20世纪初生活在威廉斯堡公寓里一个爱尔兰裔家庭的故事。

《到穷街陋巷去》（*Down These Mean Streets*；1967）皮瑞·托马斯（Piri Thomas）在哈莱姆区西班牙裔聚居区成长的回忆录，记载着作者经历的艰辛岁月。

《隐形人》（*Invisible Man*；1952）拉尔夫·艾利森（Ralph Ellison）著，对于20世纪初美国黑人处境的尖刻讽刺。

《纯真年代》（*The Age of Innocence*；1920）伊迪斯·华顿（Edith Wharton）著，19世纪末纽约上流社会的故事与面临的考验。

电影

《安妮·霍尔》（*Annie Hall*；1977）纽约神经质之王伍迪·艾伦的奥斯卡获奖浪漫喜剧。

《曼哈顿》（*Manhattan*；1979）又一部伍迪·艾伦的名作，讲述纽约摩天大楼林立的街区中发生的纠结爱情。

《出租车司机》（*Taxi Driver*；1976）斯科塞斯执导，讲述一位开出租车维生，深陷困境的越战老兵的故事。

《西区故事》（*West Side Story*；1961）帮派横行的纽约城中的现代罗密欧与朱丽叶。

《珍爱人生》（*Precious*；2009）一位肥胖、饱受虐待的哈莱姆少女不甘沉沦，不屈不挠的奋斗经历。

大不小刚刚好，有2600个不错的座位。这里经常有流行音乐演出，风格从尼克·凯夫（Nick Cave）到主流的布莱恩·亚当斯（Bryan Adams）一应俱全。最近进行整修后，剧院里融入了希腊、罗马、文艺复兴和洛可可设计元素，十分耀眼。（Beacon Theatre；☎212-465-6500；www.beacontheatre.com；2124 Broadway，74th St和75th St之间；S 1/2/3至72nd St）

购物

Shishi 服饰

29 见210页地图，B3

即便不懂时尚的人们也能发现这里的好处，这家迷人的精品店出售的精选服饰价格便宜，种类常新。最近的商品包括毡帽、别致的毛衣、抢眼的首饰和柔软的法拉绒衣物。如果不买，只是逛逛也很不错——吊灯和墙上的复古裸体海报提醒着你，这里远非TJ Maxx可比。态度友好的年轻员工会提供有用的建议。（☎646-692-4510；shishiboutique.com；2488 Broadway，92nd St和93rd St之间；⏲周一至周六 11:00~20:00，周日 至19:00；S 1/2/3至96th St）

> 当地生活
>
> **绿跳蚤市场**
>
> 这家友好的绿跳蚤市场（Greenflea；见210页地图，C6；☎212-239-3025；www.greenfleamarkets.com；100 W 77th St，Columbus Ave附近；⏲周日 10:00~17:30；S B，C至81st St-Museum of Natural History；1至79th St）应有尽有，是纽约古老的露天购物地之一。在这里闲逛是上西区的人们在慵懒的周日上午最好的活动。商品包罗万象，有复古的和现代的家具、古老的地图、定制的眼镜、手织的围巾、手工珠宝等。

Unique Boutique 二手店

30 见210页地图，C5

这家上西区的头等二手店堪称罕见，如果想要添些行头不妨到这里看看。价格便宜，不过衣服的数量太多，可得好好淘上一阵儿。除了设计感十足的品牌服装和友好的员工之外，你还会在这里看到许多CD和书籍（精装本仅售1美元）。（487 Columbus Ave，83rd St和84th St之间；⏲10:00~20:00；S B，C至86th St）

Magpie 工艺品

31 见210页地图，C5

想不到买些什么礼物的话，就到这处迷人的小店看看，你会发现种类繁多、赏心悦目的环保商品。雅致的文具、蜂蜡蜡烛、手绘杯子、有机棉围巾、再生树脂项链、手工印染的毡皮日记本、木制地球拼图等，不一而足。多数商品支持公平贸易，由可持续的材料制成或在当地设计生产。（☎646-998-3002；magpienewyork.com；488 Amsterdam Ave，83rd St和84th St之间；⏲周二至周六 11:00~19:00，周日 至

林肯中心（Lincoln Center，见212页）

18:00; S 1至86th St）

West Side Kids

玩具

32 见210页地图，C5

给各个年龄段的孩子们购买特别礼物的好场所。有许多可供亲手操作、寓教于乐的游戏，还有拼图、迷你乐器、科学玩具（连食肉植物都有）、魔术道具、电路玩具、老式的木头火车和积木，可谓应有尽有。（☎ 212-496-7282; www.westsidekidsnyc.com; 498 Amsterdam Ave; ⏰ 周一至周六 10:00~19:00，周日 11:00~18:00; S 1至86th St）

Westsider Books

书籍

33 见210页地图，B5

这家店虽小，却堆满了罕见的二手书，包括很多不错的小说和带插画的大部头巨著。有初版书，也有一些老式的黑胶唱片。（☎ 212-362-0706; www.westsiderbooks.com; 2246 Broadway, 80th St和81st St之间; ⏰ 10:00~22:00; S 1至79th St）

当地生活
哈莱姆

哈莱姆——是凯伯·凯洛威（Cab Calloway）低吟清唱的地方，是拉尔夫·艾里森（Ralph Ellison）写下关于真理和偏狭的史诗般小说《隐形人》（*Invisible Man*）的地方，也是著名艺术家罗米尔·比尔登（Romare Bearden）完成他的首幅抽象拼贴画的地方。既生机勃勃、热情洋溢又深沉忧郁的哈莱姆是纽约灵魂的最深栖息地。

到达和离开

哈莱姆位于中城区以北5英里处。

S 从Columbus Circle乘A/D线一站即到。从时代广场乘2/3号线15分钟可到哈莱姆。

M10沿中央公园西侧直抵哈莱姆。

❶ Tom's Restaurant

Tom's Restaurant（212-864-6137；www.tomsrestaurant.net；2880 Broadway, 112th St路口；主菜 $7~13；周日至周四 6:00至次日1:30，周五和周六 24小时营业；S 1至110th St）如果你是电视剧《宋飞传奇》的粉丝，可能会觉得这家餐馆的外观很眼熟。

❷ 瞻仰耶稣

圣约翰大教堂（Cathedral Church of St John the Divine；团队游 212-316-7540；www.stjohndivine.org；1047 Amsterdam Ave, W 112th St路口，Morningside Heights；建议捐赠 $10，亮点团队游 $12，登高团队游 $20；7:30~18:00；S B，C，1至110th St-Cathedral Pkwy）有拜占庭式的外观，是美国最大的教堂。

❸ 马尔科姆·沙巴兹·哈莱姆市场

在半封闭式的**马尔科姆·沙巴兹·哈莱姆市场**（Malcolm Shabazz Harlem Market；门票免费；10:00~21:00；S 2/3至116th St）淘非洲首饰、纺织品、鼓、皮货和油类。

❹ 哈莱姆画室博物馆

哈莱姆画室博物馆（Studio Museum in Harlem；212-864-4500；www.studiomuseum.org；建议捐赠 $7，周日免费；周四和周五 正午至21:00，周六 10:00~18:00，周日 正午至18:00；S 2/3至125th St）空间不大，但在促进非裔美国人文化方面却发挥着举足轻重的作用。

❺ Flamekeepers Hat Club

Flamekeepers Hat Club（212-531-3542；www.flamekeepershatclub.com；周日至周三 正午至19:00，周四和周五 至20:00，周六 至21:00；S A/C，B/D至125th St）再现了哈莱姆的"镀金时代"。

❻ 奋斗者街

奋斗者街（Strivers' Row；W 138th & W 139th Sts，Frederick Douglass Blvd和Adam Clayton Powell Jr Blvd之间，Harlem；S B，C至135th St）有许多建于19世纪90年代的优雅联排别墅。

❼ Red Rooster

在**Red Rooster**（212-792-9001；www.redroosterharlem.com；主菜 $18~30；周一至周四 11:30~22:30，周五 至23:30，周六 10:00~23:30，周日 10:00~22:00；S 2/3至125th St）品尝融合了爽口美食与全球风味的"新派哈莱姆菜"。

❽ 阿波罗剧院

最后一站是**阿波罗剧院**（Apollo Theater；212-531-5300，团队游 212-531-5337；www.apollotheater.org；票价 $15起；S A/C，B/D至125th St），这座著名的音乐厅内诞生过许多传奇。周三的"业余者之夜"总是会吸引大批听众。

当地生活
布鲁克林南区

到达和离开

福特格林尼（Fort Greene）位于时代广场东南方向约6英里处。

S 想去福特格林尼公园，可乘B，Q/R至DeKalb，或2/3，4/5至Nevins St。高湾那（Gowanus）在D，N/R的Union St站附近。

这段4英里长的步行线路会经过布鲁克林最迷人的街区，沿途你会发现新开设的餐馆、商店、酒吧和咖啡馆正在迅速改变着这里的城市景观。你还会经过绿树成荫的街区，经过褐砂石建筑林立的街道，并且穿过两座风景优美的公园。想去跳蚤市场和农贸市场的话，可以选个周六，来这条路走走。

❶ 福特格林尼公园

占地30英亩，绿树成荫的**福特格林尼公园**（Fort Greene Park；www.fortgreenepark.org；⏲6:00至次日1:00；👪；Ⓢ B, Q/R至DeKalb Ave）充满悠闲的氛围，是个开启一天行程的好地方。爬上位于小山顶的监狱船死难者纪念碑可以俯瞰曼哈顿。

❷ Smooch

公园周边的漂亮街区也叫作福特格林尼。沿这里的主要街道DeKalb Ave漫步，在**Smooch**（☎718-624-4075；⏲周一至周三 8:00~21:00，周四至周日 至22:00；Ⓢ C至Lafayette Ave；G至Fulton St）停下来喝杯咖啡。

❸ 独特的发现

布鲁克林跳蚤市场（Brooklyn Flea Market；www.brooklynflea.com；⏲4月至10月 周六 10:00~17:00；👪；Ⓢ G至Clinton-Washington Aves）位于一所学校中，有超过150家摊贩，出售古董、二手衣服和诱人的小吃。

❹ Vanderbilt

穿过Atlantic Ave来到展望高地（Prospect Heights），这里是另外一片迷人的区域。主干道Vanderbilt Ave上有许多人气餐饮场所，如**Cooklyn**（☎347-915-0721；cooklyn-nyc.com；主菜 $18~29；⏲周一至周四 17:30~23:00，周五和周六 至午夜，周日 至22:00；Ⓢ B, Q至7th Ave；2/3至Grand Army Plaza）。

❺ 大军团广场

继续前往**大军团广场**（Grand Army Plaza；⏲6:00至午夜；🐾；Ⓢ 2/3至Grand Army Plaza；B, Q至7th Ave）和广场上雄伟的拱门。即展望公园的入口处有一个很受欢迎的周六农贸市场。

❻ 另一座中央公园

展望公园（Prospect Park；☎718-965-8951；www.prospectpark.org；⏲5:00至次日1:00；Ⓢ 2/3至Grand Army Plaza；F至15th St-Prospect Park）的风景在许多方面堪比中央公园，但人却少得多。

❼ 英雄的装备

走出公园向西，漫步进入帕克斜坡（Park Slope），这里到处都是褐砂岩建筑。第五大道（Fifth Ave）上商店林立，其中有令人倍感好奇的**Brooklyn Superhero Supply Co**（☎718-499-9884；www.superherosupplies.com；⏲11:00~17:00；👪；Ⓢ R至9th St；F, G至4th Ave）。

❽ 薰衣草湖

曾是工业区的高湾那向西延伸。在Carroll St走过木板桥可到**薰衣草湖**（Lavender Lake；☎347-799-2154；www.lavenderlake.com；⏲周一至周四 16:00至午夜，周五 至次日2:00，周六 正午至次日2:00，周日 正午至午夜；Ⓢ F, G至Carroll St；R至Union St），这里有间带院子的迷人酒吧。

当地生活

威廉斯堡

到达和离开

威廉斯堡距时代广场约5英里。

S 从曼哈顿乘L线，一站即到Bedford Ave。

威廉斯堡本质上说是一个没有大学的大学城，它像是纽约波希米亚风的大磁铁，吸引着懒散的年轻艺术家、音乐家、作家以及平面设计师。这个昔日的拉丁裔工薪阶层的生活堡垒如今已经成为一个著名的餐饮和夜生活中心，有复古的鸡尾酒吧、销售布鲁克林手艺人独特作品的五颜六色的商店，可供探索之处颇多。

❶ 欣赏绿色

东河州立公园（East River State Park；www.nysparks.com/parks/155；⏲9:00至黄昏；🚻；Ⓢ L至Bedford Ave）是个开放的绿色空间，在这里能欣赏到美妙的曼哈顿景色。夏季时可以野餐，偶有音乐会，是人们最爱去的地方。

❷ 自酿啤酒

布鲁克林酿酒厂（Brooklyn Brewery；☎718-486-7422；www.brooklynbrewery.com；团队游 周六和周日免费，周一至周四 $12；⏲团队游 周一至周四 17:00，周六 13:00~17:00，周日 13:00~16:00，品酒室 周五 18:00~23:00，周六 正午至20:00，周日 正午至18:00；Ⓢ L至Bedford Ave）不仅酿造和供应美味的当地啤酒，也提供参观酿酒的团队游，让人仿佛回到旧时光——那时这里还是纽约啤酒酿造中心。

❸ 时尚服饰

如果你注重衣装，那么就去**Buffalo Exchange**（☎718-384-6901；www.buffaloexchange.com；⏲周一至周六 11:00~20:00，周日 正午至19:00；Ⓢ L至Bedford Ave）吧，这是间深受人们喜爱的二手商店。

❹ 窖藏老物件

如果你想看很久以前的稀奇老物件，可以去参观**城市旧物馆**（City Reliquary；☎718-782-4842；www.cityreliquary.org；门票 $5；⏲周四至周日 正午至18:00；Ⓢ L至Lorimer Ave），里面摆满纽约的文物，包括1939年世界博览会的展品。

❺ 拉美环游

Fuego 718（☎718-302-2913；fuego718.com；⏲正午至20:00；Ⓢ L至Bedford Ave）送你去美国南部边境，看看亡灵节的盒子、多彩镜框，以及来自墨西哥、秘鲁等地的手工艺品。

❻ 再多些布鲁克林佳酿

Maison Premiere（☎347-335-0446；www.maisonpremiere.com；⏲周一至周五 16:00至次日2:00，周六和周日 11:00开始营业；Ⓢ L至Bedford Ave）有特色定制的鸡尾酒、牡蛎和其他各种美食，快把你手上的时光机拨到"再来一份"那一档。

❼ 布鲁克林艺术图书馆

在这间**图书馆**（Brooklyn Art Library；☎718-388-7941；www.sketchbookproject.com；门票 免费；⏲周一至周五 10:00~18:00，周六和周日 11:00~19:00；Ⓢ L至Bedford Ave）浏览世界各地业余艺术家们的速写集。或者买一个空白本子，把你的作品也添加到集子里。

❽ 布鲁克林酒类研究室

步入气氛友好的**布鲁克林酒类研究室**（Brooklyn Oenology；☎718-599-1259；www.brooklynoenology.com；⏲周一 16:00~22:00，周二至周四 14:00~22:00，周五和周六 至午夜，周日 正午至22:00；Ⓢ L至Bedford Ave），品尝纽约出品的葡萄酒、威士忌、啤酒、苹果酒等。

值得一游

现代艺术博物馆PS1馆

到达和离开

现代艺术博物馆PS1馆位于皇后区，时代广场正东3英里处。

S 乘E线或M线至Court Sq-23rd St，也可以乘7号线至Court Sq。

现代艺术博物馆 PS1 馆是曼哈顿现代艺术博物馆的姐妹馆，与后者相比，它更小但更前卫。它由一所学校改造而成，一直致力于搜集并展示先锋艺术品。忘掉镀金画框里的百合花池塘吧！在这里，你可以"穿"过地板观看视频，还可以一边透过墙洞观察，一边探讨非静态结构的含义。一切都让人难以琢磨。最棒的是，凭现代艺术博物馆的门票可以免费参观 PS1 馆。

不要错过

执着、激进和PS1馆的经典展品

1976年，另类空间艺术的支持者阿兰那·海斯(Alanna Heiss)买下了皇后区一栋废弃的教学楼，并邀请理查德·塞拉(Richard Serra)、詹姆斯·特瑞尔(James Turrell)和基斯·索尼尔(Keith Sonnier)等艺术家到这里创作艺术品。经过一番努力，最终他们举办了PS1馆的开幕展览——《房间》(*Rooms*)。保留至今的作品包括理查德·阿茨希瓦格(Richard Artschwager)创作的椭圆形墙——《信号》(*blimps*)，阿兰·萨雷特(Alan Saret)的光束作品《PS1馆的洞》(*The Hole at P.S.1*)以及《第五太阳系闪灵墙寺》(*Fifth Solar Chthonic Wall Temple*)，这些都现存于该馆北侧展厅3层。此外还包括皮皮洛蒂·瑞斯特(Pipilotti Rist)的录像《忘我的熔岩浴》(*Selbstlos im Lavabad*)——可以透过大厅地板观看，以及詹姆斯·特瑞尔令人惊叹的《会面》(*Meeting*)。

周日课堂

另一场文化盛宴是周日课堂，于9月至次年5月的每个周日举行，包括讲座、电影放映、音乐演奏，甚至是建筑项目等多种形式。届时你将有机会欣赏到实验喜剧、后工业时代噪声音乐和拉丁艺术舞蹈等演出。

夏季"热身派对"

7月至9月初，每个周六的15:00～21:00你都可以来这儿参加名为"热身(Warm Up)"的文化音乐节，这是纽约最时尚的每周艺术和音乐盛事之一(门票网络/现场 $18/20)。参加这个盛会的既有货真价实的潮人，也有潮流音乐极客。他们蜂拥进入现代艺术博物馆PS1馆，在庭院中一边吃喝一边欣赏众多顶尖乐队的精彩演出，聆听实验音乐和DJ大师的音乐。

718-784-2084

www.momaps1.org

22-25 Jackson Ave, Long Island City

建议捐赠 成人/儿童 $10/免费，持现代艺术博物馆门票免费

周四至周日 正午至18:00

S E, M至23rd St-Court Sq; G, 7至Court Sq

独家贴士

▶出发前可登录网站了解展览详情。有时展馆的展品不多，特别是在两个重大演出之间的时段。

▶在现代美术博物馆PS1馆的书店**Artbook**(718-433-1088; www.artbook.com/artbookps1.html)可以买到现代艺术博物馆展品目录、咖啡桌读物、艺术和设计杂志、CD和新媒体产品。

吃喝落脚点

M Wells Dinette(718-786-1800; www.magasinwells.com; 主菜 $9～29; 周四至周一 正午至18:00)使用本区域的食材，制作出法式-加拿大式的美味佳肴。

最佳步行游览
西村印象

简介

西村是纽约所有街区中，最适合步行游览的。标志性的网格街道以这里为起点贯穿全岛，街道旁有许多鹅卵石铺就的小角落。下午来此漫步是不可错过的经典纽约体验，顺道还可以拜访许多隐秘的地标建筑和美妙的咖啡馆。

起点 Commerce St; S 1至Christopher St-Sheridan Sq; 1至Houston St

终点 华盛顿广场公园; S A/C/E, B/D/F/M至W 4th St

距离 1英里; 1小时

吃喝落脚点

西村咖啡馆云集，其密度在全世界也可能是最高的。闲逛时可以任选一家街边咖啡馆，一边啜饮拿铁，一边观看来来往往的各色人等：学生、潮人、多金的专业人士，还有以特大墨镜遮挡面容的明星大腕。

GARY LATHAM/LONELY PLANET ©

Prerry St的褐砂岩建筑，曾在《欲望都市》中出现过

❶ 樱桃巷剧院

从位于Commerce St 38号的**樱桃巷剧院**（Cherry Lane Theater）开始行程。这座小剧院建于1924年，是纽约经营时间最长的非百老汇剧院。20世纪40年代，这里是创造性演出活动的中心。

❷《老友记》公寓

在Grove St路口左转来到Bedford St 90号。你或许会发现，这座公寓大楼就是《老友记》中人物的住所（可惜的是，Central Perk咖啡馆只是作者虚构的）。

❸ 凯莉·布拉德肖的门廊

想找另一处著名的电视剧拍摄地，那就沿Bleecker St走，到Perry St右转，Perry St 66号是纽约时尚女性——《欲望都市》里的凯莉·布拉德肖（Carrie Bradshaw）住的公寓（不过在剧中，凯莉的住所是在上东区）。

❹ 克里斯托弗公园

沿W 4th St一路走到**克里斯托弗公园**（Christopher Park），门口有两对白色的真人大小的同性恋情侣雕像《同性恋自由》(*Gay Liberation*;创作于1992年)。公园的北边是传说中的石墙旅馆(Stonewall Inn)。1969年,一群忍无可忍的变装皇后及其支持者们为争取公民权利在这里大闹了一场,这场骚动标志着同性恋解放运动的开端。

❺ 杰斐逊市场图书馆

行至Sixth Ave,来到位于几条街道交会处三角形路口的**杰斐逊市场图书馆**(Jefferson Market Library)。“罗斯金哥特式”尖塔曾经用于火警瞭望。19世纪70年代,这里曾有间法院。如今建筑里容纳着公共图书馆的分馆。

❻ Café Wha?

沿着Sixth Ave走一走,看看行色匆匆的路人,然后来到**Café Wha?**。很多年轻的音乐家和喜剧演员在这家老牌演出场地开始他们的事业,如当年的鲍勃·迪伦和理查德·普莱尔(Richard Pryor)。

❼ 华盛顿广场公园

继续沿着MacDougal St前行,最后来到**华盛顿广场公园**(Washington Square Park,见118页)——西村的非官方城市广场。这里常有学生徘徊,还有街头艺人以及一些声讨各种世界上或者城市里的不公平现象的抗议者。

最佳步行游览
地标建筑

简介

中城区有纽约最宏伟的建筑，钢筋混凝土构成的"峡谷"中矗立着建筑艺术的杰作。沿这条路线步行游览，既可以从高处将城市轮廓尽收眼底，也可以在街边感受原汁原味的喧嚣城市。

起点 中央火车站；S 4/5/6, 7至Grand Central-42nd St

终点 洛克菲勒中心；S B/D/F/M至47th-50th Sts-Rockefeller Center；N/Q/R至Herald Sq

距离 2英里；3小时

吃喝落脚点

韩国城位于中城区的高楼大厦之间，有一流的就餐场所，包括面条和饺子，还有更高档的烤肉等各种选择。素食者可以去**Hangawi**（见168页）。韩国城的中心是百老汇大街和第五大道之间的32nd St。

LEONARD ZHUKOVSKY/SHUTTERSTOCK ©

洛克菲勒中心的雕像《普罗米修斯》，由保罗·曼西普（Paul Manship）设计

❶ 中央火车站

从美术学院派建筑的奇观**中央火车站**（Grand Central Terminal，见163页）开启你的漫步之旅。仰望中央大厅的星空穹顶，在回音廊（Whispering Gallery）说些悄悄话，再去中央大市场（Grand Central Market）挑些美味佳肴。

❷ 克莱斯勒大厦

走到44th St和Third Ave交叉路口，欣赏**克莱斯勒大厦**（Chrysler Building，见163页）外观。沿Third Ave一直走到42nd St，右转后就进入了克莱斯勒大厦艺术装饰风格的华丽大堂。

❸ 纽约公共图书馆

在42nd St和第五大道交叉路口处坐落着庄严的**纽约公共图书馆**（New York Public Library，见164页）。可以走进图书馆，一窥令人惊叹的玫瑰阅览室。

❹ 美国银行大厦

在附近的**布莱恩特公园**（Bryant Park，见172页）的市场上买些好吃的。休息的时候，可以看看42nd St和Sixth Ave交叉路口西北角耸立着的**美国银行大厦**（Bank of America Tower，见234页）。它是纽约第四高的建筑，也是最为环保的建筑之一。

❺ 圣帕特里克大教堂

沿第五大道漫步，欣赏壮观的**圣帕特里克大教堂**（St Patrick's Cathedral，见165页），美国艺术家查尔斯·康尼可（Charles Connick）设计的圆花窗非常漂亮。

❻ 洛克菲勒中心

最后一站是**洛克菲勒中心**（Rockefeller Center，见162页），这是一个宏伟的建筑群，充满了艺术装饰风格的摩天大楼和雕塑。从49th St和50th St之间进入主广场，观看金色的普罗米修斯雕像。

❼ 洛克菲勒中心顶层观景台

从广场出发有两个选择：要么上到通用电器大厦的70层，在**洛克菲勒中心顶层观景台**（Top of the Rock，见162页）感受令人难忘的视野，要么就在17:00后直奔鸡尾酒吧**SixtyFive**（见171页），一边饮酒一边欣赏城市轮廓。

最佳步行游览
东村怀旧

简介

绅士化运动也许使纽约的野性在一定程度上被驯服，不过东村依旧散发着纽约旧时的风情。数十年来，这里一直是反传统文化的中心，不加修饰的街道处处有关于毒品、变装者和摇滚朋克一族的传说。派蒂·史密斯（Patti Smith）、雷蒙斯乐队（the Ramones）、金发女郎乐团（Blondie）、麦当娜等不计其数的文化偶像在这里声名鹊起。任时代如何改变，东村过去的美好时光总是有迹可循。

起点 CBGB; S 6至Bleecker St; F至2nd Ave

终点 汤普金斯广场公园; S 6至Astor Pl

距离 1.5英里; 1.5小时

吃喝落脚点

14th St以南、First Ave以东的街道遍布出色的小吃，你可以在这里尝到全球的各种花样和口味。这里确实多元，也许是最能体现纽约特征的地点之一。

WIN-INITIATIVE/GETTY IMAGES ©

库珀联盟学院（Cooper Union）

❶ CBGB

这条路线的起点在1973年开放的著名音乐演出场所**CBGB**，雷蒙斯乐队的朋克摇滚就是从这里流行起来的。现在这里则变成了John Varvatos精品店，旧旧的墙上还保留着褪色的海报和恣意的涂鸦。

❷ Joey Ramone Place

由此向北的路口就是长达一个街区的**Joey Ramone Place**，名字来自雷蒙斯乐队的歌手，他在2001年因癌症去世。

❸ 库珀联盟学院

沿鲍厄里街向北到Astor Pl，右转并向东穿过广场就到了**库珀联盟学院**（Cooper Union）。1860年，有望竞选总统的亚伯拉罕·林肯在这里以一场振奋人心的反奴隶制演讲确保了他的候选资格。

❹ 圣马可坊街

沿**圣马可坊街**（St Marks Place，见94页）继续向东，在这个街区能看到很多文身店和便宜的小饭馆。23号从前是Electric Circus的演出场地，1966年安迪·沃霍尔（Andy

Warhol）曾在这里举办过Exploding Plastic Inevitable多媒体展览。

5 菲尔莫尔东

沿Second Ave向南到**菲尔莫尔东**（Fillmore East; 105 Second Ave）旧址，这曾是一个可容纳2000人的现场音乐演奏会场，1968~1971年由创始人Bill Graham经营，现在早已废弃。20世纪80年代，这里成了Saint——一个占地5000平方英尺（约465平方米）的富有传奇色彩的舞蹈俱乐部。在那里，与享乐、吸毒、同性恋脱不开关系的迪斯科文化被催生出来。

6 Physical Graffiti的封面

向东一个街区到First Ave，左转回到圣马可坊街后再右转，你面前的这一排公寓就是齐柏林飞船（Led Zeppelin）的*Physical Graffiti*专辑封面的原型（位于St Marks Pl 96~98号）。1981年，滚石乐队的米克·贾格尔（Mick Jagger）和基思·理查兹（Keith Richards）就是在这里拍了“等一个朋友（*Waiting on a Friend*）”的搞笑视频。

7 汤普金斯广场公园

这一趟行程最终在“名声不太好”的**汤普金斯广场公园**（Tompkins Square Park，见93页）结束。20世纪60年代，变装皇后们的夏季假发嘉年华（Wigstock）和吉米·亨德里克斯（Jimi Hendrix）的演出都曾在这里上演。

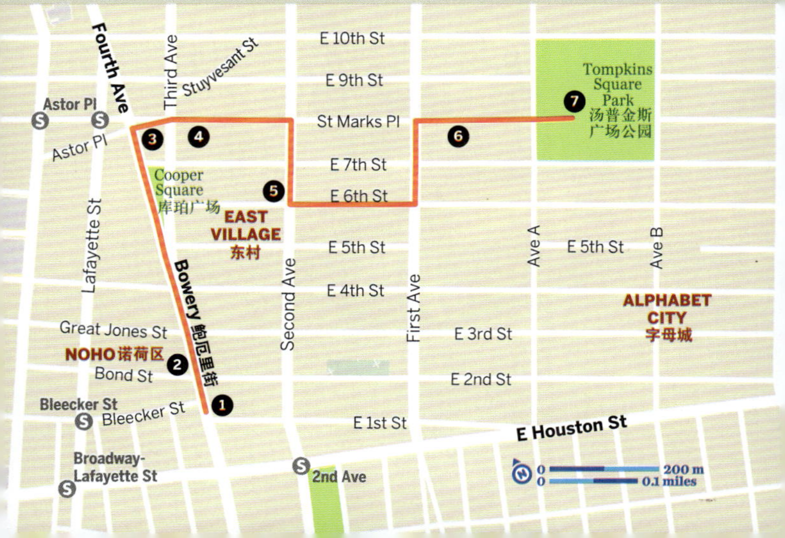

生存指南

纽约市公共图书馆（New York Public Library，见164页）

SIEGFRIED LAYDA/GETTY IMAGES ©

生存指南

出发前

何时去

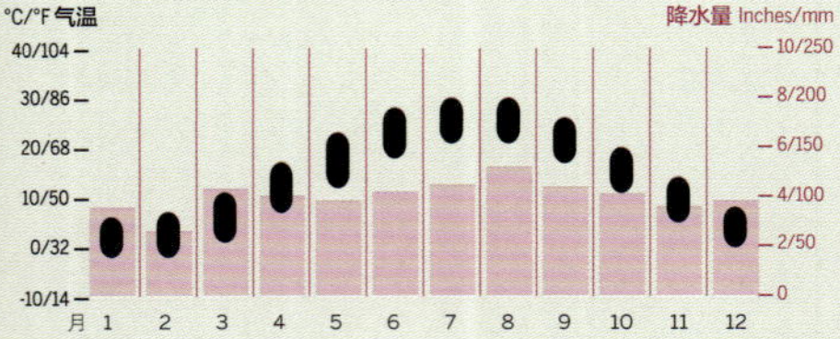

➡**冬季（12月至次年2月）**
有降雪，温度在零度以下。节日期间虽然寒冷，但格外明亮。

➡**春季（3月至5月）**
天气刚一转暖，心急的咖啡馆就早早地把桌椅搬出室外。

夏季（6月至8月）
盛夏时闷热。当地人涌到汉普顿斯度周末。

➡**秋季（9月至11月）**
城市公园里的树叶颜色火红、金黄，非常漂亮。

预订住宿

➡平均房价高达$300以上。不过别望而生畏：还是有许多便宜住宿的，几乎都可以在网络上找到。

➡与许多目的地不同，纽约没有所谓的“旺季”。当然，提到客流，全年会有许多住宿紧张时段，不过来大苹果的游人每年都超过5000万，这里的接待能力还是值得信赖的。房价会随着房源多寡而上下波动，事实上，多数酒店都有一套合理的预订体系，会根据某一晚已经预订的房间数量进行报价。

➡当晚客流越大，房价自然越高。

➡如果你想要寻觅最优惠的住宿价格，保持行程灵活度是关键——平日通常便宜，冬季住宿一般价格较低。如果周末来访，可以试试金融区的商务酒店，这些住宿场所在忙碌的一周结束后往往有许多空房。

➡如果你对住在哪里已经有了一定的想法，最好先去心仪酒店的网站看看，那里常有折扣或套餐价。

参考网站

Newyorkhotels.com（www.newyorkhotels.com）自诩为纽约酒店业的官方网站。

NYC（www.nycgo.com/hotels）纽约官方的大量酒店列表。

Lonely Planet（www.lonelyplanet.com）作者推荐与在线预订。

最佳经济型住宿

Local NYC（www.thelocalny.com）便宜的宿舍房间和双人间，带屋顶观景台。位于长岛，交通便利。

New York Loft Hostel（www.nylofthostel.com）仓库改造而来，位于波希米亚风盛行的布什维克，非常热闹。

Harlem Flophouse（www.harlemflophouse.com）位于哈莱姆中心地带的迷人联排住宅。

Jane Hotel（www.thejanenyc.com）小屋式的房间很局促，不过豪华的舞厅和酒吧使这里看起来就像五星级酒店。

St Mark's Hotel（www.stmarkshotel.net）东村的经济型住宿选择，吸引热爱夜生活的年轻人群，他们喜欢住处距城里酒吧集中区域仅几步之遥。

最佳中端住宿

Citizen M（www.citizenm.com）时代广场核心区附近，有现代化、高科技的客房。

Wall Street Inn（www.thewallstreetinn.com）位于金融区，床铺舒适，房间是殖民地风格装饰。

Boro Hotel（www.borohotel.com）位于长岛，设计出众，视野优秀。

3B（www.3bbrooklyn.com）布鲁克林住宿热门场所，很迷人，有4间客房，经营者有创意又热爱艺术。

Bubba & Bean Lodges（www.bblodges.com）上东区的联排住宅，带小厨房，气氛友好。

1871 House（www.1871house.com）有19世纪旅馆的奇妙氛围，步行即可前往宽广的中央公园。

最佳高端住宿

Ace Hotel（www.acehotel.com/newyork）时尚的游乐场所，大厅有DJ打碟，而且方便享受一流的咖啡和鸡尾酒。

Knickerbocker（theknickerbocker.com）豪华的中城区住宿，有美妙的屋顶酒吧。

Bowery Hotel（www.theboweryhotel.com）客房漂亮，大厅现代，另有出色的就餐和鸡尾酒选择。

Hôtel Americano（www.hotel-americano.com）设计爱好者的梦想就是在这座充满未来感的精品酒店睡一觉，这里还有各种国际高端服务可以享受。

Plaza（www.theplaza.com）Central Park South的豪华地标，住在这里只怕会惯坏了自己。

Crosby Street Hotel（www.firmdalehotels.com）位于市中心一条鹅卵石街道旁，客房时尚无比。

抵达纽约

☑ **重要提示** 前往住宿点的最佳方式见41页。

肯尼迪国际机场

（John F Kennedy International Airport）

肯尼迪国际机场（简称JFK），距皇后区东南部的中城区15英里，拥有8座航站楼，每年接待近5000万名乘客，世界各地的航班都在此起落。

➡**出租车** 曼哈顿至机场的黄色出租车使用计价器计价。费用取决于交通状况

（通常约$60），车程45分钟至60分钟。从肯尼迪国际机场出发，开往曼哈顿任意地点的出租车统一收费$52（不包括过路费或小费）。

➡**小客车和小汽车** 合乘小客车费用每人$20~26，具体费用取决于目的地。由市区开往机场，小汽车服务统一起价为$45。

➡**快速巴士** 纽约机场巴士（NYC Airporter）从肯尼迪国际机场出发，开往大中央车站、宾夕法尼亚火车站（Penn Station）或港务局客运总站（Port Authority Bus Terminal）。单程票价$17。

➡**地铁** 从肯尼迪国际机场乘机场快轨（Air Train）可换乘地铁。乘机场快轨至Howard Beach-JFK Airport可换乘A线，经过布鲁克林到曼哈顿，也可以至Sutphin Blvd-Archer Ave（Jamaica Station）换乘E，J或Z线前往皇后区或曼哈顿。

➡**长岛铁路**（Long Island Rail Road，简称LIRR）从机场乘机场快轨至Jamaica Station。从此处开往曼哈顿的宾夕法尼亚火车站或布鲁克林的大西洋车站（Atlantic Terminal）的车次较多，前往宾夕法尼亚火车站或大西洋车站的单程票票价为$7.50（高峰期为$10）。

拉瓜迪亚机场

（LaGuardia Airport）

拉瓜迪亚机场比肯尼迪机场小，主要起降国内航班，距曼哈顿中城区仅8英里；每年客流量约2600万。

➡**出租车** 返于曼哈顿的出租车半小时车程的费用约$42。

➡**小汽车服务** 从拉瓜迪亚机场出发的小汽车车费约$35。

➡**快速巴士** 纽约机场巴士票价约$14。

➡**地铁和公共汽车** 搭乘公共交通工具从拉瓜迪亚机场前往市区不如其他机场便利。最佳地铁换乘点在皇后区的74st-Broadway站（7号线或E、F、M、R线的Jackson Hts Roosevelt Ave站），你在那里可以搭乘Q70快速巴士，约10分钟抵达拉瓜迪亚机场。

纽瓦克自由国际机场

（Newark Liberty International Airport）

当查看前往纽约州的飞机票价时，不要忘记新泽西州。纽瓦克自由国际机场距中城区16英里，与肯尼迪机场距中城区的距离大致相同，有很多纽约人喜欢从纽瓦克自由国际机场乘坐航班，这里年客流量约3600万。

➡**小汽车服务和出租车** 从机场出发前往中城区，45分钟的车程花费$45~60，与出租车的票价基本一样。经由林肯隧道（Lincoln Tunnels，42nd St路口）和荷兰隧道（Holland Tunnels，Canal St路口）前往纽约需要花费$15的通行费，而返回新泽西州则不收通行费。

➡**地铁/火车** 新泽西铁路（NJ Transit）与纽约机场快轨相连，提供客运铁路运输服务。往返于纽瓦克自由国际机场（简称EWR）和纽约的宾夕法尼亚火车站之间的单程票价$13，耗时25分钟。4:20至次日1:40每隔20~30分钟就会有1班列车。注意保管好车票，在离开机场时需要向工作人员出示。

➡**快速巴士** 纽瓦克自由国际机场有快速巴士通往港务局客运总站、布莱恩特公园和中城区中央火车站的客运巴士，单程票价$16。6:45至23:15之间每隔15分钟有1班巴士；4:45~6:45、23:15至次日1:15，每隔半小时有1班巴士，车程都为45分钟。

当地交通

地铁

☑**最适宜** 在曼哈顿内部通行，或者由外围城区前往各街区。

➡纽约地铁全长660英里，由**纽约大都会运输署**（Metropolitan Transportation Authority，简称MTA；☎511；www.mta.info）运营。纽约地铁是城市的标志，票价实惠（单次乘坐$2.75），而且全天运营，通常是市内最快捷和最可靠的出行方式。与过去相比，安全性更高，车站和车厢的环境也更干净。

➡乘坐所有公共汽车和地铁都可以使用黄蓝相间的公交卡（MetroCard），你可以在任意站点使用方便的自助机器购买或充值。你可以使用现金、储蓄卡或信用卡支付。只需按下“购买新卡（Get new card）”，然后按提示操作。小贴士：机器要求顾客输入邮政编码时，外国人可以填写“99999”。

➡每张公交卡工本费为$1，共有两款可供选择。按次付费的公交卡为每次$2.75，储值$5以上，纽约大都会运输署（MTA）会返还实价的5%，这就相当于购买售价$20的公交卡实际价值为$21。如果你打算多次乘坐地铁，你还可以购买无限次乘坐的公交卡，7天卡售价$31。

➡多数站点内部张贴地铁线路图，你也可以从乘务员处免费获取该线路图。

出租车

☑**最适宜** 携带大件行李往返机场，或者沿曲折路线横贯曼哈顿。

➡出租车委员会（Taxi & Limousine Commission）制定了出租车的统一票价（可用信用卡或借记卡支付）。起步价为$2.50，前0.2英里不再收取费用。之后每0.2英里50¢，堵车附加费为每60秒50¢。工作日16:00~20:00的高峰期附加费为$1。20:00至次日6:00的夜间附加费为50¢，每次乘车还要收取50¢的纽约州附加费。

➡小费应是车费的10%~15%，若是服务不周，可以少给小费。记得要一张收据并用它记下司机的驾照号码。

➡出租车委员会维护乘客的权利，你有权告诉司机自己想选择哪条路线，或是要求司机停止吸烟，或是关掉恼

地铁备忘录

数字、字母和颜色 地铁列车由不同的颜色、字母或数字区别。相同颜色的列车运行轨道相同，在前往其他街区前大致沿相同路线通过曼哈顿。

快速列车和当地列车 每一条由颜色标记的线路分为当地和快速列车，后者在曼哈顿只停几个主要站点（在地铁路线图上以白色圆圈标记）。如果你出行距离较远，乘快速列车（就在当地列车的站台对面）可以节省时间。

前往正确的站点 有些站点有不同的入口分别通往市中心或下城区路线（一定要看清标识）。如果进错了站，你要么得乘车到可以免费换乘的车站，要么就损失$2.75重新进站（通常是在街对面）。还要留意每个站点楼梯上方的红绿灯，绿灯表示站点开放，而红灯则意味着某一入口会在特定时间关闭，通常是深夜。

周末 所有的规则在周末都会变，有些线路与其他线路接驳，有些线路停运，还有些线路甩站，有些线路在原本不停的站停车。当地人与旅行者一样站在月台上一脸迷惑，有时还会暴怒。登录www.mta.info网站查看周末列车运行安排。不过，有时到了站台上你才会看到标识。

城市共享自行车系统（Citi Bike）

纽约在过去十年间大力发展两轮交通工具，新增了自行车道，建立了覆盖广泛的自行车共享系统。在曼哈顿以及布鲁克林的部分区域分布着数百个租借亭，容纳着结实的蓝色自行车。

想使用Citi Bike的话，需要在任意租借亭购买24小时或7天使用通票（含税约$11或$28）。之后你会获得一个五位数密码来解锁自行车。30分钟内在任意租借亭还车不会产生额外费用。重新插入信用卡（不会收费），根据提示再次租车（只需等待两分钟就可再次租车）。24小时或7天内可以无限次地利用这个30分钟还车的规则。

佩戴头盔虽非必需，但仍然高度推荐。

人的收音机。同时，司机无权因你的目的地位置而拒载。重要提示：先上车，然后告诉司机你想去哪儿。

➡如果车顶的灯亮起，说明是空车可用。在下雨天、高峰时段很难打到出租车；还有就是16:00前后，这是司机换班的时候，也很难打车。

➡绿色的Boro出租车在外区和上曼哈顿运营。与黄色出租车相比，该出租车费用相当，配置一样，是布鲁克林和皇后区（以及这两个街区之间）交通的不错选择。

步行

☑**最适宜** 探索西村、东村、唐人街和苏豪区等奇妙街区。

➡放弃地铁、出租车、公共汽车吧，还是环保的交通方式最好。只有在人行道上慢慢行走才能真正了解纽约，毕竟人行道就是用来走的，如南茜·辛纳特拉（Nancy Sinatra）的歌中一样。

➡百老汇大街贯穿曼哈顿，约13.5英里（约21.7公里）。沿布鲁克林大桥的步行道跨越东河是纽约的经典体验。中央公园的小径则通往远离城市喧嚣的林中静谧之所。

公共汽车

☑**最适宜** 在穿城时领略城市风情。

➡公共汽车和地铁均由纽约大都会运输署（MTA）管理，两者的购票系统完全相同。

➡标准公共汽车票价为$2.75（快速巴士的票价则是$6.50），可用公交卡或数目刚好的零钱购买（不接受纸币和面值为1美分的硬币）。

➡穿城的公共汽车根据线路运行的街道编号。

船

☑**最适宜** 参观自由女神像以及拍摄城市轮廓。

➡**东河渡轮**（East River Ferry; www.eastriverferry.com; 单程 $4~6）全年提供通勤运输服务，连接曼哈顿、皇后区和布鲁克林的许多站点。

➡**纽约水上的士**（New York Water Taxi; ☎212-742-1969; www.nywatertaxi.com; 任意码头上下船的一日游通票 $31）拥有一排俏皮的黄色渡轮，在曼哈顿和布鲁克林周边提供随乘随下的运载服务。

➡一种更大更漂亮的渡船是（橙色的）针对通勤者的**史丹顿岛渡轮**（Staten Island Ferry; www.siferry.com; Whitehall Terminal, 4 South S, Whitehall路口; ⏲24小时; Ⓢ1至South Ferry），横穿纽约港，提供不间断的免费运载服务。

实用信息

签证

注意，以下所有信息都有可能随时发生变化。美国的入境要求随国家安全法变化。所有的旅行者都需要多次确认当下签证和护照的要求。

美国国务院（www.travel.state.gov）有最全面的签证信息，提供可下载表格、美国驻外领事馆名单，甚至还有各国办理签证需要的等待日程表。

申请签证

除了多数加拿大公民和那些来自“免签证计划”（Visa Waiver Program）成员国家或地区的公民，所有外国游客都需要向美国领事馆或大使馆处申请办理签证。多数申请人都必须亲自前往使领馆完成面试，面试时需随身携带所有相关文件和签证费缴费证明。等待面试的时间不一定，但是如果没有问题的话，面试后几天到几周内便可发放签证。

所持护照的有效期必须超过在美国预计停留时间6个月以上。申请签证需要一张近期照片（2英尺×2英寸），并支付$160不予退款的签证费，有些情况还要缴纳“签证发放对等费”（visa issuance reciprocity fee）。此外需在线填写一份DS-160非移民签证电子申请表（切勿找他人代填）。

中国大陆旅行者首次申请美国旅游签证（商务/旅游签证B1/B2），除了在线填写DS-160表格之外，还需尽量准备足够的证明，包括能够证明你经济稳定性和在本国有“不容割舍的责任”的证明（包括但不限于：收入证明、工作证明、纳税证明、银行卡流水、房产证等）。一份详细的旅游计划也会让你的签证申请过程更为顺利。首次签证需本人面试，续签如最近一份签证过期不足12个月，可申请免面签。详情可查阅（chinese.usembassy-china.org.cn），需要特别注意的是，在申请免面签（续签）时，请尽量重新拍摄一张证件照，以免增加不必要的麻烦。

目前，中国旅行者可申请的美国旅游签证有效期为10年（更换护照后依然有效），每次最长可停留180天。自2016年11月起，中国旅行者赴美还需通过签证更新电子系统（EVUS）来登记个人基本信息，每两年或更换新护照后更新一次即可。稳妥起见，建议在出行前至少一周完成登记。详情请见www.cbp.gov/EVUS。

建议计划游玩多个国家且中途才到美国的旅行者，最好在国内时就提前申请好签证并完成信息登记。

最常见的签证是非移民签证，B-1为商务用途型、B-2为旅游或探亲访友。旅行签证明令禁止在美打工。而最终能够在美国停留多少时间，是由美国移民部门在入境口岸当场决定的。

现金

☑ **重要提示** 纽约唯一通用的货币是美元。尽管储蓄卡和信用卡也广泛使用，但随身携带一些现金外加银行卡是比较明智的做法。

自动柜员机

自动柜员机几乎随处可见。你可以选择到银行用卡取现——通常是24小时营业的大厅，主要营业网点会布满摄像头，现在大部分自动柜员机可以接受银联

省钱妙计

- 浏览我们列出的免费景点（见28页）。
- 登录博物馆网站查询是否有门票免费。
- 在时代广场或下曼哈顿的TKTS售票亭购买戏票。
- 露天农贸市场和美食杂货店都很多，可以在这些地点购买野餐食物。

卡取现业务，如花旗银行。或者自己选择去熟食店、餐馆、酒吧和杂货店，这些地方收取服务费，平均$3，但也可能升至$5。

信用卡

➡在纽约，大部分旅馆、餐馆和商店都可使用主流的信用卡支付。事实上，若不携带信用卡你会发现很难进行交易，如购买演唱会的门票和租用汽车等。

➡可以使用维萨、万事达或美国运通等信用卡，不少大商家接受银联信用卡，具体名单可以在中国银联的网站（www.unionpayintl.com）上查阅。

货币兑换

➡银行和货币兑换机遍布纽约（包括三个主要的机场），会参考当前汇率兑换美元。

折扣卡

下列折扣卡提供各种通票和折扣，有些纽约必看景点也能使用。详情可登录网站查询。

➡**Downtown Culture Pass**（www.downtownculturepass.org）

➡**Explorer Pass**（www.smartdestinations.com）

➡**New York CityPASS**（www.citypass.com/new-york）

➡**The New York Pass**（www.newyorkpass.com）

电源

美国使用电压为110~150伏特，60赫兹的交流电。电源插座一般为两相扁孔（通常还有第三个圆孔接地线）。

如果你的设备适用于另一种用电系统（如220伏特），那么你需要一个电压转换器，你可以到五金店或药店以$25~60不等的价格买到。不过，大多数电子设备（笔记本电脑、相机电池充电器等）都能适应这两种电压范围，只需换一个插头适配器即可。

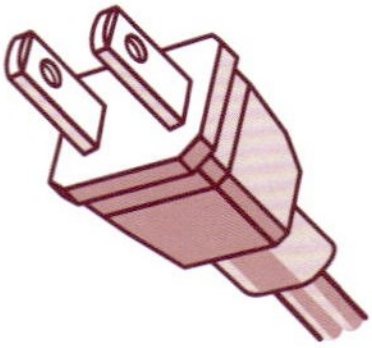

120V/60Hz

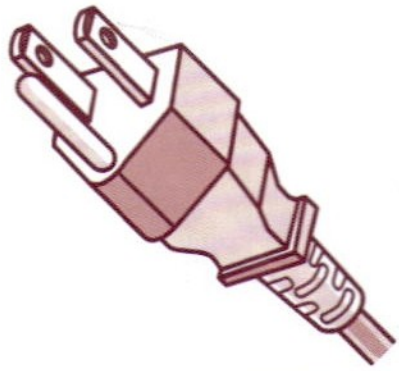

120V/60Hz

使领馆

中华人民共和国驻纽约总领事馆（☎212-244-9392，212-244-9456；www.fmprc.gov.cn/ce/cgny/chn；520 12th Avenue, New York, NY 10036）

旅游信息

身处网络世界，你可从无限的网络资源中搜到有关纽约的最新消息，也可以亲临**纽约旅游局**（NYC & Company；www.nycgo.com）的信息中心和游客中心（其中中城区的最佳）：

时代广场（见160页地图，D3；☎212-484-1222；www.nycgo.com；Seventh Ave,

44th St路口，Midtown West；⌚9:00~18:00；Ⓢ N/Q/R，S，1/2/3，7至Times Sq-42nd St）

梅西百货先驱广场（Macy's Herald Square；见160页地图，D5；☎212-484-1222；www.nycgo.com；Macy's，151 W 34th St，Broadway路口；⌚周一至周五 9:00~19:00，周六 10:00开始营业，周日 11:00开始营业；Ⓢ B/D/F/M，N/Q/R至34th St-Herald Sq）

市政厅（City Hall；见54页地图，C4；☎212-484-1222；www.nycgo.com；City Hall Park，Broadway路口；⌚周一至周五 9:00~18:00，周六和周日 10:00~17:00；Ⓢ 4/5/6至Brooklyn Bridge-City Hall；R至City Hall；J/Z至Chambers St）

布鲁克林旅游和游客中心（Brooklyn Tourism & Visitors Center；☎718-802-3846；www.nycgo.com；209 Joralemon St，Court St和Brooklyn Bridge Blvd之间，Downtown；⌚周一至周五 10:00~18:00；Ⓢ 2/3，4/5至Borough Hall）有关于这一人气街区的各种信息。

营业时间

标准营业时间如下：

银行 周一至周五 9:00~18:00，一些银行 周六 9:00至正午

企业 周一至周五 9:00~17:00

餐馆 早餐时间 6:00~11:00，午餐时间 11:00~15:00，晚餐时间 17:00~23:00。周末早午餐 11:00~16:00

酒吧 17:00至次日4:00

夜店 22:00至次日4:00

商店 周一至周五 10:00至19:00前后，周六 11:00至20:00前后，周日情况各有不同，有些商店不营业，有些商店遵循工作日的营业时间。在市中心的各街区，商店往往营业到更晚

节假日

以下是纽约的主要节假日以及特别事件。这些节假日里，许多商业机构可能会闭门休业，游人增多，从而使外出就餐和预订住宿变得比较困难。

元旦 1月1日

马丁·路德·金纪念日 1月的第三个星期一

总统日 2月的第三个星期一

复活节 3月/4月

阵亡将士纪念日 5月下旬

同性恋骄傲大游行 6月的最后一个星期日

美国独立日 7月4日

劳动节 9月上旬

犹太新年和赎罪日（Rosh Hashanah & Yom Kippur） 9月中旬至10月中旬

万圣节 10月31日

感恩节 11月的第四个星期四

圣诞节 12月25日

除夕 12月31日

电话

手机

除iPhone外，多数美国手机也使用CDMA制式，欧标的GSM制式手机不能在美国使用，绝大部分的智能手机都可以在美国使用，记得咨询你的手机服务提供商。只要开通了国际漫游业务，中国三大移动运营商的手机均可以在美国漫游通话，不过最好确认一下漫游费的标准，以及小心高昂的流量漫游费用。

如果需要购买手机，你会找到许多手机店，大部分是由Verizon、T-Mobile或AT&T公司运营的——在那

须知

- 出租车顶的灯亮着才能挥手拦停。
- 你不需要遵守"walk"标志，迎面没有车辆驶来就可以横穿街道。
- 对于人行道上的规则，只要把自己想象成车辆即可：不要急停；与周围人群的速度保持一致，如果想取出地图或伞的话要靠边。多数纽约人注重个人空间，如果你挡了他们的路，他们会撞你一下，而且不会道歉。

里你可以买到廉价的手机，同时包含一定的通话时长，就不用购买长期签约机了。

电话区号

在纽约，不管你要给哪里打电话，即使同一个区只隔着一条街，你也必须先拨☎1+地区代码。

曼哈顿 ☎212，☎646

外行政区 ☎347，☎718，☎929

所有行政区（通常是移动电话）☎917

国际电话和国内电话

美国国内电话号码由三位区号加七位当地号码组成，如果你要拨打长途电话，在区号前加拨☎1。如果从纽约拨打国际电话，拨号顺序依次为☎011+国家代码+区号+电话号码（拨打中国大陆的固定电话：☎011+86+区号+电话号码）。拨打加拿大电话不需要加拨☎011。

厕所

☑ **重要提示** 纽约厕所网站（www.nyrestroom.com）方便你的寻找。

考虑到行人的数量，可明显看出城市内的公共厕所有待增加。你可以在这些地方找到厕所：中央火车站、宾夕法尼亚火车站、港务局客运总站；还有几个公园，如麦迪逊广场公园、炮台公园、汤普金斯广场公园、华盛顿广场公园和唐人街的哥伦布公园；另外，还有中央公园周边的几个地方。其他如厕的好选择则是星巴克咖啡店（大约每隔三条街便有一处），去百货公司（梅西百货，Century 21，Bloomingdale's），或者街区内的公园。

旅行安全

纽约多年来的犯罪率仍然维持很低的水平。不过，有几条街区，不管是晚上几点，你都会觉得恐惧（这些街区大都在外行政区）。地铁站通常比较安全，但有一些也会很危险，特别是在低收入街区的。没有必要过于担惊受怕，但保证安全总比出意外强，所以谨记常识。抢夺手机的行为并非罕见，要留意周边环境，将手机置于视线范围之内（尤其是出入地铁站或在人群拥挤地段）。不要独自在陌生的人烟稀少的地方夜行。在处于高峰期的时代广场或宾夕法尼亚火车站等人多的地方，要特别注意扒手。

紧急情况

- **报警、火警、救护车**☎911
- **中毒控制中心**☎800-222-1222

残障旅行者

联邦法律保证残疾人可以使用所有的政府办公

室和设施。具体地点的有关信息，你可以联系市长的**残障者办公室**（Office for People with Disabilities; ☎212-639-9675; www.nyc.gov/html/mopd; ⏰周一至周五 9:00~17:00），如果你打电话要求的话，他们会免费寄给你一份《走进纽约》（*Access New York*）。

Big Apple Greeter（www.bigapplegreeter.org/what-is-the-access-program; 门票免费）有50多名身体残疾的志愿者，他们很乐于向你展示他们所处的城市。

欲知地铁和公共汽车的无障碍信息，可以致电**Accessible Line**（☎511; web.mta.info/accessibility/stations.htm）获取配备电梯或升降梯的地铁站列表，也可以登录网站www.nycgo.com/accessibility查询。

幕后

说出你的想法

我们很重视旅行者的反馈——你的评价将鼓励我们前行，把书做得更好。我们同样热爱旅行的团队会认真阅读你的来信，无论表扬还是批评都非常欢迎。虽然很难一一回复，但我们保证将你的反馈信息及时交到相关作者手中，使下一版更完美。我们也会在下一版特别鸣谢来信读者。

请把你的想法发送到**china@lonelyplanet.com.au**，谢谢！

请注意：我们可能会将你的意见编辑、复制并整合到Lonely Planet的系列产品中，例如旅行指南、网站和数字产品。如果不希望书中出现自己的意见或不希望提及你的名字，请提前告知。请访问lonelyplanet.com/privacy了解我们的隐私政策。

声明

封面图片：熨斗大厦，Maurizio Rellini / 4Corners ©。

本书部分地图由中国地图出版社提供，其他为原书地图，审图号GS（2017）919号。

关于本书

这是Lonely Planet *Pocket New York City*的第6版。本书的作者为雷杰斯·圣·路易斯和克里斯蒂安·博内托。佐拉·奥尼尔为现代艺术博物馆PS1馆章节提供了内容。

本书为中文第一版，由以下人员制作完成：

项目负责 关媛媛
项目执行 丁立松
翻译统筹 肖斌斌 王玫珺
翻　　译 齐浩然
内容策划 刘维佳
视觉设计 李小棠 庹桢珍 陈斌
协调调度 高原
责任编辑 廖恬
特约编辑 葛晓倩
地图编辑 马珊
制　　图 刘红艳
流　　程 孙经纬
终　　审 朱萌
排　　版 北京梧桐影电脑科技有限公司

感谢王歆、张茜为本书提供的帮助。

索引

可参考如下子索引:
就餐 见254页
饮品 见255页
娱乐 见256页
购物 见257页

景点 000页
地图页码 **000页**

景点 000页
地图页码 000页

景点 000页
地图页码 **000页**

就餐

饮品

娱乐

景点 000页
地图页码 000页

购物

我们的故事

一辆破旧的老汽车，一点点钱，一份冒险的感觉——1972年，当托尼（Tony Wheeler）和莫琳（Maureen Wheeler）夫妇踏上那趟决定他们人生的旅程时，这就是全部的行头。他们穿越欧亚大陆，历时数月到达澳大利亚。旅途结束时，风尘仆仆的两人灵机一闪，在厨房的餐桌上制作完成了他们的第一本旅行指南——《便宜走亚洲》（*Across Asia on the Cheap*）。仅仅一周时间，销量就达到了1500本。Lonely Planet从此诞生。

现在，Lonely Planet在富兰克林、伦敦、墨尔本、奥克兰、北京和德里都设有公司，有超过600名员工及作者。在中国，Lonely Planet被称为"孤独星球"。我们恪守托尼的信条："一本好的旅行指南应该做好三件事：有用、有意义和有趣。"

我们的作者

雷杰斯·圣·路易斯（Regis St Louis）

雷杰斯出生于印第安纳州，在一座寂静的河边小镇长大。他向往神秘的大城市，憧憬着自己也能在那里有一套精致豪华的公寓。2001年，路易斯在纽约定居，这里比他梦想得更繁华。自此他开始探索这座城市从布朗克斯到布莱顿海滩的广阔地区，并搜罗或经典或古怪的纽约体验。雷杰斯已经参与50多本Lonely Planet旅行指南的调研和写作。不外出旅行时，他就在布鲁克林和新奥尔良生活。

克里斯蒂安·博内托（Cristian Bonetto）

克里斯蒂安既是纽约本地人也是纽约的外来者。他看着《芝麻街》长大，从小就对这个城市着迷，同时也满怀感情。在2014年，《纽约杂志》（*New York Magazine*）甚至称他就是"人们喜欢纽约的原因之一"。对于这位曾经的剧作家来说，纽约的持续重建满足着他强烈的好奇心，他的文章也涵盖了鲜为人知的艺术收藏和美味的饺子等各种主题。

纽约

中文第一版

书名原文：*New York City*（6th edition，August 2016）

本中文版由中国地图出版社出版

图书在版编目 (CIP) 数据

纽约 / 澳大利亚 Lonely Planet 公司编；齐浩然译. -- 北京：中国地图出版社，2017.6
书名原文：New York City
ISBN 978-7-5031-9927-1

Ⅰ.①纽… Ⅱ.①澳… ②齐… Ⅲ.①旅游指南－纽约 Ⅳ.①K971.29

中国版本图书馆 CIP 数据核字 (2017) 第 122906 号

出版发行 中国地图出版社
社　　址 北京市白纸坊西街 3 号
邮政编码 100054
网　　址 www.sinomaps.com
印　　刷 北京华联印刷有限公司
经　　销 新华书店
成品规格 106mm×153mm
印　　张 8.75
字　　数 287 千字
版　　次 2017 年 6 月第 1 版
印　　次 2017 年 6 月北京第 1 次印刷
定　　价 56.00 元
书　　号 ISBN 978-7-5031-9927-1
审 图 号 GS（2017）919 号
图　　字 01-2017-0785

如有印装质量问题，请与我社发行部（010-83543956）联系